一 门 成 为 学 霸 的 技 术

备考学

一门成为学霸的技术

EXAM PREPARATION

叶飞飞 著

经济管理出版社
ECONOMY & MANAGEMENT PUBLISHING HOUSE

图书在版编目（CIP）数据

备考学：一门成为学霸的技术/叶飞飞著. —北京：经济管理出版社，2020.12（2024.3 重印）
ISBN 978－7－5096－7316－4

Ⅰ.①备…　Ⅱ.①叶…　Ⅲ.①考试学　Ⅳ.①G424.74

中国版本图书馆 CIP 数据核字（2020）第 139205 号

组稿编辑：梁植睿
责任编辑：梁植睿
责任印制：黄章平
责任校对：张晓燕

出版发行：经济管理出版社
（北京市海淀区北蜂窝 8 号中雅大厦 A 座 11 层　100038）
网　　址：www.E－mp.com.cn
电　　话：（010）51915602
印　　刷：唐山玺诚印务有限公司
经　　销：新华书店
开　　本：720mm×1000mm/16
印　　张：18
字　　数：275 千字
版　　次：2020 年 12 月第 1 版　　2024 年 3 月第 3 次印刷
书　　号：ISBN 978－7－5096－7316－4
定　　价：49.00 元

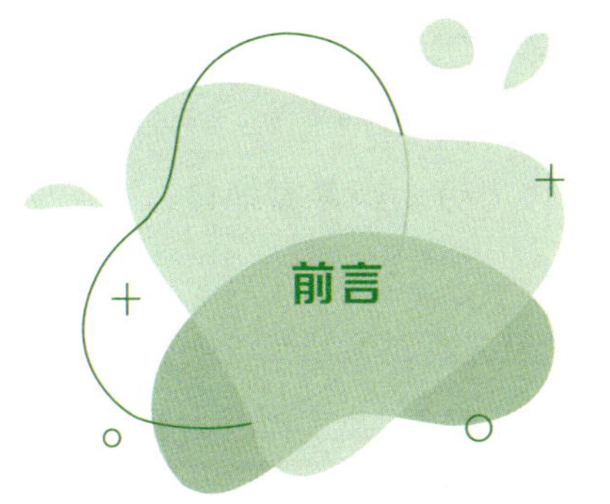

前言

世界已变，历史已转！

如果两百年后有人问："20世纪最为重要的事件是什么？"

也许一些人会认为是两次世界大战。

但现代管理学"大师中的大师"——彼得·德鲁克认为，20世纪史无前例且意料之外的最大转变是人们的工作方式变化了！许多人成为了知识工作者。

知识工作未必都是需要高深技能或者硕博学位，但却是需要通过正式的教育、学习才能从事的工作。

办公室职员也许不需要高深的学问，但是需要学习，因为没有人能通过直觉就学会Word文档的编辑和PPT的制作；快递员也许不需要精巧的技能，但是也需要学习，因为没有人能够不经过训练就准确下单、搜索路线、应对投诉、操作退换货；公务员也需要学习，因为没有人能够不经过练习就学会计划的制订、资源的分配和工作的汇报。

在20世纪初，如果把世界上受过教育的人从社会中"抹去"，没有人会注意到，因为受过教育的人实在是太少了。只不过我们在历史课上主要学习的是受过教育的人的事迹，所以，我们严重忽视了这一点。

秦皇汉武、唐宗宋祖，他们在起步或中途时都受过很好的教育培训，能系统地阅读、写作；在《春秋》《史记》《汉书》《三国志》中，绝大多数主人公都受过系统的教育培训，拥有很强大的知识储备。

换言之，英雄人物的主角基本都拥有知识工作者的基因。

但是，此后情况急剧变化，知识工作者大幅增加，占据主流。这是人类有史以来首次大批人口可以通过知识工作而不是体力劳动来养家糊口，不需要“足蒸暑土气，背灼炎天光”地玩命劳动！

而在当代中国，针对知识工作者的最大要求就是考试及格！

升学需要考试，毕业需要考试，期末结业需要考试，找工作时需要亮出因通过考试而获得的资格证。

考试已经无处不在！

几乎所有考试都是标准化考试，都要求我们必须在指定的时间，掌握指定的知识点，并对指定的题型进行解答。

这种标准化的考试，都有标准化的教材、标准化的考纲、标准化的题型。而这“三大标准化”也给我们带来了巨大的机会，这种机会就是备考！

但本书又不只是一本关于备考的书，更是一本关于如何迅速掌握成熟知识的书，只不过，我正好从事了会计培训，研究了会计考试的规律，以此项考试为例而已。

但是，这种备考的学问，老师没有教给你，父母没有教给你。因为，这是一门新学问。资格性考试与古代的县试、府试、院试、乡试、会试、殿试不同，与中考、高考、考研等选拔性考试不同，与面试、相亲、路演、试镜、工作汇报不同，这是现在正迅速崛起、未来会更加普及的标准化考试！

我数年来在此不断探索，一直期待有一部奠基性的备考著作对人们加以指导，但是它一直没有出现，一直流传的是网上观点相互冲突的帖子，出版的是采访的几篇文稿的堆砌。

终于有一天，正如著名童话《小红母鸡》一样，我对自己说，“那我就自己来吧”！

本书包括备考学的源起、备考的五大雷坑、备考的理念源、备考的品质核、备考的工具库、备考的“幕后黑手”（疲累困倦、消极情绪、单调之苦、拖延重症）几大部分，适合于任何想参加资格性考试的朋友阅读。

我希望，你不要从第一页向后读，应该想一下你最关注的问题，直接翻到对应的章节，看后操作即可。

我希望，这是能够迅速解决你饥渴的牛奶、面包：你上午看，下午就能应用；今天看，明天就会提高；本周看，下周就有进步。

Good luck！

叶飞飞

2020 年 3 月 3 日写于北京

目录 CONTENTS

第五章　备考的工具库：竹杖芒鞋轻胜马 / 91

第七章 备考中的消极情绪：不教胡马度阴山 / 211

第八章　备考中的单调之苦：万紫千红总是春 / 229

第九章　备考中的拖延重症：山重水复疑无路 / 243

第一章

备考学的源起：不可一日无此君

1400 年前，初唐四大家之一虞世南在《蝉》中赞叹道：

垂緌饮清露，

流响出疏桐。

居高声自远，

非是藉秋风。

在虞世南眼中，那只蝉就是高士的隐喻。蝉能够自在地于天地疏桐之间奏出清脆、高昂的流响，主要不是因为凭借时有时无的秋风，而是由于占据了稳固不变的高远之地。

那么，那些“不可一世”的学霸是不是也占据了某些优势，从而成为学霸？而这些关键的优势又是什么呢？他们到底比“学渣”多掌握了什么理念、品质和工具呢？我十年来一直苦苦探索。

一、难忘那些年：一名苦难学霸的经历

我是在考研时才真正意识到自己考试方法的“愚蠢”之处的！

而此时，我已经连续参加了 16 年的应试考试！

我在初中时学习非常努力，应该是全校最努力的学生之一，但是中招考试成绩却远远达不到目标。我在高中时学习也非常努力，也应该是全校最努力的学生之一，但是我的成绩仍旧达不到目标。我在大学时暂时放弃了学习，转而将重心放在各种实习和活动中，直到硕士研究生考试时，考试方法问题才又一次浮上水面。

在正式着手准备硕士研究生考试的前几个月，我一直在苦苦探索、深深追问几个问题：

- 到底什么才是科学的备考方法？
- 学霸到底是怎样炼成的？
- 学霸们的最大共同点是什么？

在那期间，我系统翻阅各种考试方法的书籍。比如，我阅读了日本学霸本山胜宽的《我这样考上东大和哈佛》，阅读了日本史上最年轻的 CPA 胜间和代的《白骨精学习法》《时间投资法》，阅读了日本成功企业家本田直之的《杠杆时间术》《杠杆阅读术》，发现了很多真知灼见，并为此激动不已。

我也曾仔细阅读《圆梦北大》，翻阅考研论坛、中国考研网上有关考试与学习的众多帖子，也读过《清华北大状元告诉你的 73 个优秀学习习惯》，查看了《凭什么上北大》，发现以上内容都只是只言片语、浅尝辄止，根本无法解决我们在漫漫备考过程中面临的诸多困境。

我也曾在学校图书馆孜孜不倦地阅读世界第一脑力大师托尼·巴赞的《思维导图》《掌握记忆》，从而对以往错误的学习方式感到羞愧不已；我也曾在教室里震惊于梅丽莎·阿布拉莫维茨在《脑科学》中的精妙论述，从而对未来的学习充满期待；我也曾在寝室中痴迷于美国象棋大师乔希·维茨金的《学习之道》，为其精妙的学习技能拍案叫好。

同时，我到文都教育倾听政治名师蒋中挺在讲授《毛泽东思想和中国特色社会主义理论体系概论》时对考试方式的犀利论述，学习政治名师徐之明在《马克思主义基本原理概论》时刀刀见血的要点讲述，领略英语名师徐绽在讲授枯燥繁多的考研词汇时的激情澎湃与敏捷反应。

最令我震撼的是数学教授、文登教育创始人、国家特殊贡献奖专家陈文灯在考研时的数学授课，这位“大神级”名师竟然将课程中的全部内容和例题记住，然后当场一一写出并演算过程，这种记忆力之广博、精准，至今都令我望尘莫及。

经历这么多学习方法的灌输与名师风范的熏陶，我厉兵秣马，誓要在考研中一展拳脚。我是全学院学习最努力的人之一，但是我严重违反了人类数万年以来养成的基本作息规律，最终导致我肩背部患上严重的筋膜炎，并伴有腰椎小关节紊乱。从医学上看，这绝非大病，但令人悲伤的是，这也没有好方法可以治疗。我多次在学习时感到疼痛不已，考研前也一直住院，这令我考研再次失利，只能调剂到一般的“985 工程”院校。

在研究生学习期间，我励志考注会、考司法。但是我长期受制于筋膜炎带来的疼痛，感到精力不济、情绪低落，同时要协调学术研究、学术会议、上课考试以及学生活动所带来的不利影响，还要面对备考过程中的孤独落寞，所以我需要再次更新我的备考理论，掌握有关时间管理、情绪管理、精力管理以及运动学的诸多知识。

于是在这一时期，我扩展了阅读的领域，阅读了彼得·德鲁克的《卓有成效的管理者》、史蒂芬·柯维的《高效能人士的七个习惯》、凯利·麦格尼格尔的《自控力》、戴维·艾伦的《搞定》、格拉宁的《奇特的一生》、毛泽东的《体育之研究》、杰拉尔德·S. 格林伯格的《化解压力的艺术》、约翰·瑞迪和埃里克·哈格曼的《运动改造大脑》、丹尼尔·布朗尼的《超级精力管理术》等众多书籍和文章，这些真知灼见正如盏盏明灯照亮了我的漫漫备考路。

同时，我在无数次备考过程中，在与朋友们不断的交流请教中，用有道云笔记记录了 N 条时间记录与感悟心得。到了对啊网工作之后，我又细心访谈学霸，倾听朋友们的各种学习问题。蓦然回首，我发现我已经在备考方面积累了各种理念、技能、流程、方法、技巧，形成了一整套备考方法论（见图1－1）。

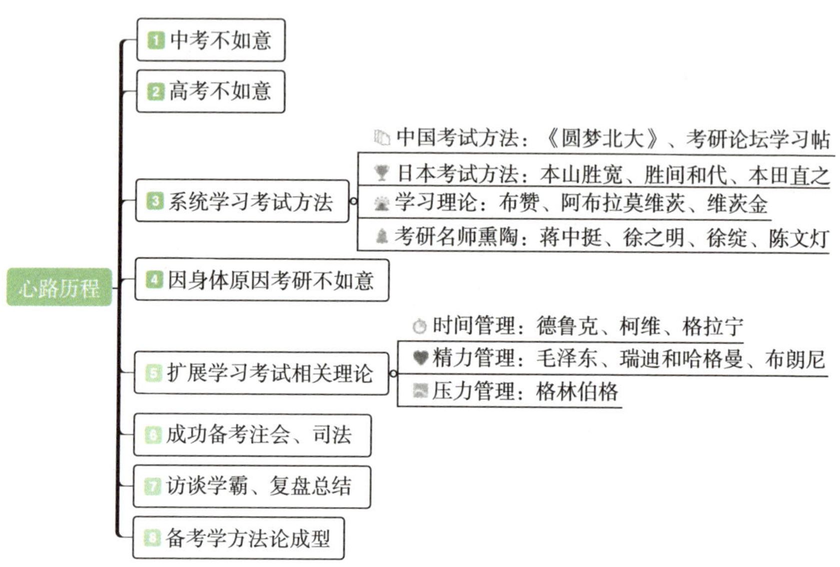

图1－1 从“学渣”到学霸的心路历程

如果提前十年掌握这些系统性的知识，我就不可能在关系人生重大命运的各种关口，遭遇那么多挫败！我迫切地想分享这一备考体系，希望朋友们能从中获益。

二、备考学体系

为了能够更好地展现应试考试的精妙与系统，我苦思冥想，终于建立了备考学体系，具体如图1－2所示。

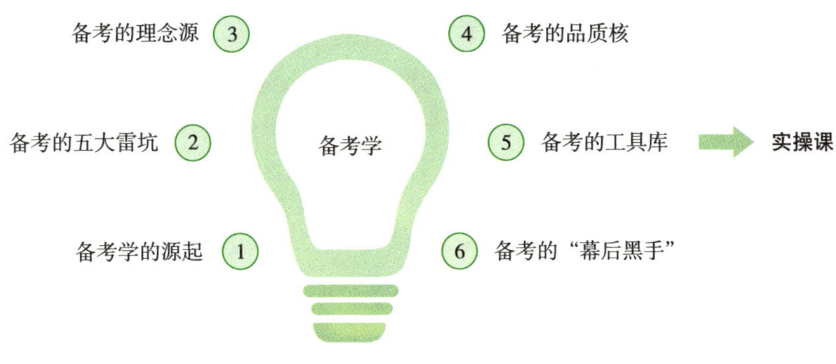

图 1－2 备考学体系

■ 备考学的源起描述的是在业界首创备考的心路历程和体系。

这部分内容系统阐述了一个“学渣”向学霸迈进并首创备考的心路历程，以及介绍了备考学的方法论体系。心路历程是一个人成长的轨迹，对其进行系统阐述将会为个人的成长带来巨大的帮助，同时对读者也具有很大的启示意义。体系是一个学科的脉络，脉络不清晰，效果就不好，所以我花了很大精力和勇气来试图搭建一个清晰有力的备考学体系。

■ 备考的五大雷坑梳理的是考生们在备考过程中踩的各种雷坑。

雷坑才是我们最应该解决的问题和痛点，拔掉一个雷、填平一个坑，我们距离学霸就更进一步。本书采访众多考生，访谈众多学霸，结合我的自身经历，总结出了备考中遇到的五大雷坑。这五大雷坑，各个考生都或多或少存在，踩得越多，效率就越低；踩得越少，效率就越高。

■ 备考的理念源解决的是备考的原则或理念问题。

原则、理念多如牛毛，对于我们备考而言，到底什么才是简单有力的理念呢？我历经磨难、沉思自问、总结复盘，终于找到了简单易行的三大备考黄金理念——赋予意义、集中精力、工具主义。赋予意义强调探索自我，观察世界，构建备考的强大意义；集中精力强调管理各种诱惑，投入更多备考时间和精力；工具主义强调聚焦于方法、技巧、流程，掌握备考的众多工具，迅速解决各种备考问题。

■ **备考的品质核解决的是备考的品质保障问题。**

任何备考方法论书籍或者帖子，无论说得多么简单易行，或者多么深刻精彩，不可忽视的最大事实是：亲爱的朋友，我们真的需要一点自制力。自制力又被称为自控力、毅力或者意志力。

自制力是“百品之母”，由它几乎可以产生、最起码可以短期表现出任何优秀品质：善良、勇敢、真诚、激情、博爱、温厚、魄力。心理学家凯利·麦格尼格尔把自控力称作“我想要、我不要和我要做的力量”。当然，自制力薄弱的人也能高效备考，但是需要掌握更多更好的备考工具，而自制力强大的人不需要掌握很多备考工具，便可卓有成效。

■ **备考的工具库解决的是备考的方法、技巧、流程问题。**

没有备考的工具库，人们再拍手叫好，也不会采取行动，对考试成绩也不会有什么改变。但是因为考生之间的性格、特征、喜好、经历、职业、目标、所处环境差异极大，所以需要的具体工具也差异极大，“别人的良药是自己的毒药”，“学我者生，似我者死”。事实上，几乎没有适合一切个体的、放之四海而皆准的方法、技巧、流程。因此，我总结并精选了众多强大有力的备考工具，以飨读者。

■ **备考的“幕后黑手”解决的是在备考生涯中遇到的重大困境。**

我总结出了考生面临的四大困境：疲累困倦、消极情绪、单调之苦、拖延重症。亲爱的朋友，请相信，如果其中两项经常发生，就可能大幅降低备考效率；如果其中三四项经常发生，就会极大地降低备考效率。解决任何一个困境，都是一个系统工程，需要横跨管理学、运动学、心理学，但是如果掌握本书中的技能，这将会变得相当简单。

学霸的时间观与一般人的时间观是不同的。学霸似乎真能看到时间像冷峻的河流一样潺潺流淌，似乎真能听到时间像转动的指针一样滴答走过。他们自问的往往不是今天我多快乐，而是今天我完成了多少任务。他们也会遇挫，也会低落，也会紧张，也会放纵，但是他们过一会儿就又听到了时间的呼唤，感到了时间的紧迫。

掌握备考学体系很重要，进行实操同样很重要。

亲爱的朋友，我从来不觉得备考对我们来说是禁锢和约束，相反，备考是对我们最好的馈赠。因为，在当代中国，我们只有在学会备考之后，才能真正掌握迅速学习一门成熟学科的技能，避免碌碌无为、一生愧疚，从而走向人生自由。

三、学霸们的最大共同点到底是什么？

有人在阅读、学习备考之前，会有一个重大疑虑：只有高智商、高学历、爱学习、很勤奋的人才能成为学霸吗？是不是学历高、智商高是成为学霸的主要因素？

我接触并访谈过众多学霸，其实这些学霸在个性上几乎找不到一项共同点，智商的高低也因人而异，学历上到博士，下到中专，比比皆是，智商、学历并不占主要因素。

学霸们有的外向和蔼，有的严肃庄重。有的固执独断，观点犀利新颖；有的因循附和，似乎毫无主见。有的总是爽朗大方，有的时常心怀忧虑。有的亲切如家人般温暖，有的却严峻而冷若冰霜。有的魅力四射、帅气靓丽；有的其貌不扬、平庸笨拙。有的具有学者风度、旁征博引；有的却像目不识丁、见闻狭窄。有的以自我为中心、心高气傲；有的却落落大方、心智开放。有的专心致力于本职工作，心无旁骛；有的兴趣广泛，游泳、健身、恋爱、厨艺，样样皆通。有的善用逻辑分析，思维缜密；有的却依靠经验直觉，特别感性。有的是“海归”硕士、“985 工程”硕士，修习财会专业；有的却是高中学历，修大专学位，学习英语课程。有的从事财会职业，“近水楼台先得月”；有的却是军人、保安、公务员，“奈何明月照沟渠”。有的是宝妈、宝爸，甚至高管，备考时需要协调多种复杂的任务；有的却是刚毕业的年轻人，可以全心全意备战考试。有的是 20 多岁的小伙子、小姑娘，记忆能力正值巅峰；有的却是 53 岁的阿姨，需要一遍遍艰难地复习。

甚至对待学习与考试，学霸之间的观点也有巨大差距，有的认为学习与考试是一项很难获取的才能，对人生影响巨大；有的却认为学习与考试简单易行，恋爱、创业、修行、管理团队才是挑战！

因此，学霸与普通人在个性方面很难区别，在年龄、外貌、民族、国籍、地域、智商、性格、学历、职业、经济状况上，也差异极大。但众多学霸都有一个共同点，那就是：

他们都符合备考的基本原理！换言之，他们似乎都经过备考的系统训练，在备考过程中展现出了备考的惊人天赋！

关于备考的方法，学霸们要么是通过专门查阅书籍习得，要么是通过与老师、朋友的交流请教习得，也有的是在残酷的现实中碰撞得头破血流之后，从失败的经验中思考总结而习得。但是，不管他们如何习得备考，也不管他们现在身居何位，习得备考的内容几乎都一样。

本书将在业界首次提出备考的真知灼见！

第二章

备考的五大雷坑：黑云压城城欲摧

1200 年前，唐朝鬼才诗人李贺在《雁门太守行》中赞叹道：

黑云压城城欲摧，

甲光向日金鳞开。

角声满天秋色里，

塞上燕脂凝夜紫。

李贺设想一幅画面：敌人滚滚而来，犹如黑云翻卷，一座边塞孤城，岌岌可危。但战士们严阵以待，整顿铠甲，在太阳之下金光闪烁。秋风萧瑟，号角声声，在长空响彻。将士们苦战杀敌，战至深夜，战场上血流如河，血迹黑紫。

我们无意于了解这场战争的胜负。我们感兴趣的只是，是什么让李贺有了“黑云压城城欲摧”之感，是敌军的强大，还是我军的弱小？

是敌军的突然袭击，还是我军的仓促应战？是敌军的谋略深远，还是我军的少思寡谋？

备考如战争。备考过程中，你绝对不能踩到很多雷坑。在达到科目阈值的情况下，影响及格的根本不是竞争对手的强大，而是你踩上雷坑的多寡。

你多踩了一个雷坑，离及格就远了一点；你多踩两三个雷坑，就肯定“黑云压城城欲摧”了，几乎别想及格了。

在我看来，很多朋友在备考上犯下了无数重大错误，导致因勤奋所带来的学习效果受到巨大不利影响，甚至无法通过考试。这类考生，在回忆以往考试历程时，充满了痛苦、无奈与自卑，不愿意再努力学习，也不愿意再改进方法。

在这里，我要揭露朋友们经常踩上的五大雷坑。

一、雷坑一：不勤奋——有效学习时间不足

（一）到底该如何测量考试难度？

接下来以中国注册会计师（Certified Practising Accountant，CPA）考试为研究对象进行论述，其他所有资格性考试都符合此理论。

表 2 - 1 是所有注会考生都熟悉的注会专业阶段考试的科目与时间表，但是有谁仔细研究过这个表格，从而制定出高效备考策略呢？

表 2 - 1　2022 年 CPA 考试科目与时间

考试阶段	考试科目	考试时间（2022 年）		备注
专业阶段	会计（第一场）	8 月 26 日	08：30 ~ 11：30	单科成绩保留 5 年
	税法（第一场）		13：00 - 15：00	
	经济法（第一场）		17：00 - 19：00	
	审计；财务成本管理（第一场）	8 月 27 日	08：30 ~ 11：00	
	财务成本管理（第二场）		13：00 - 15：30	
	公司战略与风险管理		17：00 - 19：00	
	会计（第二场）	8 月 28 日	08：30 ~ 11：30	
	税法（第二场）		13：00 - 15：00	
	经济法（第二场）		17：00 - 19：00	
综合阶段	职业能力综合测试（试卷一）	8 月 27 日	08：30 - 12：00	无期限
	职业能力综合测试（试卷二）		14：00 - 17：30	

绝大部分考生都认为注会考试很难，所以我们首先研究第一个问题：如何测量考试难度？

我认为应该用预期考60分的有效复习小时数测量考试难度。需要的有效复习小时数越多，就越难；反之，则越易。知识点的多少、理解的难易、题量的多少、题型的刁钻程度都可以通过预期考60分的有效复习小时数反映出来。

从这个测量标准来看，就考试难度而言，对理科思维、善于计算的人而言，是会计 > 财管 > 审计 > 税法 > 经济法 > 战略；对于文科思维强、善于记忆的人而言，是会计 > 财管 > 税法 > 审计 > 经济法 > 战略，因为审计大多靠理解性记忆，所以认为审计比税法要简单些（见图2－1）。

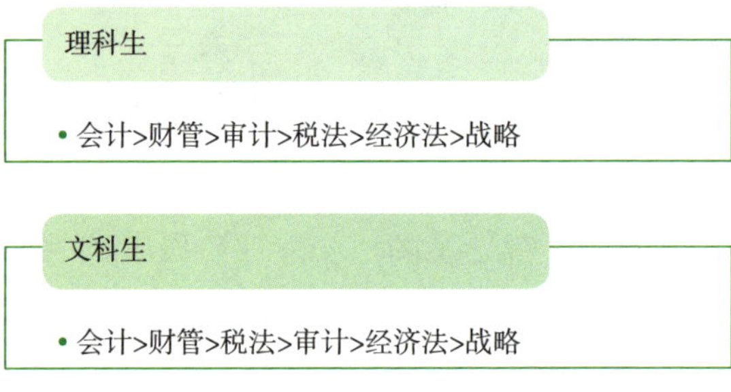

图2－1　注会六科考试难度排序

（二）到底复习多少小时才能通过考试？

接着我们研究第二个问题：CPA每门科目应该大致复习多少小时，才能考到60分呢？

根据经验数据，专科学历的学生应该至少学习3000个有效小时，才能以平均约60分的成绩，通过专业阶段六科；本科学历的学生应该至少学习2500个有效小时，以平均约60分的成绩，才能通过专业阶段六科；研究生学历的学生应该至少学习2300个有效小时，以平均约60分的成绩，才能通过专业阶段六科（见图2－2）。

➢如果是大专学历，CPA平均每门课应该至少复习400～600小时，考试难度越大，所需时间越多。注会各科目复习阈值小时数如下：

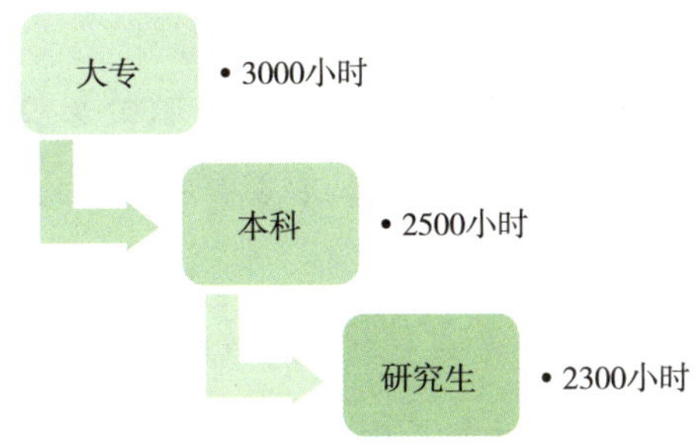

图 2－2 备考 CPA 六科积累的阈值（最少小时数）

会计（600～700）＞财管（550～650）＞审计（500～600）＞税法（450～550）＞经济法（400～500）＞战略（350～450）

➢如果是本科学历，CPA 平均每门课应该至少复习 300～500 小时，考试难度越大，所需时间越多。注会各科目复习阈值小时数如下：

会计（500～600）＞财管（450～550）＞审计（400～500）＞税法（350～450）＞经济法（300～400）＞战略（250～350）

➢如果是研究生学历，CPA 平均每门课应该至少复习 250～450 小时，考试难度越大，所需时间越多。注会各科目复习阈值小时数如下：

会计（450～550）＞财管（400～500）＞审计（350～450）＞税法（300～400）＞经济法（250～350）＞战略（200～300）

请注意：以上时间阈值是经过访谈一年通过五六门的学霸得到的经验数据，而且指的是花在复习上的最低有效小时数。

当然，每科目复习的时间阈值小时数可能因考生在备考方法的科学程度、原有基础的坚实程度、专注力的高低程度而有所调整。

但是，我在此最想告诉大家的是：绝对不能过于自信，认为自己能花费比以上阈值小时数更少的时间通过注会考试。实际上，绝大部分考生都会高估自己，在最后一两个月明显觉得时间不够，无法完成指定的任务。

（三）典型案例：溪阳 VS 王立

溪阳老师一年过 CPA 六门、中级会计三门，但是王立同学半年过不了初级会计三门，这是什么情况呢？

教授注会的溪阳老师，2017 年 12 月开始辞职回老家，全职备考，大约学习 10 个月，听着时间并不长，但是她学了多少有效小时数呢？

3700 个小时！

在这 10 个月，她就一直待在老家疯狂地学习，没有出门探望任何亲戚，也没有去逛街游玩，只是接了朋友的几个电话。她的日历表上满是学习计划。她每天规划 9 个小时的学习任务，但是每天都学 12 个小时以上，这样每天都充满成就感。由于注册会计师考试与中级会计职称的高度重合性，她用复习注会的知识直接裸考中级会计职称，三科高分通过。这就是勤奋所带来的丰硕成果！

而我采访的另一位同学王立，在备考 2019 年的初级会计职称考试时，准备了半年，却只学习了 200 个小时，最终初级会计实务考了 58 分，经济法基础考了 52 分。他难过地来找我，请我推荐更好的教育机构、更好的老师、更好的习题，我告诉他，你的问题就是在于学习时间不够，跟教育机构、老师、习题没什么关系！

亲爱的朋友们，在你奉行不太勤奋的策略之下，学习资料、学习策略、有效时间和原有基础等其他任何因素的作用都很小（关于学习资料、学习策略、有效时间和原有基础的相互关系请参考第五章中的考霸学习方程式）。

朋友们，当你打算不太勤奋，却花时间去比对各个教育机构的优劣时，意义很小；

当你打算不太努力，花时间到处请教经验时，作用很小；

当你打算侥幸通过，费心劳力地去求仙拜佛时，影响很小；

当你打算顺手通过，一边玩乐一边学习时，效果很小。

备考较难的考试首先就是一个需要勤奋的过程，没有这个前提条件，学习资料、学习策略、原有基础都几乎无法发挥作用。

（四）为什么要勤奋？——才能的奥秘

1. 当你勤奋时，大脑其实变聪明了！

勤奋会带来巨大的成果，勤奋的外在表现是学习的有效小时数很多，勤奋是学习资料、学习策略、原有基础发挥作用的前提。

美国科学家发现了才能的密码——一种叫作髓鞘质（myelin）的神经绝缘体。这是一项颠覆性的科学发现，髓鞘质也因此被神经学家们称为“学习技能的圣杯”。

高手和学霸的秘密就是他们重视错误，回到原点，多次进行精深练习。

于是，就有了下面的勤奋公式：

勤奋公式

精深练习 ×一万小时=世界级技能

——《一万小时天才理论》

2. 考不过主要不取决于学历和智商

有的朋友在学历和智商上感觉很自卑，认为自己学历低，智商不如别人，无论多么勤奋，都很难通过专升本、初级会计、中级会计、中级经济师、管理会计师、税务师、资产评估师、注册会计师、司法、公务员、研究生、ACCA、CFA 等考试。

他们只会津津乐道于天才、高手与学霸的传奇事迹，殊不知自己经过训练也可取得如此成绩，起码可以大幅提高备考技能，通过考试。朋友们，其实你考得不好，主要有两大原因：一是不太勤奋，二是不懂备考。

现在我们说勤奋问题，有的朋友会充满疑惑：

- **问：6 岁的莫扎特才华冠世，听一次就能背诵下整首乐曲，这是怎么回事呢？**

答：在《解读天才》中，迈克尔·豪估计，莫扎特在六岁生日之前，他的父亲已经指导他练习了 3500 个小时，这一点足以让他听一遍简单的音乐就撰写出乐谱。朋友们，如果你练习了 3500 个小时的钢琴，听几次大概也能默写出乐谱，没什么稀奇的！事实上，你随便搜索下网络，就能发现中国有很多十岁以前的儿童，经训练后能不看乐谱弹奏大量乐曲，还能盲眼盲脚弹奏双排琴。

• 问：列夫·托尔斯泰看两遍菜单就能背出400多道菜名，这是怎么回事呢？

答：他自己只是养成了一个持之以恒强记知识的习惯。每天早上，他都会强记一些单词或其他知识，从而帮助提升记忆力。列夫·托尔斯泰说过，“我的记忆方法就是背诵，背诵是记忆力的体操”。朋友们，如果你几十年如一日精深地练习背诵，你看几遍菜单大概也能背出来！

• 问：溪阳老师一年3700个小时就过了注会六科和中级三科，这是怎么回事呢？

答：她所在原公司因经营不善面临倒闭，职业危机凸显，于是她下定决心考注会，一年狂学3700个小时，以期能在财会这个陌生领域开天辟地。朋友们，如果你面临如此重大危机，一年能学习3000多个有效小时，大概也能获得如此成绩。

二、雷坑二：不聪明——备考策略不当

（一）资料的选择：“一本数遍” VS “数本一遍”

1. 备考资料真的很多

大部分朋友在备考初级会计、中级会计、CPA等考试时，至少拥有以下资料：

- 辅导机构的系列教辅
- 海量题库：考点练习题、历年真题、内部押题、课后练习题
- 听课讲义：每科目的各位老师在基础班、强化班、冲刺班、点睛班、模考大赛和名师辅导班的讲义
- 官方教材
- 其他机构各类教辅书

2. “一本数遍”和“数本一遍”，到底哪个好？

面对如此众多资料，很多朋友在纠结，到底该如何选择呢？是“一本数

遍”还是“数本一遍”（见图2－3）？

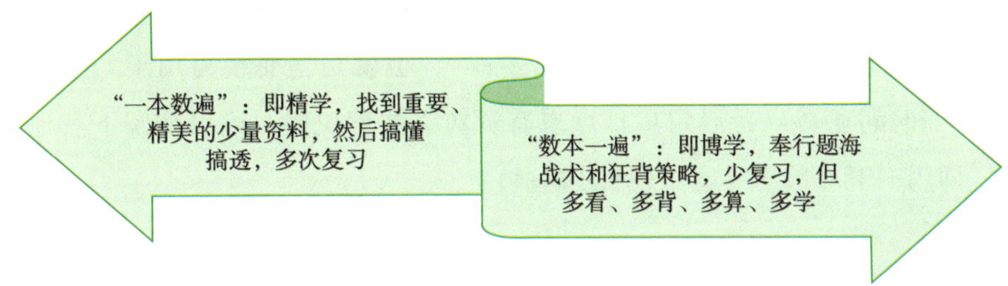

图2－3 “一本数遍”VS“数本一遍”

“一本数遍”强调的是精学，即找到重要、精美的少量资料，然后搞懂搞透，多次复习，可能漏掉10%～20%的知识点，但谁在乎呢？只有这样才能省力地考过60分。

而“数本一遍”，强调的是博学，即题海战术和狂背策略，不对某个资料多次复习，而是多看、多背、多算、多学，打算算尽各类题型，看尽各类知识，不在乎学得多精，只在乎学得多宽。绝对不能漏掉1%的知识点，万一这些偏僻的知识点考到了呢？

比如：

➢赵同学，做了好几十套题，对于错题只是看看答案，不愿意搞懂思路后再练习同类型题目，没有回到讲义复习知识点，这不叫“一本数遍”，这是“数本一遍”！

➢钱同学，不把一本上课讲义搞透，就开始学习其他教辅书，去缓解焦虑的心情，这不叫“一本数遍”，这是“数本一遍”！

➢孙同学，听课时不在讲义上做笔记，没有精深加工，这不叫“一本数遍”，这是“数本一遍”！

➢李同学，课后做题或翻看教辅时发现新的记忆歌诀、新的规律，不在讲义上增加笔记，这不叫“一本数遍”，这是“数本一遍”！

➢……

所以，我郑重提一个问题：考生到底应该是“一本数遍”还是“数本一遍”？

我采访各种学霸，发现他们主要奉行“一本数遍”的复习策略。“数本一遍”的学习策略是低质量策略，“一本数遍”才是高质量策略。

如果你实在不放心，可以“一精多博”，也就是主要精力用于“一本数遍”，当时间宽裕或者遇到重难点现有资料无法解决时，可以翻阅下其他资料，即用一下“数本一遍”（见图2－4）。

图2－4　资料的选择策略

3. “一本数遍”之本到底是什么?

从“一本数遍”的策略视角来看，你虽然拥有众多资料，但是需要精深学习的只有两本（三轮复习法对资料的应用，请查看本书第五章“备考的工具库”之“三轮复习法”），这两本资料被称为“一本数遍”之本（见图2－5），我又常将其称为考点的“老巢”：一是课程讲义；二是历年真题。

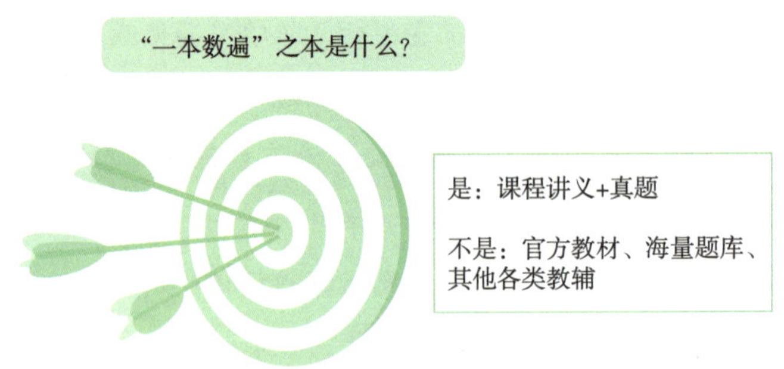

图2－5　“一本数遍”之本

对于课程讲义，你的课程讲义应该看得破破烂烂，充满各式各样笔记（黑色、蓝色、红色的线条、圆圈；荧光笔的色彩；思维导图；歌诀；规律；对比；注意事项等）。一旦听完课后，要有总结、有感悟，查疑点要先从此讲义入手。在考前，你的讲义应该至少完整翻看五遍；在考前，你应该一天之内就能将讲义看完。

对于真题，真题的重要性无论如何强调都是不足为过的。

真题定义重点、非重点；

真题告知考查方式；

真题检测掌握程度。

所以，你应该在第二轮和第三轮复习时就完整地做真题，真题至少要完整地做三遍。很多朋友们嘴上说重视真题，其实行动上根本就没有做到，比如：

■ **案例一：赵同学要备考 CPA，认为真题的很多题目已经在基础班讲义中有所体现，所以不需要系统做真题了。**

➤点评：这不叫重视真题，因为打散做题与完整测试是两码事！打散做题是为了掌握某个具体的知识点，完整测试是为了整合学科各大考点。不经过整合的知识点，只会留下一地遗憾！

■ **案例二：钱同学要备考 CPA，10 月中旬考试，打算在考前两个月再系统做真题。**

➤点评：这不叫重视真题，因为真题应该在你考前四五个月进入第二轮复习时就开始刷了！在第二轮做真题时，你可以用来定义重点、告知考查方式、检测掌握程度。换言之，你可以知道知识点到底考不考，你一直在纠结的知识点可能压根儿就不考；你可以知道知识点到底怎么考，你一直做的偏题、怪题可能压根儿就不这么出；你可以知道知识点到底掌握得怎么样，你一直以来的自鸣得意、努力勤奋其实根本就没达到科目阈值，根本就考不过！

朋友们，没有任何一个老师能告诉你能不能考过，但只有真题能！

■ **案例三：孙同学要备考 CPA，在考前两个月系统测试真题，发现能考 70 多分，认为真题价值已经不大了，就开始大量去做模拟题。**

➤点评：这不叫重视真题，因为真题的很多题目已经在基础班讲义中打散讲述了，竟然经系统测试才 70 多分，说明你对真题中一再强调的考点掌握得很差，应该达到 80 ~ 90 分才合格！

对于错误的真题，你应该运用第五章“备考的工具库”之“天博学习法 + 飞飞做题法”。

■ 案例四：李同学要备考 CPA，其在刷了一两遍真题时，对于做错的重要题目，没有仔细研究该题型思路，也没有找同类型题目再次练习。

➢点评：这不叫重视真题，因为真题中考查重要知识点时，往往就那一两个“套路”，做错了就应该“上穷碧落下黄泉，动手动脚找东西”，掌握思路，再次练习，争取下次遇到必须做对！

换言之，你应该运用第五章“备考的工具库”之“飞飞做题法”。

■ 案例五：周同学要备考 CPA，第一轮复习结束时，就立刻系统地做真题，对于每年真题都苦思冥想地测试，结果每次都只考几十分，其非常愤怒、失望，不知接下来该如何是好。

➢点评：这虽然属于重视真题，但是重视的方法不对。第一轮复习结束后，就要立刻进入第二轮的查漏补缺阶段，这时对于真题应该是刷题与测题相结合。

所谓“刷题”就是看看题目，不懂立刻放弃，然后看答案、学思路，再做针对性训练，这是为了将知识点转化成考点、题型。测题是完全模拟考试环境，在指定的时间按照要求的方式及时完成试卷，这是为了对知识点和考点进行检测、整合。

像初级会计、中级会计、注会等都是标准化的考试，题型与思路是比较固定的，我们不是开发新技术、创造新知识，不需要把大量时间花在苦思冥想上。

而周同学刚复习完第一轮，知识当然无法整合起来，前面学习的知识肯定忘了很多，知识点和题型肯定不熟悉，这时一上来就对近六年真题全部使用测题模式，肯定会苦思冥想，得分偏低，不但白白浪费了大量时间，而且搞得自己情绪低落。

正确方式是：先测一两年真题，打压一下自己的骄傲情绪，激发自己认真复习的热情，然后再刷几年真题，对于测题或刷题中的错题，再花大量时间看答案、学思路、进行针对性训练即可（即运用第五章中的“天博学习法+飞飞做题法”）。

（二）难易的处理：先易后难 VS 先难后易

备考初级会计、中级会计、CPA 等，我们肯定会遇到很多简单章节，也会遇到众多困难章节，难易之间该如何权衡处理呢？

■ 案例：参加注会考试的乔落落同学，学习到会计的第 7 章“长股投和合营安排”和第 14 章“金融工具”时，感觉太难，实在坚持不下去了，每次都耽误好几周才敢继续学下去，心情也很低落，导致其他章节的学习时间不够、效率也不够高，最终考了 55 分。

在面对困难章节时，有的人选择先易后难的策略，即打破教材章节的先后顺序，打破讲师的授课顺序，对章节难易程度进行排序，然后按照先易后难来逐步推进；而有的人选择先难后易的策略，即遇到难点“死磕”到底，不把这一个困难的章节搞定，就不继续学习下一章节。

我们主张按照先易后难的策略，因为在攻克难点前，积累了众多较为容易的基础性章节的知识点，一方面既容易攻克难点，另一方面又会带来成就感和愉悦感；而如果按照先难后易的策略，一遇到难点“死磕”到底，那么失败率会很高，还带来挫败感，白白消耗珍贵的时间和精力。况且就算攻克了难点，也只是让你从考 60 多分升到 70 多分，根本不影响你的通过情况。

那么，备考时该怎么样应用先易后难的策略性思维呢（见图 2-6）？

Step 1：了解章节难易程度及知识的相关性

Step 2：对章节由易到难排序

Step 3：按序听课

以 CPA 会计考试为例：我们经过搜寻相关资料，按照难易程度将其分为基础性、提升性、专题性和重点性四大板块，难度越来越高（见表 2-2）。

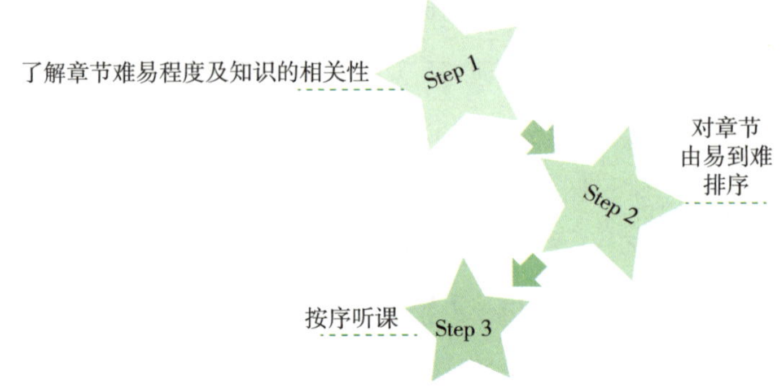

图 2－6 “由易到难”三步骤

表 2－2 CPA 会计考试板块划分

基础性	1（总论）、3（存货）、4（固定资产）、5（无形资产）、6（投资性房地产）、9（负债）、15（所有者权益）
提升性	8（资产减值）、10（职工薪酬）、18（非货币性资产交换）、19（债务重组）
专题性	11（借款费用）、12（股份支付）、13（或有事项）、17（政府补助）、21（外币折算）、22（租赁）、23（财务报告）、25（持有待售）、28（每股收益）、29（公允价值计量）、30（政府及民间非营利组织会计）
重点性	17（金融工具）、7（长股投和合营安排）、26（企业合并）、27（合并财务报表）、16（收入、费用和利润）、20（所得税）、24（资产负债表日后事项）、2（会计政策、会计估计变更与差错更正）

注：①依次学习基础性、提升性、专题性和重点性章节，在学习前三板块比较容易的章节时，不用花费过多时间掌握全部知识点，也不用把教辅书的全部章节习题做完，应该只做本章节的经典真题以及经典例题，为第四部分重点性章节留出足够的时间，以迅速通过第一轮学习。等到第二轮查漏补缺以及第三轮整合全书时再回头训练也来得及！②如果学习到专题性章节，觉得状态好，可以直接冲刺学习重点性章节！

（三）情绪的掌控：强制学习 VS 放松大玩 VS 三步四换法

1. 什么是强制学习和放松大玩？

朋友们，当我们在备考过程中，到达某一时点，会莫名其妙地感觉心情低落、“压力山大”、焦虑抑郁、单调枯燥、悲观失望或烦躁不安，该怎么办？

如果处理不好，会大大耽误学习，影响理解能力、记忆能力，导致复习备考的功败垂成，很多考生在考前一两个月状态非常不好，那些向我哭诉的话语，让我心情沉重。掌控情绪是备考策略的重要技能。

整体而言，面对这种消极情绪，有三种应对策略：强制学习、放松大玩、权变处理（见图2－7）。选择强制学习策略与放松大玩策略的原因如图2－8所示。

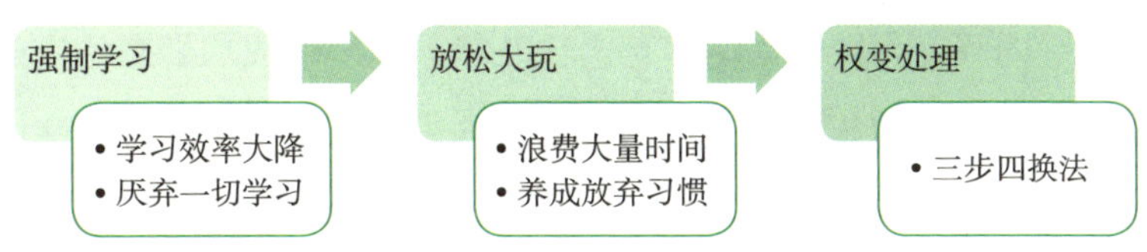

图2－7　掌控备考情绪的三大策略

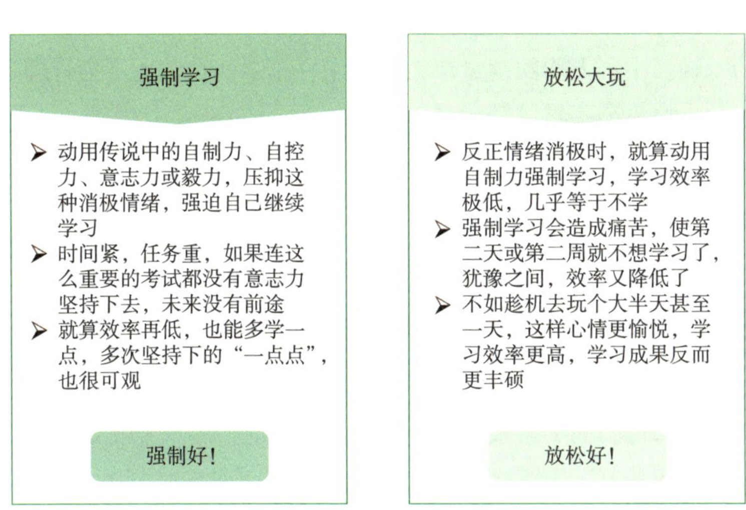

图2－8　强制学习策略VS放松大玩策略

2. 为什么强制学习和放松大玩都不好?

从备考学的方法论出发，这两种策略都不太好。原因在于，情绪管理属于心理学范畴，有其固有的规律和技能，这两种策略都是基于对心理学的无知的应激反应，并不具有多少智慧。

鲁迅说："真的猛士，敢于直面惨淡的人生，敢于正视淋漓的鲜血。"

我们认为："学霸级考生，敢于探索备考的规律，敢于应用新的学科。"

采用强制学习策略的缺点如下：

（1）学习效率大降。采用强制策略时，至少一半概率下是失败的。这种采取措施后带来的痛苦一定会比采取措施后带来的快乐更加刻骨铭心，因为根据行为经济学的发现，人们丢失1万元带来的痛苦会比捡到1万元的快乐更大，人们遭受同程度失败带来的痛苦会比获得同程度的成功带来的快乐更大。

所以，采取强制措施的朋友回望过去，脑中闪现的都是痛苦，这样学习到后半段，内心对这种强制措施就会越来越恐惧，强制措施就会越来越难以执行，即便执行，沉浸在痛苦中的大脑，理解能力和记忆能力也大为下降。

（2）厌弃一切学习。最可怕的是，这种强制措施会带来严重的厌学、惧学、弃学情绪，消极情绪一长，就变成了理念，对考试、学习甚至阅读都会产生强烈的抵触。中国人均阅读量那么低，主要原因就是考生不会管理备考过程中的消极情绪导致的。

那么，采取放松大玩的策略可以吗？此策略虽然暂时可以缓解，但是也有重大弊端，缺点如下：

（1）浪费大量时间。放松大玩消耗了大量学习时间，所以不能轻易采用。其实很多时候的消极情绪通过其他小措施就可以解决。

比如，有时情绪消极是由于遇到了重难点问题，难以攻克，其实，这时换章节继续前进即可，回头再来攻克往往是来得及的，根本不需要放松大玩来缓解；有时消极情绪是由于连续多日采用一两种单调的学习方式（听课+做题）导致的，其实我们有八种学习方式（听、说、读、写、看、算、背、忆），这时可以暂时换成抄写知识点、回忆、阅读、背诵等方式即可，也不需要放松大玩。

（2）养成放弃习惯。从心理学的角度看，人的情绪本来就是在不断波动的，我们本身就应该掌握一定的技巧来立即释放甚至强忍情绪来调整自我，不能因为一有些貌似很严重的消极情绪，就放弃学习计划去放松大玩。否则，这在实际备考过程中，就会体现为“三天打鱼，两天晒网”，这就是逃避学习的表现。

行动本身是最大的暗示。这么多次的放松大玩，一定会养成放弃心理，很有可能再次遇到变故，就放弃当年考试了。

所以，我们推荐权变处理的应对策略，即三步四换法。

3. 三步四换法该怎么操作？

三步四换法策略分为三步：

（1）第一步，要考虑是不是学得太久。因为学得太久产生厌学情绪或者走神儿，这是正常的，那么该怎么解决呢，很简单，进行 10 分钟间歇即可，比如伸个懒腰、倒杯水、打个电话、去趟卫生间、扫扫地、看个新闻、跑会儿步、聊会儿天等。

（2）第二步，要考虑是不是遇到难点问题。如果遇到难点章节，产生悲伤、焦虑、失望等消极情绪也是正常的。这时候要分情况处理，如果是重要知识点，建议“死磕”；如果是非重要章节知识点，建议暂时放弃。

（3）如果不是以上两种情况，那就属于第三种情况——严重的消极情绪，这时候通过换方式（比如从做题换成听课；从听课换成抄写）、换章节（比如从学习枯燥的章节换成较为有趣的章节）、换科目（比如从复习会计换成复习经济法）的方法，看能否继续学下去，如果还学不下去，再换状态。具体请参考第五章“备考的工具库”之“三步四换法”。

三、雷坑三：太多疑——不敢放弃一城一地

（一）亲爱的朋友，你参加的是资格性考试！

1. 资格性考试的逻辑是什么？

朋友们经常会在工作微信中问我知识点问题，我也常去答疑论坛中查看朋友们的问题，我惊奇地发现大家所纠结的很大一部分问题根本就是偏题、怪题，一点都不影响考六七十分。如果是我，对于这样的知识点，我是直接放弃的！

下面列举几条朋友们问过的又偏又怪的知识点，希望大家借此可以反思一下备考过程中的“多疑情结”。

➢老师，在CPA考试的税法科目中，增值税征税范围中的支付机构预付卡业务与商业用途预付卡有什么区别？

➢老师，在CPA考试的税法科目中，“金融企业发放贷款后，自结息日起90天内发生的应收未收利息按现行规定缴纳增值税，自结息日起90天后发生的应收未收利息暂不缴纳增值税，待实际收到利息时按规定缴纳增值税”。请问，“结息日”到底是什么意思，既然结息了，为什么结息日后还会发生应收未收利息？

➢老师，在CPA考试的税法科目中，对于发卡机构、清算机构和收单机构提供银行卡跨机构资金清算服务中，为什么纳税义务人发卡机构向收单机构收取的发卡行服务费，却要向清算机构开具增值税发票？

朋友们，以上知识点都非常偏，你就是祈祷让考，都很难考。况且，初级、中级、CPA、税务师、经济师、司考等都是资格性考试，得到60%的分值就可以。

那么，多余的时间干什么呢？

答案是做两件事，一是一次性通过尽可能多的科目，二是尽早去事务所、财务部、投融资部、风险管理部、信用审批部去实习、去实操、去积累经验。

很多从四大会计师事务所出来的朋友们经常说，注册会计师等资格性考试的理论与知识，与实际状况差别较大，考试的重点往往不是实操的重点，所以要想娴熟运用财务、投资知识，考试及格后，赶紧去实操即可。

设想有两名智商差不多、年龄差不多的学员，采取不同的策略，那么他们的成果差距往往也是较大的：

- 甲同学非常努力，决定一次过六科，每科考60～65分即可，他经过查询历年真题、听名师讲课，仔细核定各个知识点的考频和分值，在注会六科都分别确定了要放弃的知识点，甚至一整章、一整节，主要聚焦于要点，将其背熟做透，保证不失分。

• 乙同学也非常努力，决定一次高分通过六科，每科80分以上，所以他对注会六科的每一科讲义上的知识点都仔细查看，都不舍得放弃，对于偏题、怪题总是想“万一今年出题了怎么办呢”，所以他花大量时间去研究这些偏题、怪题。

• 结果：甲同学最差也是两年按照60%分值通过，乙同学最好也是四年按照80%分值通过。甲同学就可以提前两年去实习、实操，去积累更多经验，而这两年，乙同学还只能在忙乱中痛苦单调地再复习两年。四年后，甲同学成为了年轻有为、拥有注会资格证、经验丰富的财务专业人士，而乙同学则成为一个刚考过CPA、年龄偏大、经验不足的财务初级人士。这时，甲同学在婚恋上更占优势，而乙同学在婚恋上也较为被动。

所以，对于资格性考试而言，它的真正逻辑是：**成功 = 每科拿60%的分值（一次过最多科）+ 赶紧实操**

事实上，我在参加资格性考试时，就是这么做的：

我在考注会时，几乎每一科目都有明确放弃的内容，比如税法后三章的部分知识点，也没怎么看，考试前一个月赶紧背一背；考经济法时连基础班的课都没怎么听，而是拿着冲刺班讲义狂背，同时拿出近几年真题进行理解性记忆并研究题型。

我在参加国家司法考试时，将“中国法制史”科目全部放弃、“刑事诉讼法”科目基本放弃，然后聚焦于重要考点的大量理解性记忆。虽然那一年因传闻改革，司考报名人数猛增；虽然考前一个多月我还因病住院做手术；虽然考前一两周我因恋爱也耗费了不少精力；虽然考试那两天我还因凌晨三四点入睡导致在考场上睡着了，但是由于我放弃了一小部分“性价比”较低的考点，聚焦于重要考点，所以最终也稳稳地过了司考，拿了A证。

2. 选拔性考试的逻辑是什么？

而对于中考、高考、考研等选拔性考试，你的目标体现在排名，所以考的分数越高越好，对于目标是“985工程”“211工程”院校的朋友，即使比较偏、怪、难的知识点也要掌握。

比如在河南，这个一本率常年不到8%（同期北京一本率为30.50%，天津为 24.10%，上海为 21.80%）、而高考人数高达百万的省份，有很多考生愿意在高三复习两年，从大专升级到本科，从普通一本升级到“211 工程”大学，从“211 工程”大学升级到“985 工程”大学。我所在的河南睢县，高三复读班的人数比高三新班级的人数还要多。

考更高的分数，意味着可以上更好的大学，拥有更美满的人生！这是值得的！

■ 案例：选拔性考试中不愿复读以考取更高分数的悲剧

我有一个表弟，家境贫寒，学习非常努力，第一年考试不如意，考上一所大专。我当时力劝其再复读一年，但是他不听，认为自己曾经做过高三的班长，把班级带领得不错，已经掌握了人际交往、领导力的众多诀窍，到任何地方都能混得很好，而且再复读一年，也未必能够考得更好。

但是，他错了！

以他的分值，学校选择范围非常狭窄，只能去一个很一般的城市，找一个很一般的专业，所以他选择去一所大专学习市场营销专业。他极其勤奋、创新力十足，在大学期间做了一种较为新型的快递，两三年内获得了 300 万元的年营收额，但是之后由于当地发展的不利环境，只能以失败、离开收场。他花费数年青春打拼的事业、积累的人脉也毁于一旦，而且由于他做的是行业链条中较为低端的部分，所以知识上无法积累，到另一个地区的快递行业也只能从快递员做起。

迫不得已，他只能另换行业，另换城市，重新再来，但是家庭已成立、孩子已出生，斗志已不足，也没有时间去考专升本，收入也大不如前。

其实，他就是在关键节点走错了一步——在高考这个选拔性考试中没有复读。

如果他复读一年，就能考上二本，至少可以在一个创业环境更好的城市读大学。很可能拉到投资，让自己的企业存续，就算创业失败，也不至于被迫离开那座城市，一旦离开，原来积累的人脉化为泡影，只能踽踽独行地到另一座城市重新进入一个行业！

总而言之，对于选拔性考试而言，它的逻辑是：**成功 = 每科拿更高的分值**

（甚至复读一年）+不顾实操

但是，我每年在回答提问、查看答疑论坛时，都感觉很多朋友明明是在参加资格考试，却有意无意地在按照选拔性考试复习（见图2－9）。明明嘴上说的是考60分即可，但在行为上是按考80多分来复习的。

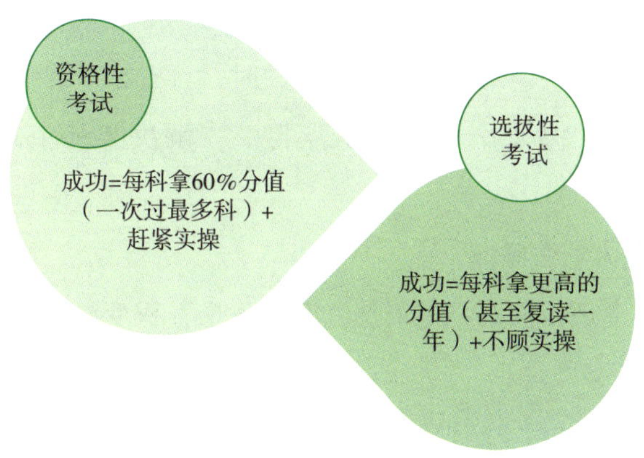

图2－9　选拔性考试与资格性考试

（二）遇到疑难考点怎么办？

1. 苦苦探求和全部放过为什么都不好？

我们的定位是资格性考试，不是选拔性考试，目标是考60多分，不是考80多分，那么我们遇到疑难知识点该怎么办呢？

采访同学后，得到以下策略（见图2－10）：

苦苦探求

• 运用听、说、读、写、看、算、背、忆+对啊答疑论坛+同学求助+互联网搜索答案

全部放过

• 不会就不会，赶紧过一遍，下一轮再来搞定

图2－10　苦苦探求VS全部放过

甲同学认为，不管在什么阶段，都要苦苦探求，应该通过各种方式把疑难问题搞定。痛苦了，再坚持一把；难过了，再忍耐一下；一定要“死磕”、一定要出击。否则，我这一章没有学好，下一章就学不好；我这一节学不好，下一节就没法进行。

而乙同学则认为，在听第一遍时，对于疑难点，都可以考虑先全部放过，赶紧过完这一遍，下一遍结合真题查漏补缺时，再有针对性地克服、解决。而且，已经学完全书，基于全书的知识点再一一解决某几个点，就非常容易攻克。

2. 权变处理该怎么操作?

以上都各有道理，但都不是最佳方案，我推荐权变处理方案，如图 2 – 11 所示。

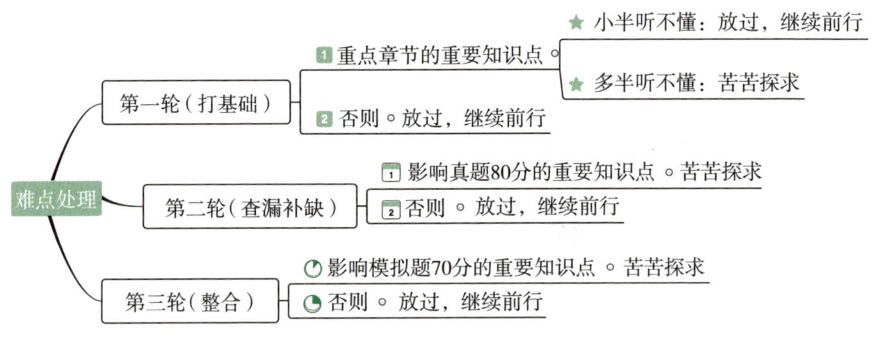

图 2 – 11　权变处理方案

这种方案要求根据我们所处的复习轮次来灵活处理：

（1）第一轮复习。如果我们处于第一轮复习，那我们处于打基础阶段，不能一遇到问题就停下来。原因有两点：

一是这时基础薄弱，问题太多，而且其中很多都是不重要的问题。如果一一解决，第一轮复习就太慢了，严重影响第二轮和第三轮复习的进度，导致最后时间不够。况且在这个阶段基础薄弱，解决问题会非常困难，花了很多时间，往往还不会，不如完整地学完一遍再回来解决，“发展才是硬道理”，在发展中解决问题，等到你不断“头拱地”地过了一遍，再回来看，发现原来头脑中的问题多么幼稚、可笑，根本没必要停下来花时间解决。

二是还从来没有完整做过一套试卷，内心真不清楚是怎么考的。你头脑中冒出的很多问题很可能根本不考或者不以此种形式考，因此根本没必要解决。

所以，第一轮复习只对重点章节的重要知识点考虑解决。比如在CPA税法中，增值税每年占据20余分，是绝对的重点章节，而且排在第二章，很容易遇到疑难点。假如增值税有10个重要知识点，有6个都没听懂，这时要停下来，做一下此章的历年真题以及章节习题。对于其他所有情况，都可以暂时放过，继续前行。

（2）第二轮复习。第二轮复习是查漏补缺阶段，也就是通过真题查漏，研究考点的规律、思路，再找同类题目练习。这时候，我们由于完整地做了真题，就能知道自己的分值，所以可以用看是否影响80分来作为或战或走的标准。如果影响80分，再去苦苦探求；否则，放过，继续前行即可。

（3）第三轮复习。第三轮复习是整合阶段，也就是通过真题、模拟题检测，将基础班、强化班上讲义的考点整合起来，使其能够在考试时间内精准地答题。这个时候，时间往往过于紧张，各科目似乎都学得不太好，情绪也焦虑。如果真题已经做得很熟练了，就失去了参考意义。那就用质量上乘的模拟题来检测，如果是影响模拟题70分的疑难点，就再苦苦探求；否则，放过，继续前行即可。

四、雷坑四：少条腿——只会一两种学习方式

（一）狂背策略和题海战术为什么都不好？

在具体学习方式上，有的朋友爱做题但怕读背，对于审计、经济法、战略科目比常人花的时间更多才有可能通过；有的朋友爱读背但讨厌做题，对于会计、财管、税法科目比别人花的时间更多才有可能通过。

换言之，绝大多数人在学习方式上严重偏科，只会一两种学习方式。但

是，我认为学习有八种方式：听、说、读、写、看、算、背、忆，不同的学科要侧重使用不同的学习方式。一一介绍如下：

➢听，指的是听课，基础班、强化班、冲刺班、真题解析班、考前点睛班都可以倾听，在第一遍听懂的基础上，老师再讲解第二遍时，就要将相关知识点整合起来再回忆一次，不能因为第一遍听懂了就走神儿。

➢说，其实是对费曼学习法的简称，也就是对一个重要知识点要能够通过简化、类比说出来、讲清楚，让别人能听懂。

➢读，指的是读出来，可以大声、小声、无声。读是一种强大的学习方式，往往与背诵搭配使用，睁眼说出知识点叫读，闭眼说出知识点就叫背。曾国藩说晚年有三乐："读书声出金石，飘飘意远，一乐也。"古诗词只有在阅读时才能感觉其美好。其实我在考注会、司法时，经常读法律条文、读重要口诀、读会计分录，也觉得非常美好。

➢写，指的是动手抄写要点，教授税法的CPA讲师彪哥在考审计时，不想背诵，就经常抄写审计真题的要点，然后轻松考过。我在考试时，读背疲倦了，也开始随手拿一个本子抄写要点，感觉很爽。

➢看，指的是看讲义、看教材、看辅导书、看笔记，往往需要多看几遍。我经常见到很多学霸，他们把讲义翻得破破烂烂，边看边补充，边看边记忆。

➢算，指的是做题，具体分为刷题和测题。刷题指的是看看题干，思考一下，如果不会了，直接看答案，琢磨思路，熟悉知识点；测题指的是完全模拟考场环境，在指定的时间内做完题目，明明知道这个题的知识点曾经记过，但是一时半会儿想不起来，即使答案就在手边的讲义上，一翻就会，也要制止，坚决不能翻，否则就不叫测题了。

➢背，指的是背诵，可以大声、小声、无声。注意，一定要背诵关键词而不是全句，即绝对不能按照小初高学习古诗文的方法来全文照背，否则，一定会收效甚微，且不断受挫。

➢忆，指的是回忆，又叫搜索式记忆法。我在考研、考注会、考司法时，第三轮复习期间，经常会躺在椅子上，或者呆呆地坐着，对着一张图将某节、某章甚至全书的知识点回忆起来，如果某个点忘记了，就停下来看一看，再躺下或坐下继续回忆。

我一直认为，在这八种学习方式中，回忆法对我的脑力提升效果最明显。我曾经在考研时，坐在两小时路途的公交车上，全神贯注地回忆50万字要点的《管理学原理》；我曾经在寝室里，呆呆回忆起注会的《财务成本管理》的大多数要点；我曾经在图书馆，对着司考的《民法》《刑法》等，回忆起大量的主要法条。

八种学习方式总结如图2－12所示。这八种学习方式，可以大致分为两类：文科生式、理科生式（见图2－13）。

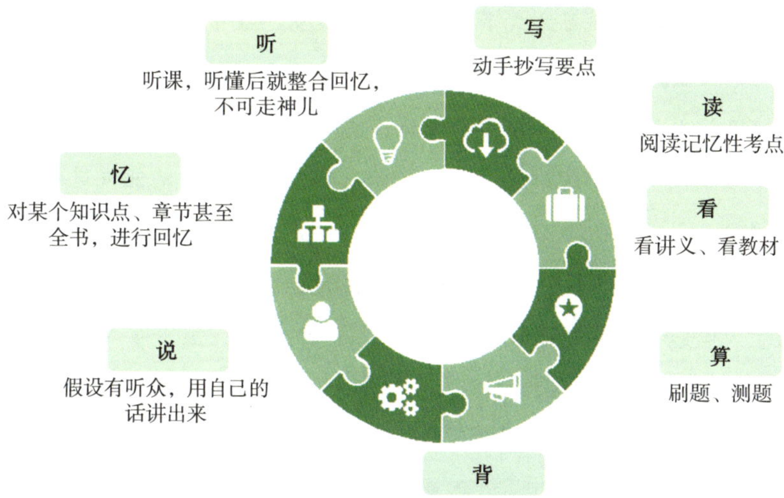

图2－12　八种学习方式

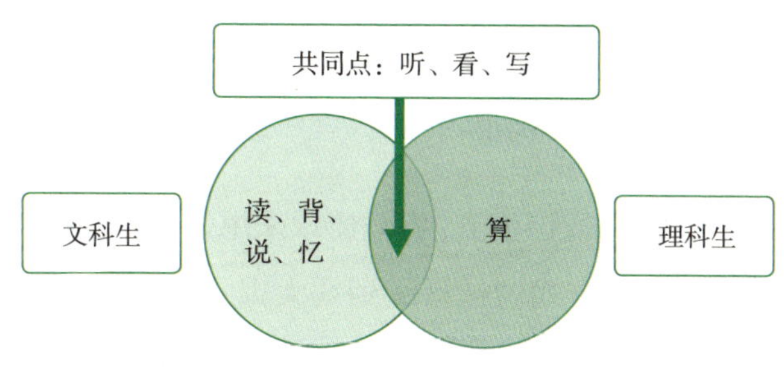

图2－13　文理科生八种学习方式

文科生式又称为“狂背策略”，理科生式又称为“题海战术”。这两类都包括听、看、写三种学习方式。文科生往往能够并且善于通过读、背、说、忆的方式来记忆知识点，建立知识体系，但是不善于计算；而理科生往往能够并且善于通过计算来解答题目，建立知识体系，但是不善于读、背、说、忆。

事实上，正是这种严重的偏科学习方式，让有的同学在某科的学习效率上大大降低。

下面就是我们同学在学习方式上经常出现的巨大问题：

■ 案例一：有位同学会计科目听、看了700小时，终于理解了大部分考点，但是只考了48分，为什么？

答：因为采取的学习方式不对。至少应该从700小时中抽出300小时来练题，将近六年真题完整做三遍，将会计科目重要章节（分值>5分）的真题和好题做一遍！况且，很多知识点的描述，由于大多是翻译自外国，语言表述艰涩拗口，难以理解，但是对应的题目却很简单，题目本身就能促进对知识点文字的理解。

■ 案例二：有位同学完整地听完了经济法基础班课程，然后又按照每个章节做了大量题目，真题和模拟题也做了1000道题，至少学习了500小时，但是只考了56分，为什么？

答：因为采取的学习方式不对。经济法科目有大量的内容需要背诵，至少“背住几句话，搞定几十题”，“画画逻辑图，复杂变简单”。用1小时做几十道题，不如花20分钟进行记忆！

反复做，反复错，不记住，有什么用？

主要应该是记忆，然后刷题，接着测验，再记忆。

（二）弹性结合策略该如何操作？

狂背策略和题海战术都不可行，我们应该采用弹性结合策略来学习。

这种策略认为：学习方式的选择受到两大因素的影响，一是考试科目属性，二是个人当时的精力水平。我们主要结合这两大因素来制定弹性结合策略。

1. 科目属性：CPA各科目的正确打开方式

高效的学习方式，一定是适当照顾各科目的特点，超脱自己的学习方式偏好，或者说训练另一种学习方式，来高效备考。通过采访身边学霸，结合自身考试经验，以CPA考试为例，下面才是各科目的"正确打开方式"（见表2-3）。

表2-3 CPA各科目的"正确打开方式"

考试科目	学习方式	共有
会计	第二轮及第三轮复习前半段以算为主，其他学习方式为辅； 第三轮复习后半段以算为辅，以其他学习方式为主	第一轮复习：看书、听课、做笔记
财管		
税法		
审计	第二轮及第三轮复习都以算为辅，以其他学习方式为主	
经济法		
战略		

注：算即是做题，做题分为两种：一为理解、记忆知识点的刷题；二为测验、思考、整合知识点的测题。

2. 精力水平：学习方式与精力层级的一一对应

要想具体应用八种学习方式，还要明白其所需消耗的精力大小。根据学习方式所消耗精力的大小，可将其分为三大层级（见图2-14）：

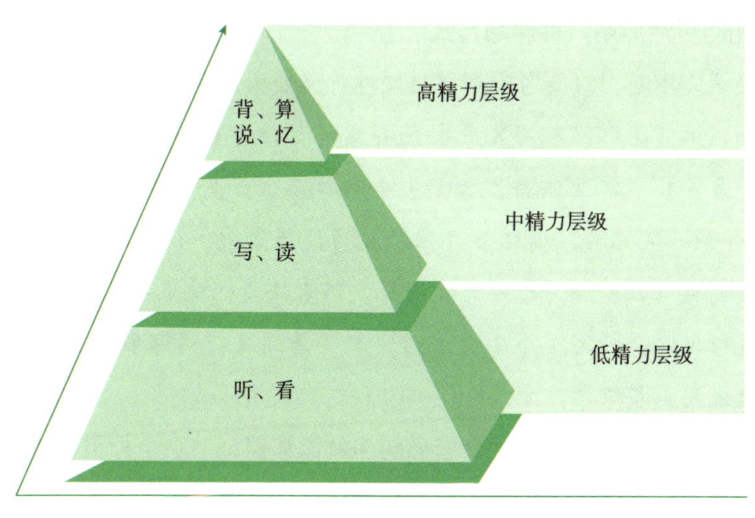

图2-14 学习方式与精力层级关系

➢低层级方式：听、看　　对应低精力层级

➢中层级方式：写、读　　对应中精力层级

➢高层级方式：背、算、说、忆　　对应高精力层级

一般而言，层级越高，精力消耗越大，学习效果也越好。

换言之，当你处于困倦、单调和消极情绪中时，个人精力层级会很低，这时应该采用低层级的学习方式。如果这时使用高层级的学习方式就会走神儿、浮躁、厌学、弃学，这也就是心情不好的人在试图背诵经济法法条时总是走神儿的主因。

当你刚跑完步、小憩片刻或者早晨刚起床时，个人精力层级也很高，这时应该使用高层级的学习方式，比如在早上背诵书籍。如果这时选择低层级的学习方式，比如听、看，便是效率损失。这也是我不主张朋友们完整地听第二遍教学视频的原因之一。

总而言之：

（1）学习方式要与精力层级相适应，低层级配低层级，高层级配高层级，否则，学习效果会大打折扣。

（2）要尽量随时随地提升精力层级，采用高层级方式学习，提高学习效率。

3. 如何灵活应用八种学习方式

在灵活应用时，既要考虑到科目属性，又要考虑到当时的精力层级。

比如，上官思群同学早晨一来就去背诵（注：在高精力层级时，采用高层级学习方式）经济法法条，背了1小时，产生严重的单调感和疲累感，于是花10分钟，洗把脸，喝杯茶（注：精力消耗太大，试图恢复精力），然后通过抄写要点（注：精力已经大大消耗，仍未恢复，就采用中层级学习方式）的方式进行记忆，抄写1个小时之后，又去看讲义、听课程（注：精力再次消耗，就采用低层级学习方式）。

通过以上灵活的安排，上官思群同学就能够保证一直全神贯注于学习，没有任何走神儿，记住了大量法条，又熟悉了知识点。

再比如，墨依依同学中午午睡半小时后，揉一揉眼睛，洗把脸，喝一杯浓

茶（注：经过午睡，迅速升到高精力层级），就开始做财管题目，连续猛攻1.5个小时（注：在高精力层级时，采用高层级学习方式），感觉又累又烦（注：累是因为做财管题目太费脑筋，烦是因为还是发现不了此类题型的解题技巧），于是她起身将题目输入答疑论坛，寻求帮助。随后，花30分钟读写财管公式（注：精力已经较大消耗，仍未恢复，就采用中层级学习方式）。随后，看到老师的回复感觉豁然开朗，信心为之大振，于是又花1个小时立刻拿出同类财管大题再练习几道，发现题题都对（注：升至高精力层级，采用高层级学习方式）。最后，感觉有点疲累，就打开电脑，花1小时听一听新课程（注：精力已经大大消耗，就采用低层级学习方式）。

通过以上灵活的安排，墨依依同学就能够保证一直全神贯注于学习，没有任何走神儿，掌握了重要考点和重要题型，熟悉了财管知识，并推动了财管的听课进度。

五、雷坑五：理还乱——知识体系一片混乱

（一）你脚下是一地鸡毛吗？

学霸在备考时，往往思路清晰，看一章有一章的效果，看一节有一节的效果，看一页有一页的效果，其重要原因在于，他们将此知识点都形成了一个小体系。但是很多朋友看完之后，却是一地鸡毛，既不知将知识点该如何联系起来，也不知该如何应用，而我们在考试时，大多数题目考的恰恰就是各考点之间的复杂联系，不把知识点串起来当然就要做错！

亲爱的朋友们，测一下你是不是一地鸡毛，请回答以下问题：

- **问：在你现在报名的资格证类考试中，遇到跨章节性考题，你的大脑是什么状态？**

➢ **A. 大脑空白：**即根本不知道考的是哪个点，就算知道考点，也不知道该如何下手，甚至连题干都读不懂。原因要么是此考点没有理解，要么是此考点没有记住，要么是完全不懂题型。

➤**B. 一知半解：**能想起来好几个考点或好几种情况，但是每一种都有可能，无法确定是哪一种。原因是理解得不透，或者记得不熟，混淆了知识点。

➤**C. 懂却做错：**很确定利用哪个考点或哪种情况，但是做错了。原因要么是因做题量少、不熟练导致的失误，要么是记得不熟，甚至记忆时就出现错误而导致的失误。

➤**D. 又快又对：**既掌握了知识点，又掌握了题型，符合考试要求，这是最理想状态。

那么，朋友们，你是选择哪个选项呢？我估计大部分都会选择 A 或 B，选择 C 的较少，选择 D 的更是凤毛麟角。处于 A 或 B 状态的朋友，其知识体系就是处于混乱状态（见图 2－15）。

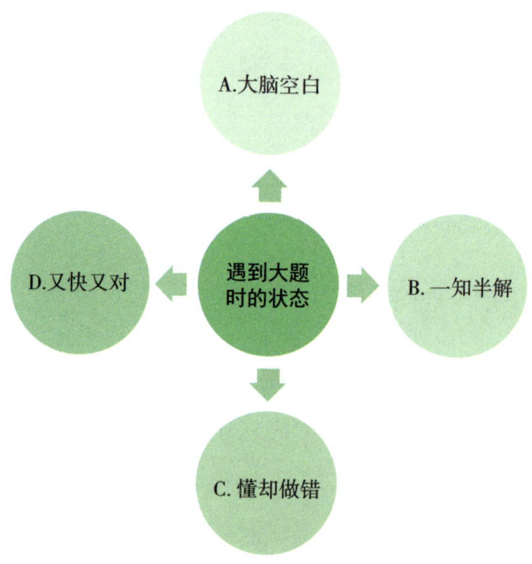

图 2－15　遇到大题时的状态

（二）串联知识点的终极秘籍是什么？

那么，该如何解决呢？

答案是：训练并使用记忆术！

记忆术到底是什么？

记忆术就是研究如何利用人脑规律来迅速记住信息的技术。但是，记忆术真的有那么重要吗？记忆术真的能够串联知识点吗？

答案是：记忆术就是有那么重要，就是能够迅速串联知识点。有关记忆术的具体运用请参考第五章“备考的工具库”中的“备考记忆术”。

我们看看人类历史长河中来自各个领域的卓越的天才对记忆及记忆术的推崇：

➢成也记忆，败也记忆。训练记忆力，本身就是一种快乐。记忆是知识的唯一管库人。

——英国诗人　锡德尼

➢记忆力好，不一定会让你成功。但记忆力不好，一定会让你糊涂，一定让你失败，而且失败得很难看！

——美国投资家　沃伦·巴菲特

➢记忆力并不是智慧，但没有记忆力还成什么智慧呢？

——德国化学家　哈柏

➢一切知识不过是记忆。记忆是一切智力活动的基础。

——英国哲学家　培根

➢人的一切智慧财富都是与记忆相联系的，一切智慧生活的根源都在于记忆。

——俄国生理学家　伊凡·谢切诺夫

➢背诵是记忆力的体操。

——俄国作家　托尔斯泰

第三章

备考的理念源：立根原在破岩中

250 年前，清代著名书画家、文学家郑板桥在《竹石》中赞叹道：

咬定青山不放松，
立根原在破岩中。
千磨万击还坚劲，
任尔东西南北风。

在“诗书画三绝”的郑板桥眼中，那一簇坚韧不拔的青竹，之所以能顶住东西南北风的肆虐，原因在于其有一个“咬定青山不放松”的强大根茎。

在我们漫长而又煎熬的备考过程中，自制力可能会发挥失常，工具库可能突然失灵，陷阱项可能突然强大，幕后黑手可能无法解决，这时候，到底有什么可以像“定海神针”“倚天宝剑”一样助我们走出困境、恢复元气呢？

这只能靠理念！

理念总会嗡嗡作响！

理念就像立在岩中之劲根，总能让我们成功经受风雨、重焕生机。

备考有三大黄金理念：赋予意义、集中精力、工具主义。

赋予意义强调探索自我，观察世界，构建备考的强大意义；集中精力强调管理各种诱惑，投入更多备考时间和精力；工具主义强调聚焦于方法、技巧、流程，掌握众多备考工具，迅速解决各种备考问题（见图3－1）。

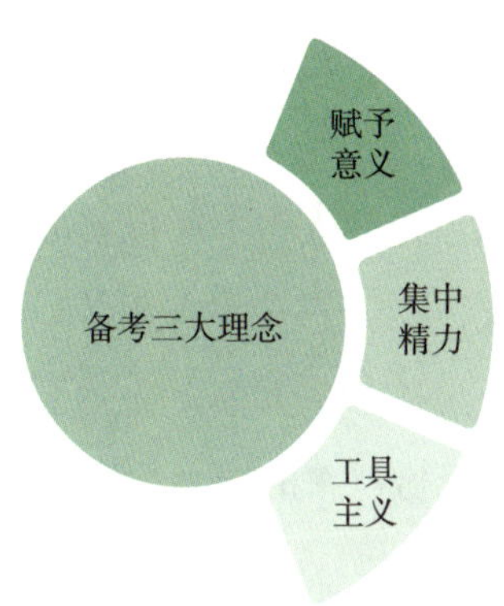

图3－1　备考三大理念

一、赋予意义

（一）意义驱动备考

没有所谓的“胡萝卜＋大棒”政策，人的行为就很难养成习惯。有意义的行动容易坚持下去，没意义的行动谁也不想坚持。

很多考生不能按照计划坚持下去，就说是因为“我意志太薄弱”，其实不是。每个考生都会有意志薄弱和意志坚强的时候。能坚持下去的考生都是意志坚强的，坚持不下去的就是意志薄弱的，这样说大错特错！

实际上，要想坚持下去的最重要措施，是为它赋予意义。

内在意义与外现激情有什么区别？内在意义是外现激情的核心基础，外现激情是内在意义的完美阐释。意义带来激情，激情体现意义。

高效行动就直接源于高质量的激情，所以高效的史蒂夫·乔布斯经常强调要有激情。

激情有多种形式，不一定是像歌手演唱、画家创作时那样的狂野，也不一定是大喊大叫，在备考中很可能是洋溢在内心深处的那份淡淡的热爱和温暖。每天总有些时刻感觉这样做很幸福，每天总有段时间觉得其他事没意义。所以我们才能看到学霸吕鹏、廖紫薇、刘天博、李莲娣等每天痴迷于学习的那种激情与快乐。

鲁迅说“世上本没有路，走的人多了，也就成了路”；

我们说“人生本无意义，赋予意义才有意义”。

所以一定要想尽方法，为备考赋予重大意义，产生高质量的激情，这样我们才能高效行动。请注意，只做严密的计划是绝对不能高效的。

（二）考证的“暴利性”意义

马克思在《资本论》中引用邓宁格的话说：

“如果有利润，资本就胆大起来；如果有10%的利润，它就无所不在；有20%的利润，它就四处活跃；有50%的利润，它就铤而走险；有100%的利润，它就敢践踏人间一切法律；有300%的利润，它就敢触犯人间一切罪行，甚至不惜被绞首而死。”

在这里，资本的活跃程度与利益的大小成正比；其实考生的动力与考证利益的大小也成正比。我们也需要为考证赋予“暴利性”意义！

我们以注会考试为例，其“暴利性”意义如下：

1. 践行专家哲学，获得、保持超级薪酬

一位学霸，就是备考专家；

一位政治家，就是国家治理专家；

一位企业家，就是企业治理专家；

一位杰出的高管，就是企业某方面业务管理专家；

一位好演员，就是表演专家；

一位知名明星，就是粉丝运营专家；

一位全国道德模范，就是道德修养专家；

一位上乘的司机，就是车辆驾驶专家；

……

朋友，你那些学历证书和课程成绩，无法证明你是学霸、无法证明你是专家，而有 CPA 等高级资格证，才能证明你是专家！而只有专家战无不胜，只有成为专家才能拿到并保持超级薪酬。专家最代表实力！

所以，学习财务或者想掌握财务知识，必须要考注册会计师。当然，在迈向财务专家的路上，也不是一蹴而就的，一般需要度过以下几个阶段：

如果考过四门，就算是一个潜在专家；如果考过专业阶段，就是一个初级专家；如果考过综合阶段，就算一个公司专家；如果再积累财会经验，就是一个行业专家。

总而言之：

专一点，级别就升一点；

专一点，薪酬就高一点；

专一点，生活就富一点；

专一点，前途就好一点。

2. 中跑线上，再启征程

我是在河南一个国家级贫困县参加高考的，我们那里有三所高中，高一时所在高中有七十多个班级，每班有七八十人。每年高考考生共有 1.5 万名。

虽然我很努力，但是高考成绩不如意。

曾经，中国一些企业家复盘探讨对当代绝大多数中国人影响最大的几个关键节点是什么？最终他们认为有三个关键节点：

一是上什么大学；

二是入什么行业；

三是和谁结婚。

换言之，高考才是绝大多数人的起跑线，原生家庭不是我们的起跑线。就算出身于一个偏远的贫苦家庭，不是“官二代”“富二代”“星二代”“才二代”“拆二代”，只要你高中努力勤奋、备考策略恰当，就能上一所好大学，

从而大大改变自己的命运。

但是，当我研究高考录取率之后，才发现这个起跑线虽然形式公平，但是实质并不公平。

比如，2018 年河南高考考生有 98.38 万人，省内只有一所“211 工程”大学，一本率不到 8%。一本率是一本上线人数与总报考人数之比，而每年一本上线人数跟试卷难度没关系，各高校一本专业向各省招生的录取人数几乎每年是固定的。

一本包括普通一本院校、“211 工程”院校、“985 工程”院校，是评价一个省份获得的教育资源丰厚程度的综合性指标。一本率高，就代表本省能上一本的学生人数多，获得的教育资源就丰厚；一本率低，就代表本省能上一本的学生人数少，获得的教育资源就贫瘠。

河北情况与河南类似，紧靠京津，但无优惠政策。新疆、西藏、广西、山西、江西、四川、山东、云南这些省份的一本率也不超过 13%。但是，北京的一本率高达 30.50%，上海是 21.80%，天津是 24.10%，是以上地区的两三倍（见图 3－2 和表 3－1）。

河南、河北

河南：考生90万，省内只有一所“211”大学。这三年的平均一本率不到8%

河北：紧靠京津，但无优惠

新疆、西藏

新疆（12.86%）、西藏（11.00%）

其他省份

广西（8.44%）、山西（9.80%）、江西（10.40%）、四川（10.60%）、山东（10.60%）、云南（10.85%）等

图 3－2　中国一本率较低的几个省份

资料来源：根据 2018 年高考情况统计。

表 3－1　中国高考上线率的地区差异

上线率	地区差异
一本率	北京（30.50%）；上海（21.80%）；天津（24.10%）
“211 工程”院校上线率	北京、上海的概率是广东的 5 倍、河南的 4 倍、安徽的 3.5 倍

续表

上线率	地区差异
清北率	北京的概率是云南、贵州的 30 倍，广东、广西的 25 倍，四川、山东、甘肃、河南、江西的 20 倍，湖南、湖北、内蒙古的 16 倍
复交率	上海的概率更高。清北在北京本地的招生比不超过 15%，而复交在上海当地招生比达到 29%

资料来源：根据 2018 年高考情况统计。

换言之，一个在教育资源贫瘠的省份的考生非常努力，如果在京津沪能上一本甚至“211 工程”院校、“985 工程”院校，但是却因为本省录取率低，结果最多上个普通一本；本来能上个好本科，但是却因为本省录取率低，结果最多上个大专，以后还要不断参加专升本考试。

另外，一本率低的地区，往往学校的硬件和软件设施都不强，初高中教师往往学历普通，教学水平也一般，视野眼界也很狭窄，所以我们花费数年努力，却仍然效率低下，见识浅陋，成果甚微。

既然，很多朋友输在起跑线上，该怎么办呢?

答案是：抓好中跑线。

什么是中跑线呢?

答案是：CPA、司考、税务师等高等级资格证就是我们的中跑线，能给我们第二次人生机遇。我们不能因为出生在一个教育资源贫瘠的地方，或者因为初高中的年少无知，就只能上一所普通的大学，进而一辈子郁郁不得志。

3. 条件宽松、费用低廉

对于 CPA 考试，其报名条件几乎是中国资格考试中最宽松的，费用也是最低廉的。

➢报名条件（专业阶段）：完全民事行为能力；大专学历或中级会计职称。

➢报名费：60 ~ 100 元/科。

其中，大专学历的类型不限，全日制、自考、函授、夜大、电大等都可以，只要在学信网上能查到即可。但是如果对比一下世界财经领域其他两大黄金证书 CFA 和 ACCA，就会更能意识到 CPA 的优势所在。

CFA 全称 Chartered Financial Analyst，翻译为“特许金融分析师”，此考试试卷为英文，由美国发起成立，分为 level 1、level 2 和 level 3，不算参加辅导班培训的费用，仅报名费就需要 2 万余元。

ACCA 全称 The Association of Chartered Certified Accountants，翻译为“特许公认会计师公会”，在国内称为“国际注册会计师”，此考试试卷为英文，由英国发起成立，不算参加辅导班培训的费用，仅报名费就至少需要 1.5 万元。

4. 缺口仍大，时机仍在

现在稍微接触过财会的人，就会发现注会的巨大增长潜力，请看报名人数历年变化图（见图 3－3）。从 2013 年的 57.0 万人，已经猛增到 2019 年的 173.2 万人，说明大家都发现了其在实务中的巨大价值。

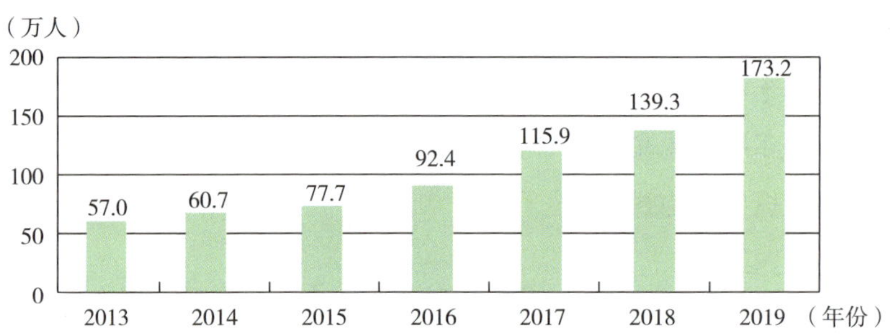

图 3－3　近年注册会计师报名人数增长趋势

资料来源：根据相关资料统计。

有的朋友就质疑了，现在人数既然那么多，我是不是再考就很难了，就不值钱了。其实不是的，现在还有巨大机遇。机遇源于：

一是马上迎来老一批注会人士退休，所以急需补充人才。请看现有注册会计师年龄分布（见表 3－2），现在 50 岁以上的注册会计师占比达到 33.64%，再过几年他们要退休了，急需 30 岁以下的注册会计师进行补充，但是这部分注册会计师只有 6000 余人，占比只有约 6%，所以需要“80 后”“90 后”迎头赶上！

表 3－2　现有注册会计师年龄分布

注册会计师年龄	人数（人）	占比（%）
50 岁以上	35617	33.64
41～50 岁	42154	39.81
31～40 岁	21667	20.46
30 岁及以下	6454	6.09

资料来源：①财政部 2016 年《会计改革与发展“十三五”规划纲要》；②中注协 2016 年《注册会计师行业发展规划（2016—2020 年）》。

二是距离像发达国家约 1/3 持证上岗的比例还差得很远。

三是就算达到了 1/3 的持证比例，那时候考注会虽然不稀缺，但是却变成刚需了，就像现在找工作至少是大专一样成为刚需，那时候做财会工作，还是得考注会。既然早晚都要考，早考更有利，不如早考！

5. 财会王冠，吊打他证

注册会计师分为两个阶段：专业阶段和综合阶段。专业阶段有六门课程，每门课程的含金量都是业界的“杠把子”；综合阶段有两门课程，较为简单。考试科目如图 3－4 所示。

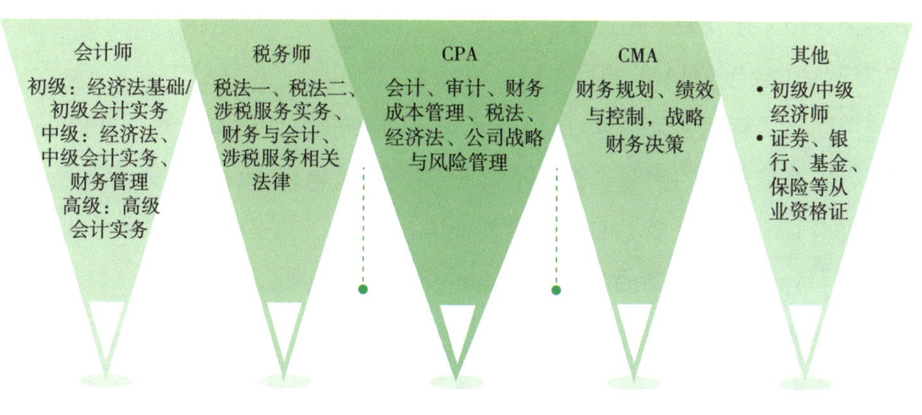

图 3－4　注会与其他财经类资格证

（1）注会与税务师的关系。

比如注会的会计有 30 章，几乎把会计界的所有知识点都考了。注会的财管共有 21 章，将财务管理的相关知识几乎都容纳了。税务师的财务与会计科目，就是来自注会的会计和财管科目的知识点的简单组合。所以，如果在注会课上听过会计、财管课程，哪怕只是掌握了几十分，去考税务师的财务与会计科目，也往往能一举拿下。

注会的税法将国内18种税统统收录，讲解得巨细无遗，另外还收录了税法总论、国际税收、税收征管和税务行政法制内容，其知识含量相当于税务师的“税法一+税法二”的总和。

注会的经济法包括12章，与税务师涉税相关法律科目的知识有很多重合之处。换言之，如果听了注会的经济法课程，再扩充一下知识，就很可能考过税务师的资格证。

（2）注会与会计师的关系。

再说注会与初级会计职称、中级会计师、高级会计师的关系。初级会计职称和中级会计师就是为了进一步考注会打基础的。

中级会计师包括会计、财管和经济法三门科目，分别是注会会计、财管和经济法的简单版本。所以，我们可以直接报考、学习注会的会计、财管、经济法三大科目，只需学会几十分，然后利用因学习注会而掌握的知识，直接裸考中级会计师，往往能一举通过。

（3）注会与CMA的关系。

美国注册管理会计师认证（Certified Management Accountant，CMA）的考试内容主要是注会的财管、会计中部分知识的简单组合，我身边考过注会的人，去考CMA，边工作边备考数周便能通过。

（4）注会与经济师的关系。

中级经济师有一定价值，其有十几个方向，选定一个财税类方向去考，感觉很多知识已在注会中学过、考过，一点都不难。我身边考过注会的老师，去备考中级经济师，没感到任何压力，轻轻松松就考过了。

（5）注会与从业的关系。

注会与基金从业、银行从业、证券从业、金融从业、保险从业等从业类资格证，内容上相互补充，逻辑思路如出一辙。

我当时在备考CPA时，看了11个小时教材就通过了证券从业考试，看了一周教材就通过了基金从业考试，感觉这个简直跟注会的难度不可同日而语。

总而言之，由于注会专业阶段六大科目知识量的超强设置，导致其在中国财会界是“王冠”般的存在，可以“吊打”其他资格证。

注会通，则百通；注会阻，则百阻。

当然，你也可以先考税务师等资格证再考注会，但无论如何，对于财务人员，注会是“王炸”般的存在！必须要考！

事实上，很多朋友也意识到注会与其他财经类资格证之间相互促进的关系，都正在恰当搭配，同时备考。

6. 拓宽就业，加薪晋职

拿下 CPA 全科、专业阶段甚至只有三四门及格，便可横向拓宽就业面，纵向打破天花板，加薪晋职。以下是考过 CPA 之后或者边考 CPA 边进行的发展规划。

总体上，可以一开始就选择进入非金融性企业，比如进入一般实体企业的财务部、投融资部、资本运营部、内控内审部、战略财务部、风险管理部、信用审批部等，或者进入咨询公司、财经教育机构。如果进一步掌握了行业知识，发现了一个小商业模式，还可以直接去创业！

当然，也可以一开始就选择进入金融业，比如进事务所、券商、基金、PE/PV、银行、保险、互联网金融、拍卖、典当，或者去央行、中证登、中债登等金融服务机构，积累财务经验后，发展空间就很广阔，比如可以直接跳槽进入财经教育机构，或任何非金融性企业（见图 3－5）。

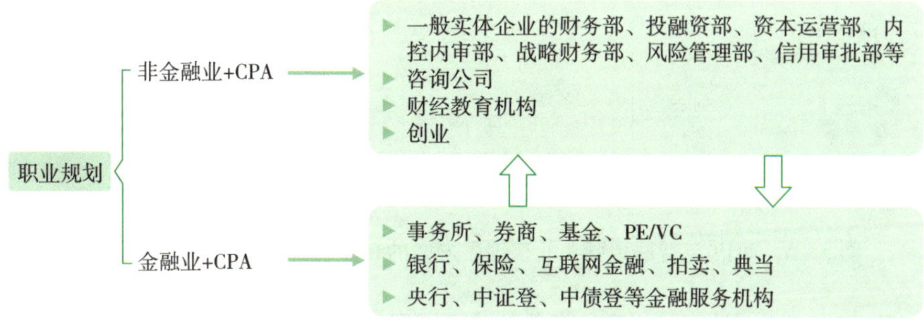

图 3－5 CPA 与职业发展规划

而且金融业与非金融业之间可以随时进行互动交流。

比如，我的一位赵姓朋友，就是在四大会计师事务所工作两三年，然后跳槽到海底捞新成立的咨询公司，年薪立刻从20余万元猛涨到40余万元。

也有朋友在实体企业干了几年，然后找机会跳槽到了金融业，待遇也是猛涨。很多网校在2019年新招聘的一部分财经讲师，就是从会计师事务所或实体企业的财务岗位跳槽到这里的，也是很受领导和朋友们的欢迎。

■ 案例：郑勤一次性考过四门后的新生活

郑勤同学在某网校学习，在历经了9个多月的奋战，参加了2016年注会考试，一次性通过了四门之后就发生了一系列好事。首先，原单位的老板直接给她涨工资了。其次，她再找工作，别人一听说是注会考试通过了四门，帮她介绍的都是以前不敢想的高薪酬岗位。她只面试了一份工作就成功了。更幸运的是：她的努力被曾经进行从业教育的教育机构的教学负责人所认可，愿意培训她做老师，工资比以前多了一倍。

所以，只要注会考试通过了几门后，不但就业前景广阔，而且薪酬猛涨。

图3－6是财务人员常从事的三大岗位（财务经理、投资经理、审计经理）在北京地区的薪酬，数据来自2019年智联招聘的真实招聘信息。

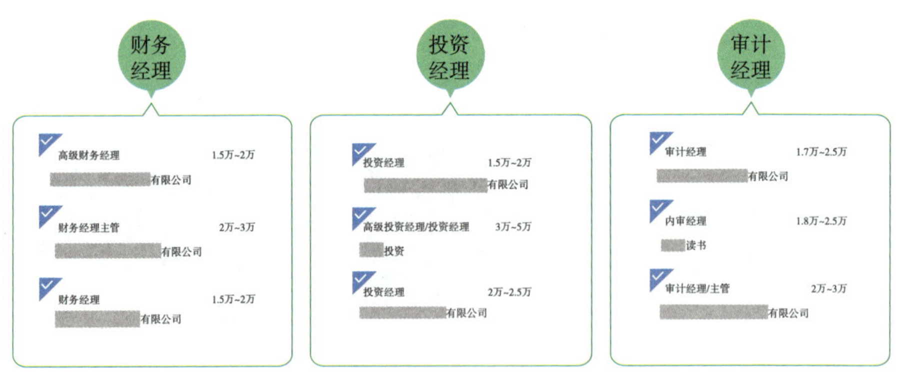

图3－6　2019年智联招聘在北京地区发布的有关财会经理级别的薪酬信息

财务经理根据经验、能力等薪酬在1.5万~3万元，投资经理薪酬在1.5万~5万元，审计经理薪酬在1.7万~3万元。这个薪酬在北京生活也比较自在了，因为可以在天津落户买房，在北京享受高工资、高福利，周末乘坐只有二三十分钟的北京—天津城际列车，回家看看父母，小日子也过得挺美。

7. 移风易俗，异军突起

考注会这样的高等级资格证还可以起到移风易俗、异军突起的巨大效果。

■ 案例一：王铮的犀利决策

我有一位同学叫王铮，他是一所“985 工程”大学的研究生，但却选择了教育学这样既不喜欢、又很难找工作的专业攻读。

他不太爱社交，也没有高大帅气的外表，家境也较为一般，打听到师兄师姐们的工作又是那么不如意时，郁闷了半年，最终他决定考注会。

他连续猛攻两年，最终在毕业那年通过了注会专业阶段考试。然后在一家控股公司财务部实习，工作两年后就升到财务经理，带领一个小团队，年薪达到 40 余万元。

他回忆自己的考证经历时说，当时之所以在气氛不佳甚至有点浑浑噩噩的学院内部独辟蹊径，顶着学院和导师的压力坚决去备考注会，想找个好工作是其次，主要目的就是打破学院传统，标新立异，移风易俗，让同班同学、同院导师看看，自己多么能干！

正是这个卓尔不群的梦想激励他不断努力。现在，他们那一届同学聚会时，身边的同学都对他当年的明智决策赞不绝口，他赢得了同学们的一致尊重，他们学院的师弟师妹也在试图联系他，请教经验。

■ 案例二：李小玉的怒而考证

李小玉在黑龙江省一所很普通的学校毕业，专业虽与财务相关，但是基础很差。

2017 年，她们大学毕业时，几十人的财务班级，只有 2 人考过初级会计职称，没有一个人敢涉足注会。

她不甘心如此平凡，就去北京找工作，月薪五六千元。在工作时，便在某网校报班，经过努力备考，终于考过了初级。

但是，面对 CPA 的超高难度，她心里一点底也没有，身边的所有闺密都是把钱用在化妆品、旅游、恋爱、购物、电影、电视与游戏上，几乎没有人热

爱自己的工作，也没有人去努力考证考试。她问身边的朋友要不要花近万元去报班学习注会时，朋友几乎全部反对。

她思索再三，决定最重要的是超越现有的朋友圈，即异军突起。对现状非常不满的她终于“一怒之下”报考了注会课程。

正像大多数人在备考过程中都会遇到迷茫、疑惑、挫败一样，她选择坚持到底，终于考过三门，在她的朋友圈里已经是“大神”一般的存在！现在朋友们已经转而对她抱有支持态度，甚至充满羡慕和敬佩！

朋友们，什么是成功？

答案是：成功就是不为失败所左右！

“骐骥一跃，不能十步；驽马十驾，功在不舍”，

“锲而舍之，朽木不折；锲而不舍，金石可镂”，

“堆土成山，风雨兴焉；积水成渊，蛟龙生焉”。

朋友们，这个世界上充满了不能坚持到底的平庸之辈，但是有一天，一个平庸之辈一旦选择坚持到底，只需两年苦战，他就会立刻变成一个中高级人才。

这就叫：

“三军可夺帅也，匹夫不可夺志也！”

我与众多同学聊过，我深深知道，同学们各有困境，你身边的人和事似乎都在汇聚成一种力量，联合起来与励志考试的你“作对”：

➢有宝妈向我哭诉，公公、婆婆、丈夫都反对她考证，孩子需要她一手带大，既要照顾孩子，又要照顾家庭的饮食起居，同时还要冲击如此高难度的考试，真是不容易！

➢有位“95后”向我吐露衷肠，他们公司是个“无良企业”，要求他们周六无薪工作，签订劳动合同不给他们副本。下班回到家后，比较疲累，家里又较为杂乱，附近又没有图书馆，所以没有一个好的学习环境！

➢我与一个保安朋友聊天，得知他们工作时间太长，白天十几个小时，上班期间往往不能好好学习，下班后时间又不够，同时还要养育孩子，这种状况下，零基础去备考注会简直是“难于上青天”！

但是，他们依然在克服困难，依然在努力超越自己的朋友圈，他们一直梦想着异军突起！

我写这本书的初衷，就是帮助这些不甘于命运的勤奋者，让他们掌握备考的技能，快速过关。

他们理应得到更多！

8. 磨炼才华，熏陶气质

2019 年，李子柒一时爆红！人们评价她才华与气质并存，美貌与智慧并重！她被称为“东方美食生活家”。

但是，你可知道，李子柒 4 岁时父母离婚，她跟着父亲生活。然而遭受继母虐待，子柒就和爷爷奶奶相依为命。不久后爷爷去世，14 岁的她辍学出去打工。八年间，她做过餐馆服务生，也做过酒吧 DJ，睡过公园长椅，也啃过冷硬的馒头。

直到 2012 年，奶奶生了一场重病。她决心不再出去，想要照顾和陪伴这个唯一的亲人。为了赚钱养家，她开了一家淘宝店，生意不好。最开始拍摄短视频，就是为了宣传自家的淘宝店。当时拍摄的设备很简陋，只有一台相机和三脚架，自导自演，兼顾摄影师和剪辑师，拍出的画面让她很尴尬。好不容易迎来了转机之后，却被质疑请了替身，视频不是独自一人拍摄。

历经种种磨难，李子柒终于熬出头！

“中国第一网红”Papi 酱也有类似经历。

但是，我震惊地发现，历经磨难得来的东西才能真正称之才华，历经磨难得来的经验才能真正形成气质！

而注会、司考这些高等级资格证，一定会让你历经磨难，当你终于考过，就会发现，你的才华与气质竟然已经滋养出来。

正所谓：

“历尽劫波兄弟在，相逢一笑泯恩仇。”

“回首向来萧瑟处，也无风雨也无晴。”

朋友，恭喜你，你打怪升级了！

9. 开发大脑，磨炼技能

没有人能够否认注会、司考的知识量之丰富。我同时拥有这两大“黄金证书”，自觉在一些管理学教授面前也不逊色。

我仍然记得在考研时，将罗宾斯的《管理学》和周三多的《管理学原理》梳理、整合成50万字的电子版笔记，然后打印出来，读背之后，就经常躺在大学教室空旷的长椅上，一幕幕回忆那些系统性的知识点，满脑子嗡嗡作响……

我依然记得在考注会财管的时候，将陈华亭老师讲义上的公式、模型背诵得滚瓜烂熟、脱口而出；我把会计讲义圈点得破破烂烂，考前几小时就能将其翻完；我把经济法和战略冲刺班讲义背诵了五遍，大部分要点都能默写出……

我仍然记得在考司考时，将十几本讲义圈点得破破烂烂，在图书馆的书桌旁，在校园的小树林里，在寝室的床上，在楼梯里，在学院的研究所里，都留下我一遍遍背诵、抄写的身影。

这些语句、知识、理念就是这样一点点长在我的脑子里，让我的大脑在数年间迅速更新迭代，现在我可以自由地看经管法各种书籍，阅读各种文献，对万事万物都能有自己的逻辑，就是去看部电影、电视剧也似乎能从中看出点道理来，就是在电梯打个招呼似乎都能研究出一番深意来。当然了，这可能有点浮夸。

■ 案例：稻盛和夫与小草

一生创建两个世界五百强企业的稻盛和夫，日理万机，他稍微休息下大脑，就是看到酷热的马路上一株挣扎生长的小草，也能感慨万千，悟出企业竞争之道，感慨人性成长的逻辑。

他之所以能这样做，是因为他头脑中本就有很多素材，所以可以随时迸发奇思妙想，达到“飞花摘叶，皆可伤人”的境界。

朋友，如果你耐心考高等级资格证，其实你的大脑就在迅速开发，技能就在不断增长。但是，如果你刷刷淘宝、玩玩游戏、看看电视剧、逛逛街、京东一下……回忆过往一年，其实你什么都没做！难道你的人生不感觉到空虚落寞吗？

像这样一生碌碌无为，死前回忆过往，难道不会后悔吗？

二、集中精力

集中精力是备考的三大核心理念之一，可以用投入备考的小时数来衡量。

（一） 什么是集中精力？

这个理念主张的是，在人生的每一个阶段，都要分辨你最重要的事情，然后集中精力，全力以赴，将时间和资源的投入量达到冗余的程度，才能获得丰硕成果，否则务广而荒，一事无成。

我所采访的大多数学霸，在备考期间对考试考证都是不惜代价的！

孩子耽误考试？送给姥姥带着。

工作耽误考试？先辞职半年。

身体总是不太舒服？每周去理疗一次，每天早晨跑步。

时间还是不够？早晨 5 点起床，晚上学到 12 点睡觉。

备考老掉头发？掉就掉吧，我变成了才女，仍然有男神追求。

但是，什么才是最重要的事情呢？

现代管理学大师彼得·德鲁克认为，

“摆脱昨天、创造未来的才是要事，应该把大量时间花在创造未来的事情上，而不是维持昨天的事情上。”

所以，考试考证，尤其是考高等级资格证，就是典型的要事！

（二） 专家如何诞生？

“朋友们，认为自己在任何一个小领域算是专家的，请举手！”——专家之问

我可以等待十分钟，让大家好好思考这个问题。

你是文学创作专家、车辆驾驶专家、恋爱专家、游戏专家还是财务专家？

我曾在多次授课过程中询问这个问题，但是几乎没有一个人敢举手。换言

之，绝大多数人一辈子都没有登上过一座山！

而这恰恰是我们这辈子所犯下的最大的错误！

如果你认为你是一位游戏专家，那你在《英雄联盟》《刀塔传奇》甚至《王者荣耀》中能排行第几？你能在全国性游戏大赛中斩获大奖吗？

只有专家战无不胜，只有成为专家才能拿到并保持超级薪酬！专家最代表实力！

事实上，我们精力极为有限，绝大多数人倾其一生，也只能在一两个小领域成为专家，在一两个小领域基本及格，而在绝大多数领域都接近无知。

不信，你问下身边人，就会发现他们对日常多次所见、平常多次经历的事物的运行机制并不知晓，比如：

- 向日葵究竟向不向日？
- 人体需要“排毒”吗？
- 吃基因真能补基因吗？
- 人类天生适宜素食吗？
- 食物会“相克”吗？
- “感冒”真是“伤风”吗？
- 世上有解酒药吗？
- 张衡的地动仪管用吗？
- “神医”华佗的手术神话是真的吗？

这背后涉及生物学、医学、生理学、地震学和历史学等学科的严谨论证，阅读后就会令我们恍然大悟，然后就会为绝大多数人在绝大多数领域的无知感到悲伤。

《红楼梦》中说：

“世事洞明皆学问，人情练达皆文章。”

晚清四大名臣之首曾国藩说：

“绝大学问即在家庭日用之间。”

生活是个万花筒，内涵极其丰富，蕴含了人类13大学科门类、60多个一级学科、600多个二级学科的混合知识。我们只有先成为某个小学科、小领域的专家才能从某一个视角看懂生活，否则基本就是浑浑噩噩、随波逐流。

而要想成为专家，必须集中精力。

因为《一万小时天才理论》发现，所谓专家就是在某个领域持续投入的有效时间超过了阈值，有的需要3000个有效小时，有的需要5000个有效小时，有的甚至需要10000个有效小时。要想达到专家的阈值，亲爱的朋友，我们只能，起码在某一阶段，集中精力于此。

（三）生活的丰富有趣塑造了你的低效狭隘

1. 生活丰富有趣者，人生效率往往低下

那些特别喜欢丰富生活或者喜欢尝试新事物的人往往不堪重负、效率低下，因为他们不符合集中精力的备考理念，而是走向相反的路径——分散精力。

假如你特别喜欢看电影、电视剧、综艺节目、旅游、美食、逛街购物，那么是不是要多花时间关注新上映的电影、电视剧？是不是要多花时间去豆瓣电影、百度影音、爱奇艺、优酷、芒果或者线下电影院查询观看？是不是要多花时间关注有趣的旅游景点，规划旅游路线？喜欢美食的人还会经常登录大众点评、美团网、三只松鼠、百果园以及线下的实体餐厅，有时还会登录豆果、美食杰等菜谱类客户端查看、学习美食做法，甚至会跑去城市的另一端或者跨城市去品尝一些美食。酷爱逛街购物的人还要多花时间去寻找好的商场、百货、购物中心，浏览淘宝、京东、美丽说、小红书、蘑菇街，参观优衣库、CK、Zara、H&M，比对、查看各类款式、性价比，这又得消耗多少时间？

虽然每一天看似不花多少时间，但是积累下来就很多了，况且在备考过程中，花时间做这些事情，会让备考显得更加面目可憎，让游玩娱乐显得更加可爱可亲。

另外，除了在备考之外，我们是不是会发现自己专业知识不足、体型变胖、容易生病，那么读书学习问题、锻炼问题、健康与作息问题会不会浮上心头，成为要完成的计划的一部分？会不会有婚恋问题、家庭教育问题、远期职业发展问题甚至创业问题等需要我们思考、处理呢？

如此一来，追求丰富生活的人，在午夜梦回、独处一室之际，发现要平衡各方简直是巨大的工作量，倍感“压力山大”、效率低下。

如果你没有感觉到如此大的生活压力并且效率低下，那说明你没有主业，就算有主业也是不务正业。

你恰如一只温水中的青蛙，职业危机正步步紧逼，你还在做白日大梦！

2. 丰富有趣时也要与核心目标相关

小米公司的雷军一天开 19 个会，出席各种场合，生活也比较丰富，为什么他能迅速迭代、高效成长呢？

原因在于他的日常各项活动都是围绕着一个核心——小米生态体系的建设。

相信你很少看见小米公司的雷军今天去爬山，明天又去赛车，过些天到处旅游，过一阵子又去 K 歌。这样的丰富不但无益，而且有害，因为这些东西没有围绕一个核心开展，是分散精力。但是，雷军就算那么努力工作，紧紧围绕小米生态体系建设的梦想奋斗，他仍然觉得自己参加的会议太多了，很多都是无益的应酬，精力分散，很想进一步集中精力。

可见，集中精力是一种任何人都需要不断修炼的理念，是一种任何人都需要不断践行的课题。

正如现代管理学大师彼得·德鲁克所说：

“我们要做的贡献太多，而时间有限，根本做不完，只能选择极少数的某一项或者几项来做。而且，我们多数人即使在一大整块时间内专心致志地只做一件事，也不见得真能做好；如果想在同一时间内做两件事，那就更不可能做好了。而每次只集中精力做好一件工作，这样所用的时间总比别人少得多，这也恰恰就是加快工作速度的最佳方法。而我们越能集中我们的时间、努力和资源，我们所能完成的工作也就越多。”

为了能够持续集中精力，我们在备考时，可以适当分散精力过一下丰富的生活。比如，固定每周日去游玩、爬山、聚餐、逛街、拜访朋友等，这是为了让我们减少备考的单调感，让我们能更持久、高效地备考。换言之，这与我们的核心目标——备考密切相关。

（四）如何集中精力？

集中精力的四大手段如图 3－7 所示。

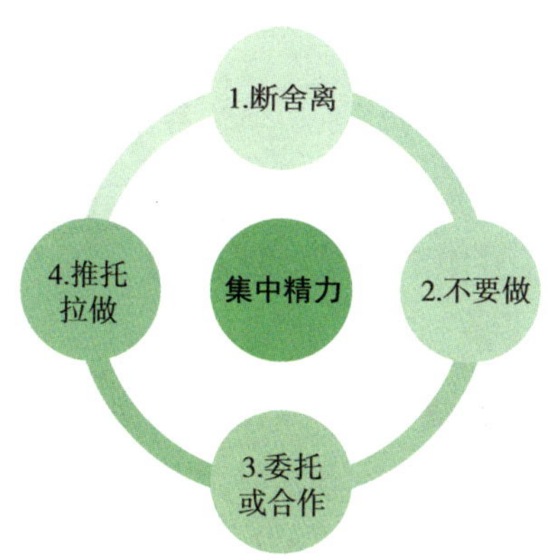

图 3－7　集中精力的四大手段

1. 断舍离

一位雕刻家正在雕琢一块大理石，小男孩好奇地在一旁看着。雕像逐渐成形：头部、肩膀、手臂、身躯、头发、眼睛、鼻子、嘴巴……一个美丽的小天使逐渐展现。小男孩万分惊讶地问："你怎么知道她藏在里面的？"雕刻家说："石头里本无所有，只不过我去除了杂余之物，呈现出了我心中的天使。"

我们要获取心中的天使，必须一刀一刀地去除多余之物。

正如现代管理学大师彼得·德鲁克所说：

"有效的管理者打算做一项创造未来的新业务时，一定先删除一项原有的过时的业务。"

要想得到，必须舍弃！

断舍离能让我们遇见更好的天使。

回想 2500 年前，老子就在《道德经》中说：

"企者不立，跨者不行；自见者不明；自是者不彰；自伐者无功；自矜者不长。其在道也，曰余食赘行。物或恶之，故有道者不处。"

自见、自是、自伐、自矜都像多吃的食物或者令人讨厌的东西，应该断舍离。

他还告诉孔子：

“吾闻之，良贾深藏若虚，君子盛德，容貌若愚。去子之骄气与多欲，态色与淫志，是皆无益于子之身。”

换言之，朋友们，在备考时，你必须舍弃平常的游乐，舍弃平常的事务。备考时，你已经与朋友圈不同了，你已经从游手好闲的人正进化成潜藏的人才，不要跟身边那些游手好闲的朋友一般见识！

2. 不要做

对于影响我们备考的活动，每一个朋友都应该把时间记录拿出来，一项一项地问：“这件事如果不做，会有什么后果？”如果认为“不会有较大影响”，那么这件事便该立刻断舍离。这些不该做的事又称为时间窃贼，一般包括：

- 长时间无意义的劳动
- 漫长的交通时间
- 过多地观看影视剧、网剧、综艺节目、新闻等
- 忍不住喝酒
- 总是戒不掉烟
- 过量浏览网页、博客、抖音等
- 和朋友长时间“煲电话粥”
- 长时间用微信、QQ 等即时通信工具聊天
- 玩游戏
- 无意义的人际交往
- 无法做出决定而犹豫的时间

3. 委托或合作

朋友们还要拿出时间记录，看看哪些活动可以委托别人做而又基本不影响效果，或者可以与别人合作，提高效率。

比如，一项任务，不属于你的本职工作，但与好几个部门相关，如果你想

要在此公司逆袭、晋升，可以主动负责，但是现在你是在备考中，时间紧张，就可以委托或与另一个部门的员工合作，以减少对备考的不利影响。

4. 推托拉做

如果有些事情不能明确拒绝做，也无法委托或合作，也不属于必须的重要事项，那么就可以温和地推托拉做，这样既不会得罪人，又能减少后续发生的概率。

（五）如何运用精力？

在做过了自己的时间记录和分析，确定各种事情的性质后，就可以统一安排集中后的时间，将其投入要事上。

首先，时间必须集中使用，零碎的时间几乎是没有价值的，因为绝大部分学习任务需要大量整块时间。如果每一次所花费的时间少于这个极限，事情就做不好，所花的时间就是浪费，再做就得从头开始。

比如，听一节税法课大概得花 2.5～3 个小时才能完成。做一次章节模考大赛，少说也得用 1 个小时。完整地做完一张试卷，至少也要用 2.5 个小时。掌握几个重要知识点，少说也得投入 10 个小时，如果说每次花 30 分钟，每天 2 次，一共花上 10 天，虽然总时间也达到 10 个小时，但恐怕效果会大打折扣。记忆经济法的重要章节，起码需要数个小时的整块时间，如果中间打断，恐怕就得重新开始。

至于集中好的精力该如何使用，有很多方法。

比如，有的朋友在每周的周末两天集中学习。还有的朋友每天晚上下班后集中三四个小时进行有效学习。还有的喜欢早起，每天上午上班前，总有两三个小时在家里，不接电话，专门学习。还有的朋友在财务公司工作，任务较为轻松，公司鼓励考证，往往当天上午抓紧完成工作，下午就在公司集中精力备考了。

三、工具主义

（一）抓住“牛鼻子”

工具主义指的是我们要想提高备考效率，应该最先想到以及最常使用的不是理念、品质、陷阱项、时间观，而是首先想到各种备考的工具，这些工具包括技巧、方法、流程、习惯。在备考的漫漫长路上，绝对不能主要靠自制力、自责或心理暗示来提升自己。

掌握工具往往就能在短期内提高效率；

掌握工具，坚持一段时间，往往就会提高备考的品质核——自制力；

掌握工具，看到效果，往往就会深刻领会备考的理念，甚至自创理念；

掌握工具，往往就能创新性解决遇到的各种备考困境！

情景：朋友们，假如有一头牛，我们要带着它去吃草，该怎么办？是拉住牛头，推动牛屁股，还是掰住牛背？

答案：这些都不是，唯一的好办法就是牵牛鼻子！

牛鼻子占牛身体积不到 1%，但是却能因为 1%，而控制住牛身体其他的 99%。

工具就是备考的“牛鼻子”！

但是，备考的工具就像减肥方法一样众多。

那么，世界上为什么有那么多减肥方法？

那是因为对一个人有效的减肥方法，在另一个人身上可能完全失效。所以，对一个人有效的备考工具可能对另一个人也完全失效。

在备考中，没有一种方法能够适合所有人，每个人的生活习惯以及其他因素都不相同，最佳备考方法也因人而异。

事实上，规划时间就是规划人生，正如我们无法找到适合所有人的最佳生活方式一样，备考也没有适合所有人的最佳工具。

比如作息问题，什么作息方式才是适合自己的高效方式呢？

有的人作息不像晚上 10 点前那么早睡，也不像凌晨 3 点那样晚睡，而是晚上 12 点或者 1 点那样睡觉，效率也很高。

所以自己适合什么方式，要尝试下。在没有万能方法的情况下，要改变自己长期的不良备考习惯，方法只有一个：那就是积累适合自己的方法。

积累较好的方法，关键在于多尝试，因为我们真的不知道自己适合哪种方法。为了养成习惯，哪怕试用十种方法，九次失败也是值得的。但是不要把失败的九次看成浪费时间，而是要看成寻找一种好方法的投资。

所以，我们总结出经典的备考工具，朋友们必须亲自一一尝试，甚至重新创作一个适合自己的方式。

（二）常犯的重大错误有哪些?

在备考的工具主义上，朋友们常犯有很多重大错误，这些错误让工具主义这项如此精美、强大的理念变得孱弱无力。

1. 只凭决心

正如"日本职场女神"胜间和代所说的那样，时间管理上绝不能做的第一件事情就是只凭决心，即只是自己一个人在心里严重自责、暗暗下决心：

明天一定要那样做，一定要更加努力，一定要拒绝诱惑，一定要更有恒心，一定要更加勇敢，一定要成功，一定要学习，一定要善良，一定要忍耐……

这样是不可以的，只凭决心而成功的概率比掷骰子还低。

备考也是如此。朋友们要分析自己的问题，不但要找到避免困境或者改善困境的具体方法，而且一定要容易执行。实际上，哪怕是写在纸上，贴在每天能看到的地方也可以。连一张纸也不写，光靠自己暗下决心，可以断定，这样绝对坚持不了几天。

2. 不测效果

我们一般很难在短期内体验到备考中工具的强大效果。如果长时间体验不到效果，人们就很难坚持一种新方法并养成习惯。

比如，疏于备考的恶果是逐步体现的。如果我们这几天不好好复习，可能不影响是否通过考试。这就诱发了人们的惰性，许多人一开始信心满满地购买了注册会计师教辅，或是报名参加了注会培训班，但最后往往是“三天打鱼，两天晒网”。

事实上，如果我们以月为单位来考察不学习的恶果，就能够发现这种恶果与长期缺乏运动、饮食不调所引起的肥胖症有类似的性质，即害处都是逐渐显现的，或许会在未来的某一天发现原来我进度落后那么多，今年考试计划又“泡汤”了。

让自己无法体会到备考工具的效果就是自己的错误，实际上我们可以用有效小时数、听课次数、页数、做题量等当作效果来测评。

比如，要考注册会计师、注册税务师，参加国家司法考试、研究生考试或者保荐代表人，我们不能在短期内看到自己在这方面的知识和技能的增长，但是我们可以将每周固定看多少页、听多少节课、做多少题目作为效果来测评，或者将章节模考大赛的分值、复习一轮后做真题试卷的得分作为效果测评。

3. 不检查学习成果

开始新的计划是件很快乐的事情，实施起来也并不困难。但是如果不常检查学习成果，那么大脑会欺骗自己，告诉自己已经很努力了，可以放松了；或者我们会很快丧失兴趣并放弃，又去尝试新的计划。在凯利·麦格尼格尔的《自控力》一书中，就多次叙述过大脑的自我欺骗。

比如，我们要参加注册会计师考试，买好资料，做好计划，需要本周看完50页会计书。但是当我们下班后回来想要看早已摆在桌子上的书时，觉得下班很累，就想先看看今日头条、逛逛淘宝、看一会儿综艺、打会儿游戏、读会儿小说、看一下新闻、收拾下房间、洗一洗衣服、看看微信、刷刷快手，或者出去先好好吃一顿犒劳自己，但是等到这些事情做完时，发现已经过去两三个小时了。

在这过程中，一部分大脑会向我们呼喊，“赶紧去看书，要不然计划完不成了，不能这么堕落逃避”，但是神奇的是，另一部分大脑会马上反驳“离考试还很远，不差这一两天，况且我前几天已经学了不少了，而且到时候就算复习得不好，蒙也可能过的”。就这样时间过去了。下一周又是同样如此。

这时就需要检查计划与实际成果之间的差距，让自己警醒，避免自己的善被自己的恶欺骗。

4. 找不到好方法

很多考生都为考证赋予重大意义，但是为什么仍然不能坚持下去呢？答案就是没有找到好方法。找不到好方法往往就坚持不下去，最终使理想落空。

实际上，学霸们经常会开发出一些既轻松又容易坚持下去的方法。他们相信这样的方法一定会有成效，然后花 1 ~3 个月的时间来尝试，最终创造出新的成果。这样的经验使他们坚信，借助方法能够更容易地通过考试。因此，在下一次采取新方法的时候，他们更有信心多忍耐几个月。而不擅长考试的朋友，一般都不擅长用新的方法来协助自己。这样通常会坚持得很辛苦，很容易放弃。

比如，学霸溪阳老师在备考注会时，就经常在微信朋友圈中更新动态，以此不断激励自己坚持；一次过六科的廖紫薇在备考注会时，就几乎每天早上跑步，以此来锻炼身体，缓解焦虑情绪，重新燃起斗志。

5. 不能思考真正原因

当我们不能坚持备考或者无法做到某事的时候，如果造成失败的理由是我们无论如何克服不了的，那么就应该放弃。

比如，某同学下决心早上 5 点起床学习。除去 6 ~7 小时的睡眠时间，晚上就必须在 10 点或 11 点前睡觉。但是如果有人每天晚上 10 点半回家，那无论如何也不太可能晚上 11 点睡、5 点起床。

这种情况的人就应该明白，这样的方法不可能成为自己的生活习惯，不适合自己，应该放弃。

6. 照抄学霸方法

如果能参考学霸的方法来提高效率，当然很好。但问题在于，想要原封不动模仿，并不容易。

比如，溪阳老师在 2018 年备考注会时，首先，她平均每天能够学习 14 小时，而且主要运用的学习方式是听课、看讲义、做题、抄写，很少运用其他学习方式。其次，溪阳老师很擅长做计划，并且能够果断地控制诱惑，别说抖音、淘宝，连看电影、电视剧都不感兴趣，也不花时间锻炼，所以她能在短时间内集中巨大精力，不折不扣地按照自己的计划执行。最后，溪阳老师会跟定一两个老师，完全按照他们的授课讲义和视频坚持学习，很少再找其他机构、其他资料。

但是，她的学习方式我就不能照抄。

第一，我不喜欢大量做题，我更喜欢说、读、背、忆。我在日常生活中就喜欢记忆，上到《道德经》《论语》《百家姓》，下到一句口号、几个相声段子、几个有趣的数字，所以我采用的是自己擅长且喜欢的学习方式。

第二，我的生活安排得比溪阳老师更丰富，也就意味着诱惑更多，我只能大致做个计划，然后把握关键点，绝对不会规划每天几小时看什么，几小时一定做多少题。我有时心情抑郁，就跑出去做几个俯卧撑，或者看一部电影；我有时心情高亢，就出去跑个步，甚至找朋友聚聚会，所以我日常活动不像溪阳老师对自己控制得那么严。

第三，由于我研究生阶段经常阅读大量文献，而且就是再忙，一年也能翻阅近百本书，这使我善于从大量资料中找到对自己有用的东西。所以，备考注会和司考时，我不会只听一两个老师的课程，上基础班是某个机构的一个老师，强化班、冲刺班、点题班可能是其他机构的老师。总之，我会翻遍业界资料，博采众长，找寻对自己最有用的东西。

但是我的学习效率也不低，我通过注会专业阶段考试用的总时间不比溪阳老师多。我准备司考也就用了1100小时，就考过了A。

所以，某个学霸具体的学习方法很难照抄照搬，只能找寻自己感兴趣且擅长的，才能够大大提高效率。

7. 不转变却期待转机

要想在备考中获得转机，成为学霸，就必须大幅度地彻底改变现状，学习并应用大量的备考工具。既不改变现状又希望获取巨大的转机，简直是痴人说梦！备考的工具不仅是买一个记事本或者光靠读几个经验帖子就能马上学会的。

（三）如何扩展备考的工具库？

日本畅销书《杠杆思考术》和《杠杆时间术》的作者本田直之认为，“学习/研究”对商业人士而言是一种训练。

以职业运动员为例来说，一般而言，花在训练和比赛上的时间比例是4∶1。然而，商业人士尽管花在“学习/研究”上的时间是一天1个小时，但由于每天花7个小时在工作上，所以花在“学习/研究”（训练）和工作（比赛）上的时间比例是1∶7。

这说明，商业人士是在明显练习不足的情况下，就上场比赛的。所以只要有人稍加练习，就有可能出人头地，甚至可以独占鳌头。换句话说，在商场上表现不错的人就像运动员一样，必须不断地接受训练，也就是不断地自我投资。

在备考中，也确实见到很多人努力学习，被备考压得喘不过气来，却没有考过。然而，有些人学习不那么努力，却仍然能轻松考过，即使是低分飘过。

两者的差别，究竟在哪里？

差别的主因在于没有花时间投资在高效备考的工具上。

那么，我们应该在哪些方面投资来扩展备考的工具、践行工具主义理念呢？

答案是：我们应该不惜在任何方面投资。

这些工具可能是采购的硬件设备、掌握的睡眠技能、更好的课程资料等，也可能是一种高效备考的方法、技巧、流程或习惯。

硬件设备包括更好用的记事本、笔记本电脑、靠枕等。

身体素质也是提高备考效率的重要因素，有的同学向我哭诉，自己患有腰椎间盘突出，坐一两个小时就会疼痛，这样肯定会大大影响备考。

掌握良好的睡眠技能可以让我们精力充沛，提高备考效率。如果我们白天在路途中小睡，或者闭眼冥想片刻，精力就会迅速恢复。

购买更好的课程资料对我们备考无疑是大大有利的。我在备考注会、司考

时，除了跟定某一老师之外，在第二轮和第三轮复习时，还会博采众长，收集、购买更多总结性的资料，以提高效率。

在本书中，备考的工具库主要介绍的是方法、技巧、流程和习惯。所以朋友们，必须把我在后文中介绍的十余种备考工具牢牢掌握，扩展你脑中的工具库。

第四章

备考的品质核：折得一枝香在手，人间应未有

1000 年前，唐宋八大家之一王安石在《甘露歌》中赞叹道：

折得一枝香在手。

人间应未有。

疑是经春雪未消。

今日是何朝。

王安石，这位孤独的改革家，在某一天折到了一个香气四溢、人间罕见的梅枝，诧然不已，以至于错乱了时空，到底"今日是何朝"，之后，他便吟成了这首优美流畅、世所罕见的甘露魅歌。

这绝非偶然。

在我们艰难长远的备考过程中，蕴藏着各种发挥作用的品质，像善良、温柔、厚道、勇敢、慈祥、果断、自信等，然而有没有一种"百品之母”，有没有一种“人间应未有”的奇妙品质，可以让我们“折得”？只要我们具备就可以生出其他品质，就可以让备考的理念源、工具库充分发挥作用，让陷阱项更加容易解决？

我们经过不断探寻，终于明白了，这是有的，这个品质就叫自制力。

一、自制力为何是备考的品质核？

自制力又叫自控力、意志力或者毅力，实际上是“我要做”、“我不要”和“我想要”这三种力量的结合。它们协同努力，让我们变成更好的自己。

顽强的自制力是一个人最突出的优点。自制力比智商更有助于拿高分，比个人魅力更有助于影响别人，比同理心更有助于维持婚姻幸福。

下面是我们在备考中常见的品质（见图4－1），但是都存在着弊端。

图4－1　常见品质

如果你被一些人夸为善良，就很可能被另一些人骂作“愚蠢式的仁义”，善良的人可能愚蠢，愚蠢的人也可能善良；

如果你被一些人夸为温柔，就很可能被另一些人骂作懦弱，而懦弱的人往往温柔，温柔的人也往往懦弱；

如果你被一些人夸为厚道，就很可能被另一些人骂作窝囊，而窝囊的人往往厚道，厚道的人也往往窝囊；

如果你被一些人夸为勇敢，就很可能被另一些人骂作莽撞，不知有多少人表面上的勇敢其实是出于幼稚引发的莽撞；

如果你被一些人夸为果断，就很可能被另一些人骂作武断，果断与武断往往难以论说；

如果你被一些人夸为自信，就很可能被另一些人骂作自负，自信与自负往往难以分辨；

如果你被一些人夸为优雅，就很可能被另一些人骂作做作，优雅与做作往往难以辨别；

如果你被一些人夸为严谨，就很可能被另一些人骂作保守，而严谨的人往往保守，保守的人也往往出于严谨；

如果你被一些人夸为庄重，就很可能被另一些人骂作官僚主义，庄重与官僚主义往往很难区分。

所以，常见的上百种品质，都具有两面性，而只有自制力才是最珍贵的。

自制力是“百品之母”，自制力是催化强剂！

只要将自制力训练得强大，我们就能生出其他品质，也会使现有品质更加熠熠发光，它就是催化强剂。

只要训练出强大的自制力，我们就能强迫自己寻找备考的巨大意义，就能迫使自己将精力和时间投入备考，就能强迫自己践行工具主义理念，扩展备考的工具库！

换言之，自制力是备考三大理念的最佳保障！

二、诱惑对自制力的陷害

接近诱惑物就像是进入一个大脑奖励系统精心设计的陷阱，使我们的自制力系统发挥失常。

（一）两场悲伤的实验：奥尔兹的小白鼠与希斯的病人

1953 年，来自蒙特利尔麦吉尔大学的两名年轻科学家詹姆斯·奥尔兹和彼得·米尔纳发现了小白鼠大脑中的神秘区域——奖励系统。奥尔兹和米尔纳将一个电极植入小白鼠的脑袋里，通过电极来刺激大脑的这个区域，小白鼠会每 5 秒钟按压杠杆、电击自己一下。一直不停地按压杠杆，直到它们力竭而亡。

美国杜兰大学的罗伯特·希斯在病人的大脑中植入电极，并交给其能刺激自己快感中心的控制盒。希斯的病人的表现和奥尔兹的小白鼠如出一辙。他们可以自己选择刺激的频率，结果他们平均每分钟会电击自己40次。休息的时候，研究人员给他们端来了食物，病人们虽然承认自己已经很饿了，但仍然不愿意停下电击去吃东西。

奥尔兹的小白鼠、希斯的病人不是因为感觉太好而不愿意停下来，而是因为奖励系统告诉它们，“只要再按一次杠杆，奇妙的事情就会发生”，“再来一次！这会让你感觉良好！”每次刺激都让他们寻求更多的刺激，但刺激本身却不会带来满足感（见图4－2）。

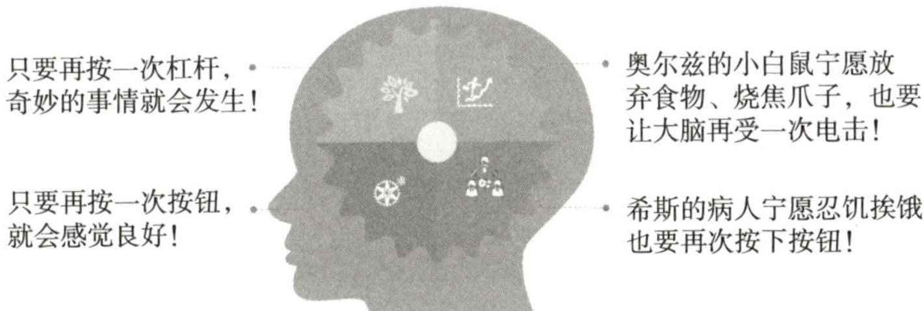

图4－2　奖励系统的诱惑

（二）奖励系统的运作模式：“胡萝卜＋大棒”

那么，奖励系统到底是如何运作的呢？

事实上，奖励系统带给我们的压力和快乐几乎不分上下。为了促使你追寻目标，奖励系统有两大武器——“胡萝卜”和“大棒”（见图4－3）。

当我们看到诱惑物时，前额皮质的神经元就会释放多巴胺，给人们带来奖励承诺。同时，多巴胺又会刺激预见快感、计划行动的大脑区域，让我们感到欲望——这就是让马向前跑的胡萝卜，告诉我们如果得到这些诱惑物，就会感觉到快乐。

◆ 如果得到诱惑物，就很快乐！

◆ 当期待诱惑物时，感到焦虑；

◆ 如果一想到无法获得或要延迟获得时，会更加焦虑！

图 4－3　奖励系统的运作模式——“胡萝卜＋大棒”

但奖励系统还有第二个武器——大棒。当我们的奖励系统释放多巴胺的时候，多巴胺同样也向大脑的压力区域发出信号，刺激压力荷尔蒙的释放。结果是，当你期待诱惑物时，你感到了焦虑，如果一想到最终无法获得或要延迟获得时，我们会更加焦虑。这时候，我们很需要立刻得到自己想要的东西，那种感觉就像生死攸关、命悬一线。

比如备考时看到电影预告激发起的观影的欲望和焦虑，看到房地产降价销售的商业广告时想要买房的快乐和焦虑，想在某次汇报上有优异表现时的快乐和焦虑等。

但是这种在事前的快乐并不是真正得到后产生的快乐，这些只是奖励系统给予我们的奖励承诺，不是真正获得奖励时的感觉；相反，当真正得到时，奖励系统和压力荷尔蒙反而安静了下来。换言之，幻想会登上山顶得到的快乐与实际登上山顶得到的快乐是完全不同的。

所以，在得到诱惑物之前，我们既感到了快乐，又感到了压力。我们渴望的东西既是快乐的源泉，也是压力的温床。

但是，令人悲伤的是，世界上充满了刺激奖励系统、分泌多巴胺的东西，这个东西我们称之为诱惑，而现代世界，诱惑无所不在、无孔不入，例如令人垂涎的美食、咖啡的香味、商店窗口半价的招牌、演唱会、丰富的微信朋友圈、有趣的直播、新上映的电影、性感的美女、与伴侣相伴的美妙时光等。

此时，奖励系统就会与多巴胺“狼狈为奸”，同时献出“胡萝卜＋大棒”，让我们的自制力系统的效用发挥失常，导致我们精力分散、效率低下。

具体是：当我们看到诱惑物时，前额皮质的神经元就会释放多巴胺，给人们带来奖励承诺，产生追逐的欲望；同时多巴胺同样也向大脑的压力区域发出了信号，刺激压力荷尔蒙的释放，感到了获取前的焦虑。

于是，就在满世界的诱惑中，莎士比亚在《哈姆雷特》中对“人类行如天使，智若天神”的深情称赞显得多么虚假荒谬。我们在某些时刻像“宇宙之精华，万物之灵长”般做事，但是在很多时刻又鼠目寸光、卑鄙龌龊。

（三）备考中有哪些诱惑场景？

■ **案例一**：李云深同学是一位上班族，只能在周一到周五下班以及周末学习。某天上午她与同事聊天，聊到新上映的电影时，兴奋不已。当天下午，她坐地铁回家时，偶然翻到了这部电影的预告，然后看了一会儿，观影的欲望就更加强烈。晚上 7 点回到家，李云深看到凌乱的房间，顿时学习的欲望又大打折扣，然后就想干脆先看部电影算了，回来再学习也不迟，而且离考试还早，不差这几天。于是，她就打车去附近花两小时看电影，观影结束后回到家已是晚上 9 点半了。这时，心情亢奋的她再也难以学下去了，就决定继续看另一部电影，直到近凌晨 1 点才入睡，打破了自己 12 点前睡眠的规律。由于睡眠不足，第二天下班时就有些困倦，更加恐惧学习。这时回忆起昨天观影的美好，所以晚上又再次看了几部同系列电影，告诉自己，把这几部电影看完就学习！

➢ 点评：在这里，我们就能近距离观察到诱惑是如何让我们一步步沉沦的。首先，上午聊到新上映的电影会激发起我们娱乐的欲望；其次，下班回家时看到电影的预告，观影的欲望更加强烈；最后，晚上 7 点回家时，又随便以房间凌乱为借口，告诉自己现在不适合学习（其实花十分钟就可以收拾好），大脑又欺骗自己离考试时间还很远，先看个电影，再回来学习也不迟。于是，自己就心安理得地去观影了！第二天，又再次重复这个类似的心理过程！

■ **案例二**：慕容云起同学是一名专升本的学生，现读大三，正在备考注会。一个周三的上午，她的闺密约她一起逛街，承诺说中午就回来。她想好吧，反正考试还有好几个月，花个半天正好休息一下，也挺好。她们去大商场买了几件衣服，然后美美地吃了午饭，心情十分愉悦。突然闺密提议，干脆一起去看个电影算了，正好有个喜剧电影上映，然后再去新开业的理发店做个美美的发型，现在正好在打折。她回味着美食，一口答应。

➤ 点评：就这样，慕容云起在本应全力学习、无灾无难不生病的一天去玩耍了，而原因竟然就是闺密的一个邀请。

一般情况下，在考试期间，应该固定在每周周末的一天或半天去玩乐或集中处理杂事，这样不但能够保证学习的有序进行，而且由于集中处理，可以提高处理杂事的效率。

她轻易地打破自己的计划就出去玩乐，那么其他类似的小事是否也会耽误她的备考时间呢？比如，关于倾听 N 个讲座的通知、关于举办 N 个活动的预告。如果这些小事情就那么轻而易举地打破计划，那立志每年过四科、五科甚至六科的愿望怎么可能实现呢?!

三、压力对自制力的打击

（一）压力和其他消极情绪有什么区别？

消极情绪包括压力和其他情绪。我们在此主要分析压力的影响。

压力是意欲克服挑战时的综合性心理反应，对于很多人的大多数时候而言，压力就会引发其他消极情绪。但是压力不等同于其他消极情绪，压力有时也会产生积极情绪和更高的专注，正如俗语所说“井无压力不出油，人无压力轻飘飘”。

但是，更多的时候，正如《堂吉诃德》的作者塞万提斯所说生命与希望常相伴随一样，压力与其他消极情绪常相伴随。而在重重压力下，反而愈战愈勇、超常发挥的人，是极少数的。我们虽然可以不断训练、精益、进化，但是不可否认的是，绝大多数人训练至终都无法达到他们一小半的水平。

对于大多数人而言，我们并不是天生自制力强大，永不减弱。所以，我们大多数人只能通过学习，像掌握 Word、Excel、PPT 等操作技能一样，了解各种可能引发自制力薄弱的情景和应对的理念、工具和方法，然后迅速应用解决。

（二） 压力下的众生相

当备考者一想到去参加心里没谱的考试时，他们玩乐的欲望大大增加，自制力似乎飞到了九霄云外；

当吸烟者给自己压力要去看牙医的时候，他们抽烟的欲望更加强烈，而自制力似乎无法起作用；

当暴饮暴食的人给自己压力要去作公开演讲的时候，他们会渴望高脂高糖，自制力也大打折扣；

当用无法预料的电击对小白鼠施加压力时，它们会疯狂地渴望糖类、酒精，自制力黯然失色；

当备考者为自己的玩乐而自责不已时，会更容易直接放弃考试；

当暴饮暴食的人体重增加或为缺乏自控力而羞愧时，会吃更多东西来抚慰情绪；

当拖延症患者想到自己已经远远落后于进度时，他们会万分焦虑，继续拖延；

当我们烦躁不安时，很容易丧失好脾气，大喊大叫；

当我们因失恋而失望、消沉时，就很容易沉迷于游戏、影视，去健身、跑步的意志力消失得无影无踪。

（三） 为什么压力会带来欲望、打击自制力？

因为它们会提高多巴胺神经元的兴奋程度，分泌出的多巴胺又会激活奖励系统，从而向我们承诺以上无意义的事情能带来快感，消除消极情绪。而这时存在于我们额叶大脑皮层的自制力系统便会悄然失效。

当然，如果我们这时候自制力很强，便会抑制住这种冲动，转而将压力带来的巨大能量投入想做的事情中；但是如果我们此时自制力弱，那我们便会屈从于诱惑，纵情享受，无法践行制定的崇高但又充满压力的目标。

但是，不好意思的是，我们在充满压力时，大部分时候自制力薄弱，所以大部分时候我们会沉迷于无意义的欲望（见图4－4）。

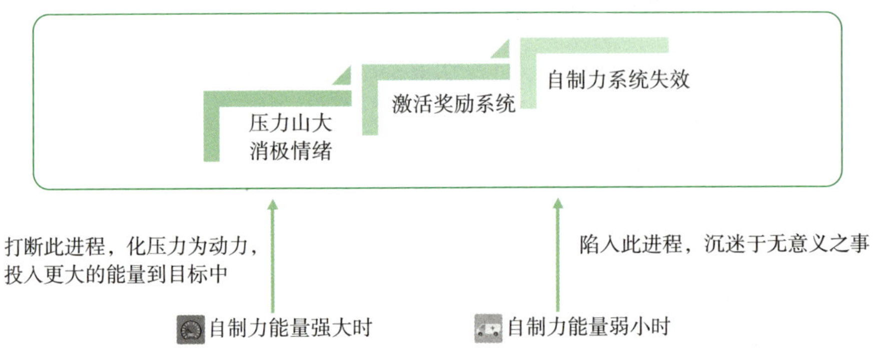

图4－4 “压力山大”和消极情绪对自制力影响机制

这也就是我们常说的“大考大玩、小考小玩”的原因，当我们面临着充满压力的大考时，当自制力强时就能拼命学习；而当自制力弱时，就往往就会比平时还放纵娱乐。

四、罪恶感对自制力的狙击

（一）“那又如何”效应是什么？

研究人员珍妮特·波利维（Janet Polivy）和皮特·赫尔曼（Peter Herman）曾经提出“那又如何”效应，这种效应描述了从放纵、后悔到更严重的放纵的恶性循环。很多节食者会为了自己的失误，比如多吃了一块比萨或一口蛋糕，而感到情绪低落。他们会觉得，自己的整个节食计划似乎都落空了。但是，他们不会为了把损失降到最低而不吃第二口。相反，他们会说：“那又如何，既然我已经破坏了节食计划，不如把它吃光吧。”不只是吃错东西会让节食者引起“那又如何”效应，比别人吃得多也会产生一样的罪恶感，会使节食者吃得更多或后来偷偷暴饮暴食。

（二）“那又如何”效应很普遍

这就有点类似于闻一多在《死水》中描述的现象：

“这是一沟绝望的死水，

清风吹不起半点漪沦。

不如多扔些破铜烂铁，

爽性泼你的剩菜残羹。”

既然已经有剩菜残羹一样的污染物，成为一个污泥坑，不是一个美丽的池塘了，不如多扔些破铜烂铁，让这个污泥坑变得更加污臭。

这也有点类似于“破窗理论”或者“墙倒众人推，破鼓万人捶”，既然窗户已经破了，不是一个完整的玻璃了，干脆再将它打破得更多些；既然墙壁已经倒了一截，不是一个完整的墙壁了，就索性将它推倒得更多；既然锣鼓已经破了些许，不是一个完整、珍贵的好锣鼓了，很多人就不再爱护，随意乱捶一通。

在备考中也一样，绝大多数朋友在起步时就雄心勃勃，决心备考三门、四门、五门甚至六门，但是如果在最后几个月遇到身体生病、亲人离世、恋人分手、职场打击等，就会数周放弃学习。这时再让其努力学习，面对已经落下的进度，他/她就会认为既然已经落下那么多了，反正计划也很难完成了，为什么还要进行努力呢，干脆放弃算了！

（三）“那又如何”效应的底层模式

所以，任何意志力挑战中都会出现这样的恶性循环，模式都是一样的：

屈服会让你对自己失望，会让你想做一些改善心情的事。

那么，最廉价、最快捷的改善心情的方法是什么？往往是做导致你情绪更低落的事。

这就是为什么，刚开始你只想吃几片薯片，最后却连油腻的空包装袋底部的小碎渣都不放过。这也就是为什么在赌场输掉 1000 元会让你想下更大的赌注来赌一把。这也就是为什么某月的财政支出计划没有完成，会让自己半年的计划都付诸东流。这也就是为什么考研考证时由于某天耽误，会导致一周甚至半个月都不想继续学习、跟进。

但是，事实上，导致更多堕落的行为并不是第一次的放弃，而是第一次放弃后产生的罪恶感。一旦你陷入了这样的循环，似乎除了继续做下去，就没有别的出路了。（又一次）责备自己（又一次）屈服于诱惑的时候，往往会带来更多意志力的失效，造成更多的痛苦。

（四）如何打破“那又如何”的循环？

那么，如何打破“那又如何”的循环呢？那就是自我谅解。

一提到“自我谅解”，大家就认为这个提升意志力的秘诀就是自寻死路，就会说：

- “如果我对自己不苛刻，我就什么也做不成。”
- “如果我原谅了自己，下次还会这样。”
- “只有让自己沉浸在对自己错误的痛恨之中，才能更好前进！”
- “在情绪上，必须要对自己苛刻一点，不能轻易放过自己，否则会‘好了伤疤忘了疼’！”
- “自己犯下的错误，就要自己背负，不需为自己找借口！”

对很多人来说，自我谅解听起来更像是为自己找借口，只会引起更严重的自我放纵。

他们相信，自己内心需要一个严厉的声音，来控制自己的胃口、本能和弱点。毕竟，当我们还是孩子的时候，是父母的要求和惩罚让我们学会了自控。这种方式在孩童时期是必要的，因为那时候我们的自控力系统还没有发育成熟，需要外界的强硬要求；但是人到成年之后，存在于大脑前额皮质的自控系统已经发育成熟，我们只需要通过自我谅解让它发挥作用。

自我谅解能帮助人们从错误中恢复过来，因为它能消除人们想到失败时的罪恶感等不良情绪，一旦罪恶感这种情绪消失，那么“那又如何”效应的恶性循环便会戛然而止。深处“那又如何”效应，我们是无法深刻复盘、总结经验教训的，而只有自我谅解才能让我们强大自制力，深刻思考。

对这种自我谅解所带来的积极意义，大概只有佛教说得最深刻了。

中国佛教协会会长赵朴初曾经论述过佛教主张的宽恕原则，并将其作为佛教十大定律之一：

“如果把消极思想比作一棵树，那么其树根就是‘嗔心’，把这个树根砍掉，则这棵树就活不长。要砍掉这个树根，必须懂得如何宽恕。

第一个需要宽恕和原谅的对象，是父母，不管你的父母对你做过或正在做什么不好的事，都必须完全、彻底地原谅他们。

第二个需要宽恕的对象，是所有以任何方式伤害过或正在伤害你的人，记住你无须与他们勾肩搭背、嬉皮笑脸。你无须与他们成为好朋友，你只要简单地、完全地宽恕他们，就可以砍掉消极之树的树根。

第三个需要宽恕的对象，是你自己！不管你过去做过什么不好的事，请先真诚地忏悔并保证不再犯，然后——请宽恕自己。内疚这一沉重的精神枷锁不会让你有所作为，相反会阻碍你成为面貌焕然一新的人。”

五、虚假疲惫对自制力的误导

（一）什么是虚假疲惫？

阿奇博尔德·希尔（Archibald Hill）在1924年提出身体的虚假疲惫理论，并因此获得诺贝尔生理学奖，其认为：

“运动疲劳的原因有时不是肌肉无法继续工作，而是**大脑中过度保护性的监控机制**发挥了作用。身体努力工作的时候，会对心脏有很大的需求，而这种监控机制会让一切放慢速度。”

开普敦大学蒂莫西·诺克斯（Timothy Noakes）教授发展这一理论认为，当运动时大脑感觉到升高的心跳和快速减少的能量，**就告诉肌肉停下来，同时大脑自动产生了强烈的疲惫感**，但事实上肌肉没有任何生理上的疲惫感，远未达到**极限**，所以**第一次想放弃时离极限其实还很远**。

换言之，你的能量超乎想象，你的潜力远未发挥，就像曾国藩所言，“精神愈提而愈出，智慧愈苦而愈明”（见图4－5）。

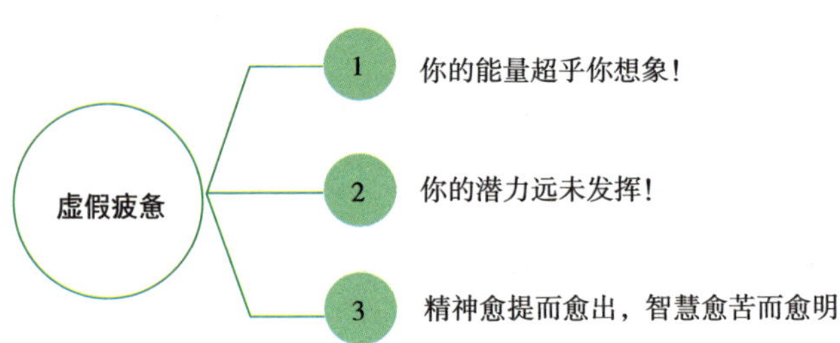

图4－5　反对虚假疲惫的名言

比如，我在学习游泳时就发现了虚假疲惫的现象。在游泳的第三、四圈感觉很累，但是度过这两圈，就能坚持游到第二十圈。在跑步时也是如此，在跑道第三、四圈时很累，熬过这两圈，就能再跑十圈。

（二）虚假疲惫在备考中如何体现？

那么，除了在运动领域，在其他领域是不是也存在虚假疲惫的现象呢？答案是，当然存在。

那些只备考一上午但下午就觉得累的人，只备考一个白天但晚上就无法继续努力学习的人，只备考五天但周末就无法学习的人，很可能是虚假疲惫导致的。

■ **案例**：白清浅同学白天在公司做财务，工作时间是8：30～17：30。但是老板不允许员工白天学习，她就只能偷偷学习，这样白天最多断断续续地学一两个小时。她家比较远，下班到家需要近40分钟，每次由于车辆的颠簸，到家后就感觉到很困。白同学一想到在白天那么忙的时候，还能在重重监督之中，抽出两个小时备考，自己真是太不容易了！现在，赶路那么远回家，当然累了，所以能学多少就学多少，她一般晚上7点开始学习，12点睡觉，中间有时玩玩手机、扫扫地、打打电话，往往最多学习两个小时。

➤点评：这其实主要是虚假疲惫惹的祸，白同学根本就不会应对虚假疲惫，导致自己自制力能量大大降低，无法晚上学习三四个小时。人一般坐车颠簸之后，会有一种虚假疲惫感，古代称为“车马劳顿、风尘仆仆”。其实你的能量没有消耗多少，坐 40 分钟车带来的能量消耗远远不及跑步 400 米的消耗量。面对颠簸后的困倦，比较好的办法就是先小睡 10 ~ 15 分钟，然后跑会儿步、做会儿体操，或者冲个澡，这样就能提升精力水平，提高记忆力，能够专注学习三四个小时。

六、如何提高自制力？

提高自制力有四大秘诀：防、避、除、强。

“防”指的是要从日常生活中将睡眠、饮食和锻炼调节好，防止自制力肌肉陷入困境；“避”指的是避开受诱惑、挑战的场景，减少自制力能量的消耗；“除”指的是解决导致自制力低下的重大、长期困境，比如生活问题、疲累感、罪恶感、压力大与消极情绪；“强”指的是直接增强自制力的措施，比如赋予意义、做个仪式等（见图 4 –6）。

图 4 –6　提高自制力的四大秘诀

（一）防

我们应该从睡眠、饮食和锻炼上防止自制力肌肉陷入困境。

睡眠有六种模式，可以选择以下六种模式之一；饮食上，我推荐阅读《轻断食》；在锻炼上，我推荐你阅读毛泽东的《体育之研究》（见图4－7）。

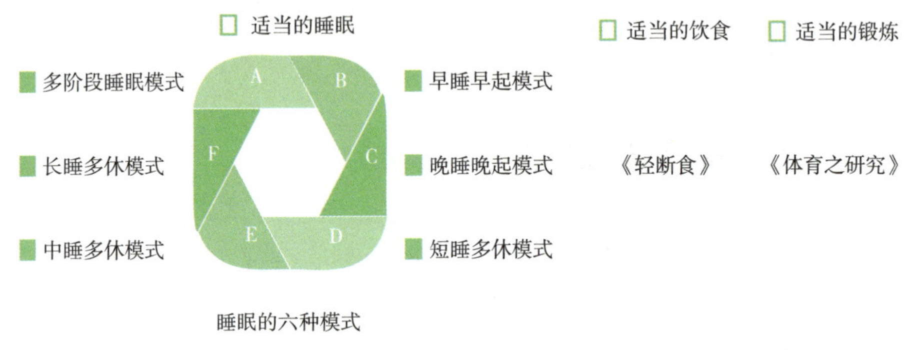

图4－7　“防”的三要素

（二）避

1. 不见可欲 VS 10 分钟转移

关于“不见可欲”，《道德经》中有精妙的论述：

“五色令人目盲，五音令人耳聋，五味令人口爽，驰骋畋猎令人心发狂，难得之货令人行妨。”

——《道德经》第12章

“不见可欲，使民心不乱。”

——《道德经》第3章

《论语》也说：

“非礼勿视，非礼勿听，非礼勿言，非礼勿动。”

——《论语·颜渊》

“五色、五音、五味、驰骋畋猎、难得之货”都是诱惑；“非礼”当然也是诱惑。

让自控力免受诱惑的陷害，最好的方式要么是“不见可欲，使民心不乱”，要么是坚守10分钟转移法则。

面对诱惑，奖励系统已经与多巴胺再一次“狼狈为奸”、压制自控力系统了，自己已经处于极大的劣势了，这时强迫自己激发雄心壮志，拒绝接受诱惑，几乎是不会成功的。但是可以告诉自己：

“我原则上同意接受目前的诱惑，但是首先需要转移注意力，花费10分钟去听音乐、运动、锻炼、散步、阅读或者打电话等，10分钟后再根据当时的状态决定是否继续接受诱惑。”

但是，你往往会发现，只要一开始运动或锻炼，哪怕是10分钟，你都会想继续做下去，这时诱惑的吸引力大大减弱了，被多巴胺压制的自制力系统又重新焕发了风采。然后你再回来学习，就能学得下去了。

2. 减少琐事VS琐事模式化

我们应该减少琐事，把有限的自制力能量投进重要的考试之中。如果被收拾房间、无聊的会议、无意义的应酬等琐事耗尽意志力，就无法解决考试这些大问题。

事实上，很多学霸在备考时，都会远离琐事，而也正是对琐事的远离让他们集聚了足够的备考时间。

比如，我在研究生期间备考注会、司考时，对于学校安排的专业课，我觉得太简单，讲得要么啰嗦，要么不重要，要么太简单，我就逃课，有几门课从开始的第一堂到最后一堂都没有去过。研究生三年期间，我也不参加任何学生活动，也不怎么谈恋爱，也不去旅游，也很少看电视剧。

海峰老师花了不到2000小时就一次性通过注会六门，他备考时对于很重要的本科毕业论文也只花了几周时间；对于学院要求的实习，他压根儿就没去。他认为在他备考时，其他事情都算做琐事，都应该躲开。

但是，如果一些琐事，我们必须自己处理，该怎么办呢？应该将各种烦琐之事模式化，减少自制力能量的日常消耗。

比如本田直之为了让出差更加高效，他就会做出差检查表，每次一看这张表格，他就能迅速整理，不遗漏任何东西。

有的学霸就会选定在周日对各种琐事规划一个最优方案，洗衣服、收拾房间、办理信用卡、缴纳水电费、看望朋友，过得既有成就感，又很开心。

（三）除

提高自控力要注意消除负面因素，比如病痛、住处远等生活问题，疲累感、罪恶感、压力大等消极情绪，这方面在后文会有详细论述。

（四）强

1. 赋予意义

提高自制力的第一法则就是赋予意义。

请问：明星为什么往往能减肥成功？

最大原因是：他们减肥不只是为了塑身，更是为了事业，换言之，这对他们来说意义重大。即减肥失败会导致事业下滑，而除了明星、演员、运动员和健身教练之外的所有职业女性，都不会存在此问题。

我们再问：

➢为什么有人对高考、考证、考研、考博的热情如此强大？

➢为什么辛亥革命期间，林觉民等青年愿意为此抛头颅、洒热血？林觉民极其爱他的妻子，他在《与妻书》中虽然说“吾至爱汝”，但是他却“勇于就死也”，这到底是为什么呢？

➢为什么日本著名企业家稻盛和夫已经创建了两家世界五百强企业，仍然如此刻苦地工作？他在搞研发时，把生活用品都搬进了实验室，睡在那里，昼夜不分，连一日三餐也顾不上吃，全身心投入研究工作。

这都是由于，他们为自己的事业赋予了强大的意义！

朋友们，为考试赋予的意义强大，你的自制力能量想低下都难；意义弱小，你自制力能量想高涨也很难。

2. 增控小事

“别拿豆包不当干粮”。通过控制以前不去控制的小事，包括改变写作姿势、早起20分钟、戒掉甜食、记录支出情况、每天早晨向女朋友问个早安、定时睡觉早起，都能够显著提高自制力。

3. 定期苦练

只是避免诱惑或者特意训练小事，是不行的。我们还需要进攻，比如定期锻炼。锻炼能够从多方面提升意志。

比如，罗斯·特里尔在《毛泽东传》中就对毛泽东的定期苦练做过精彩的描述：

在“文明其精神，野蛮其体魄”的口号下，毛泽东洗冷水浴。他和朋友们一起在长沙周围爬山，在冰冷的池塘里游泳，很长一段时间每天只吃一顿饭，长时间晒太阳（他认为太阳会给他带来力量），而且一年中的很多时间在学校庭院里而不在宿舍里睡觉。所有这一切都是为了使自己的身体强健起来。

为什么要逆着风大声朗诵唐诗？当然不只是练嗓子，更是为了在意志力同一切阻力进行的搏斗中获取乐趣。“与天奋斗，其乐无穷！与地奋斗，其乐无穷！”

4. 做个仪式、时间统计法、俯瞰倒推法、设置快乐标志

关于这四种方法，请参考后文详细内容。

第五章

备考的工具库：竹杖芒鞋轻胜马

1000 年前，唐宋八大家中的全能文人苏东坡在《定风波》中吟唱道：

莫听穿林打叶声，何妨吟啸且徐行。

竹杖芒鞋轻胜马，谁怕？一蓑烟雨任平生。

料峭春风吹酒醒，微冷，山头斜照却相迎。

回首向来萧瑟处，归去，也无风雨也无晴。

苏东坡有一次沙湖道中遇雨，同行都感觉被雨水淋得很是狼狈，但是他却自得其乐，反而一边吟唱歌曲一边悠悠地慢走。感觉手中所拄拐杖、脚下所穿草鞋，轻捷得胜过骑马。

我们无意于探讨东坡先生阐述的对“一蓑烟雨任平生”和“也无风雨也无晴”人生境界的慨叹，我们只是关注：是不是在某种情况下，使用竹杖芒鞋要比骑马坐车更加便捷？

我们是否有可能会因为使用某种有利的工具，导致“好风凭借力，送我上青云”；

我们是否有可能会因为掌握了某种技能，导致“一日看尽长安花”；

我们是否因为规划了某项恰当的流程，导致事半功倍。

一、资料、策略与努力到底什么关系？——考霸学习方程式

资质虽然天生有差别，但是却可以像身体一样，越练习越聪明。智商其实可以改变，并且不限年龄，只不过年轻时练习，效果更好。而练习在于平常。

我提出的考霸学习方程式为：

$$y = a \times b \times x^2 + c$$

这个公式第一次明确地告诉考生，你是否考过、是否得高分，只与四大要素（学习资料、学习策略、原有基础和有效时间）有关，不在于你的性别、外貌、智商、民族、家庭、学校、学历等！而且这四大要素，有效时间第一位重要，学习资料和学习策略第二位重要，原有基础不重要！

（一）学习成果（y）

y 是学习成果，这个学习成果一定要非常具体，就像 SMART 化的目标。如果你要考 CPA，就要确定过几门、考几门、目标是多少分。如果你要参加司法考试，就要确定考到哪个级别，A 级、B 级还是 C 级。

（二）学习资料（a）

学习资料（a）和学习策略（b）在影响因素中处于第二位的重要性，所以我将其设置为乘积的形式。

1. 收集考试资料

学习资料就是收集的信息。

这里的信息包括两类：一是有关考试本身的信息，二是有关自己现状的信息。但是绝大多数人都会在乎有关考试本身的资料，但是却忽视了随时了解有关自己现状的信息。

学习资料是制定学习策略的最重要的前提，没有学习资料就没有策略！所

谓学习策略就是在什么阶段、用什么方式运用资料！

正如本田胜宽说，对于考试考证而言，

“提高策略性的最重要的第一步就是充分了解你的目标”，“而获得有关目标的信息的最好方法是询问这方面的专家，包括辅导班与考过的人士”。

■ **案例**：回忆以往，我之所以能够在身患筋膜炎、完全零基础而且在报考人数暴涨的2016年，稳稳考过司考（A），最重要的原因之一是，我起步时就获得了很好的备考资料。当时我运用的是2015年已经考过的老同学用过的教材和讲义，并且又向其咨询了各科目权威老师（比如“刑法”要看刘凤科，“商经法”要看鄢梦萱）。另外，我在备考中期，还通过淘宝、闲鱼等买到了一些名师的超级系统强化班资料，这让我的备考如虎添翼，瞬间觉得司考知识点很清晰、很简单。

2. 随时掌握自己本月水平

了解考试本身后就要了解自己现有的水平，建议通过章节模考大赛、内部押题和历年真题来了解，而且要早参加。对于章节模考大赛，要每月至少一次，这会强制自己面对缺陷，减少松垮之风。

本田胜宽回忆自己的经历时说：

“当我想着要留学时，正在考托福，只是主观臆测自己英语水平不错，缺乏危机意识，所以一开始只是漫无目的地翻翻参考书，做做题库而已。结果当我第一次考托福时，离目标分数可以说是十万八千里，当时我哑口无言，并且深刻体会到我目前的水平有多低。

虽然我在考前的解题中多少知道我不太拿手，但是只有通过考试才真正知道自己的水平。因此这次考托福之后，我就像变了个人似地开始努力学习。因为我深刻了解了我现在的水平，知道了我哪些方面不擅长，以后该做什么。”

其实，这也是曾经分享过成功考试经验的学霸王唤唤、廖紫薇等一再强调要参加模考大赛的原因，因为你只有知道自己现在的水平有多低劣，才能激励自己不断前进。

（三）学习策略（b）

1. 什么是学习策略？

学习策略就是具体的学习方法论，大家可以参考后文的“三轮复习法”等备考的工具库，在这里只做简要论述。

请注意：学习策略一定是建立在学习资料上的学习策略，所谓学习策略就是在什么阶段以什么方式运用资料！如果学习资料不全不好，学习策略不可能高效、具体。

2. 成功的学习策略案例

■ **案例一**：我在法律零基础复习国家司法考试时，制定的学习策略为：

一是只用朋友们备考用过的旧教材复习，相对于新书，旧书不但已经标出重点，而且因为有手写笔记，并且已经有成功者使用过，所以会减少恐惧，激发斗志。

二是重点学习民法、民诉、刑法、商经法，次重点学习“三国法”、理论法，将刑事诉讼法几乎全部放弃，这样大大节省了时间效率。刑事诉讼法对于零基础的人来说很难搞清楚。

三是只用“背诵＋思维导图”的形式，不使用大量做题或者看书的形式。因为大量做题只能理解，不便记忆，而背诵既能理解又能记住；至于通过做真题来理解出题思路的功能，只需要考前几个月边看答案、边背诵即可；而通过看书来记忆，效率特别低，这简直就是浪费时间。

四是开发多种背诵方式，由于司法考试最重要的竞争力就是理解性记忆，所以需要背诵，但是只用一种背诵方式太枯燥，坚持不下去，所以我就总结了多种背诵方式：“大声朗读法、小声念诵法、无声看诵法、沉默回忆法”，轮换使用，效率很高。

■ **案例二**：刘天博1989年出生，是2019年注会备考6个月一次考过五门的学霸。他是典型的理工男，讨厌记忆，那么该怎么样记忆复杂烦琐的审计、经济法和战略的知识点呢？他自创了一种新型的高效利用学习资料的方式——**天博学习法**。

具体操作方法是：在冲刺阶段，首先做真题，然后对答案、理解。

在备考后期，他每天都要把2～3套真题的大题做一遍，如果发现自己的解答和答案不一样，就用红笔把正确答案标注，加以理解。理解之后，再用自己的话把答案在Word中打出来（注意是打字，不是复制粘贴）。

就这样“over and over，again and again”，直到自己所写答案与官方答案类似，直到条件反射，直到熟练掌握。

他一般会把注会完整的真题做10遍！

3. 你必须要掌握的学习策略

在学习策略上，有以下几点必须要注意：

（1）以解题为中心，每科每月参加模考大赛。

日本学霸本田胜宽认为，

“有效率的学习方法核心就是解出考题！”

原因在于考试都是由考题组成的。而且，

“考试可以提升紧张感，当考题出现在眼前，就想解决，此感觉能转化成紧张感和注意力。而且使用考题能掌握自己知道什么不知道什么，对提高效率非常重要。”

况且，

“以解题方式为主的学习，意味着重视输入大于输出。”

只是解题还不够，还要敢于经常测验，最好每月参加一次模考大赛，掌握自己的学习情况，以防止自己堕落松懈。

（2）重视做题后的反思。

解题之后的反思时间，是吸收力最强的时间。所谓反思就是做题流程的套路（第四步）和应用（第五步）。

完整的做题流程有五步：

第一步是判定，即以解题时对知识点掌握的牢固程度为标准，判定使用刷题还是测题模式。如果掌握得较好，就运用测题模式，即全真模拟考试环境，在做题时不翻阅任何资料，苦思冥想，自己解答，为的是检测和巩固；如果掌握得不好，就运用刷题模式，即看看题干和选项后，思考一下，然后立刻对照答案，为的是刷题代理解、刷题代复习。

第二步是解题。刷题与测题的解题过程不同。

第三步是对照，即与答案对照，查看是否错误，为何错误。

第四步是套路，即将该题型归类，并找到此题型的模式、方法、技巧。脑中要时常问自己：这道题属于什么题型，有什么解题模式，假如下次稍微变化，该用什么套路解决？

第五步是应用。对于重要的题型，一定要通过第四步找到解题套路，自己的套路到底是否可靠呢？所以要去从相关教辅（比如《轻松过关1》和《梦想成真1》）中找到同类题型来应用。

具体总结如图5－1所示：

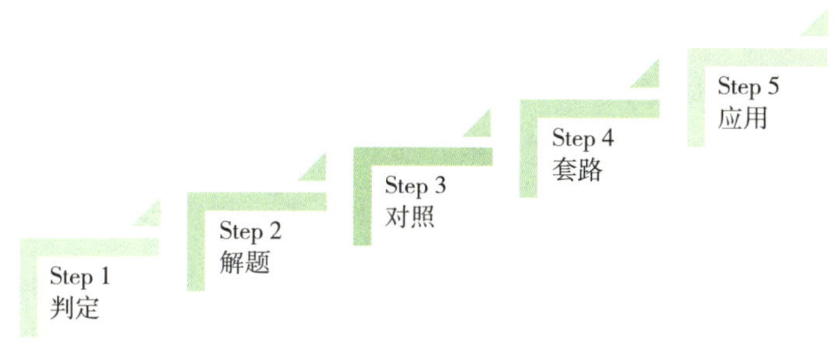

图5－1　做题五步骤

（3）使用讲义时不能侧重理解知识点。

使用讲义时，应该侧重理解题型和案例，绝对不能侧重理解知识点。

因为司法、注会、中级、初级等考试中很多科目的知识点很抽象，如果你对着几乎没有经历过的用长难句表述的知识点花很多时间理解，那根本就是得不偿失。

如果看两遍理解不了，该怎么办呢？有两点：**一是寻找教辅上以表格、SMART图、XMind图或口诀的总结性知识点；二是查看知识点之后附带的经典案例题或选择题。**

一般而言，在看基础班讲义时，理解知识点与以上两点解决策略的时间配比是 1:1，即假如只有 20 分钟学习某个考点，那么就要花 10 分钟理解讲义上的知识点，另外花 10 分钟寻找总结或查看相关题目。

所以，一个好老师的好讲义特别重要，我在讲解税法和经济法时，就使用了大量表格、SMART 图、XMind 图、口诀或题目，彪哥、楠姐、叮叮、溪阳、若梅、老岳、杜威、静尘、文又等也都使用了大量图表。

比如，在 CPA 税法企业所得税中，有关撤资减资所得的税务处理，教材认为应该分三部分处理：投资成本相当于初始出资的部分，不属于应税收入；股息所得相当于被投资企业累计未分配利润和累计盈余公积按减少实收资本比例计算的部分，一般免税；转让所得是转让收入扣除上面两项后的余额，确认为转让所得（或损失），属于应税收入。

其中，股息所得的表述，到底什么叫作相当于被投资企业累计未分配利润和累计盈余公积按减少实收资本比例计算的部分？如果只是空口说白话地讲，就是著名主持人也说不明白。

该怎么办呢？举例子！看完下例，立刻就掌握了知识点！

例题：甲投资公司于 2016 年 5 月将 2500 万元投资于未公开上市的乙公司，取得乙公司 30% 的股权。2020 年 1 月，甲公司撤回其在乙公司的全部投资，共计从乙公司收回 4000 万元。撤资时乙公司的累计未分配利润为 600 万元，累计盈余公积为 400 万元。

则甲公司撤资应确认的投资资产转让所得 $=4000-2500-(600+400)\times 30\%=1200$（万元）

（4）公式、模型和分录：不要背，要逻辑推导。

在注会的会计、财管、税法，以及税务师中的税法一、税法二、财务与会计科目中，有大量的公式、模型和分录，应该怎么掌握呢？

首先，应该进行逻辑推导，当然，用逻辑的方法思考问题相当费时又累人，但从结果看却是最有效率的学习法。因为这么做可以保持长期记忆，方便应用。

其次，如果实在不理解，不会推导或不值得推导，可以运用记忆术去记忆，两者必居其一！

（四）原有基础（c）

1. 数据说话，原有基础不重要

原有基础在绝大多数的标准化考试中（比如考证）影响都很小，根本不需要考虑，所以我在学霸方程式中设置成“+”的形式。

所以，在我身边的研究生同学中，理工科却去考注会，管理类却去考司考，而且成绩都不错。这种跨专业考证的情况，不只是在研究生群体常见，在普通的本科、大专群体中也很常见。

比如，王际红，1974 年出生，1994 年锡林浩特市技工学校毕业（成人大专），2014 年考入老家的商务局工作。从来没有接触过会计，43 岁时作为“应届生”报班学习，参加了 2017 年的注会考试。

走进注会的第一节课，他感慨地说：“我才知道自己太自不量力了，对我来说就像天书！”他也不是全职学习，平时要上班，在家也要做家务，只能利用早上、晚上、周末来学习。但是王际红学习比较努力，每一科他几乎每天都会复习，如果两天不学习，就会感到知识点很陌生，再进入状态需要很长时间。所以，他就不断坚持，最终一举通过会计、税法、经济法、战略四门科目！

再比如，俞燕林在 35 岁几乎零基础的情况下，备考注会六科。她本科专业为通信工程，辅修会计学，2013 年毕业后成为公务员，2016 年 9 月开始边在职边考，之后转为全职备考。最终以 481.25 分（2017 年全国第二）的成绩一次通过六门！

表 5－1 是 2017～2019 年对啊网在注会中取得成绩较好的部分学霸学员的情况统计：

表 5－1　2017～2019 年对啊网接受专访的部分优秀学员统计

姓名	成绩	年龄（岁）	职业及财务基础知识情况
孙康昊	一次过 6 科	27	警察，零基础，专业非财会类
杨丽萍	一次过 4 科	25	在校生，财会类

续表

姓名	成绩	年龄（岁）	职业及财务基础知识情况
王际红	一次过4科	43	商务局，零基础，成人大专学历
张梦	一次过4科	25	审计
俞燕林	一次过6科且全国第二	35	公务员，接近零基础，全职备考
周燕波	一次过5科	26	消防员，零基础
张昌伦	一次过5科	46	副总经理，基础薄弱
韩燕燕	一次过5科	35	会计
廖紫薇	一次过6科	25	高中毕业，自考学历，零基础
刘天博	一次过5科	30	海归硕士，会计专业，全职备考，当时待业
李莲娣	一次备6科过4科	53	保险销售，几乎全职备考，接近零基础
王唤唤	一次过5科+初级+中级	30+	9年未看书，老板娘，宝妈，零基础（专业为地球信息科学与技术）
曹冬梅	一次过5科+初级+中级	30+	办公室内勤，宝妈在职，零基础

根据相关统计可知，那些每年考试成绩较好的前1%的学员中，一半以上都是零基础，一半以上都是非财会专业，且一大半都是兼职考试。

所以，像注会、司考、税务师、管理会计师、中级、初级等这些资格性考试中，原有基础影响是最小的，备考时比有基础的考生提前复习两个月，知识储备就已经追上了。

2. 为什么在标准化的资格性考试中，基础不重要？

那么，为什么资格性考试中原专业基础几乎一点都不重要呢？

（1）标准化考试考点明确，重点突出。

与非标准化考试不同，标准化考试会在指定时间下发考纲、教材和真题，一般考试重点较为突出且详细，有法可循。

比如注会的税法，虽然有14章，但是4章内容占据60%的分值；在注会的经济法中，虽然有12章，但是5章内容占据近70%的分值；在注会的会计中，虽然有30章，但是6章内容占据近60%的分值。而且，如果将近五年真题做5遍，就能清楚地知晓考点、考法，想不及格都很难。

（2）资格性考试只需拿60%的分值。

与资格性考试相对应的是选拔性考试，比如**中考、高考、考研、考博、公务员考试、企业面试**。对于选拔性考试，无论多么努力，掌握了多少考点，自己的理想目标都有可能实现不了，因为决定你命运的是你的排名，换言之，其实是你的对手强大程度。

但是，在资格性考试中，比如**注会、司考、税务师、管理会计师、初级会计、中级会计**，只需要掌握60%的分值即可，通过与否不是取决于你的排名，你其实没有与任何人竞争。每年考后发布的通过率统计，其实只是告诉你有多少人掌握了60%及以上的知识点而已。换言之，假如你平常模拟考试基本稳定在70%的分值，通过是没有问题的。

如果是选拔性考试，一般要求考80%甚至90%的分值，才能实现理想目标，那么原来的专业基础很有帮助；但如果只需要掌握60%的分值就能通过，那么专业基础帮助不大。

（3）大学不擅长传授成熟知识。

其实，大学并不是一个良好的传授成熟知识的机构，真正擅长此点的其实是高中和辅导机构。原因在于，大学老师一般把一部分精力放在科研上，其实在教学上花的时间远不如高中和辅导机构。当然，大学在传授新知识、产生新理念、培育人格上，却很有效率。

如果不信，你可以仔细观察一下你大学的老师：

➢有几位老师年年按照最新准则更新课件？

➢有几位老师每次上课后布置大量的习题并批改作业？

➢有几位老师会按照学习的基本规律设置预科班、基础班、强化班、冲刺班和点睛班？

其实，都没有。

所以那些科班出身的人掌握的财会基础并不一定非常好。

而外部却有很多优秀机构助力，也有很多名师授课，所以通过报班要比在大学课堂学习财会效率高多了。

（五）有效时间（x）

1. 学霸的核心——有效时间

有效时间又称为纯时间，是排除各种干扰实际投入考试中的时间。这不同于自然时间，你坐在那里听课3个小时，有可能走神儿40分钟，去卫生间20分钟，最终有效时间只有2个小时，那1个小时就白白浪费了。

有效时间最重要！正如撰写《我这样考上东大和哈佛》的本田胜宽说：

“最终还是靠时间决胜负，市面上所有参考书总是强调在短时间内用较少努力获得最大成果，但是我相信如果没有很多时间学习，不可能有成果，因为学习时间最容易掌控，也最容易与其他人拉开差距。正因为如此，学习的核心问题就是如何确保学习时间了。

提高资质、策略、效率可以弥补一些学习时间，但是最有效最快捷的方法还是增加学习时间。”

所以，我将学习时间设置为平方幂的形式，表示影响最大。

其实大多数考霸的核心不是因为聪明，不是因为方法特别科学，主要是因为善于在同样的半年或者三个月内投入更多有效时间。

请大家相信，大多数考霸都遵从这个规律，因为这有《一万小时天才定律》《脑科学》和各类名人传记作为支撑。

所以，我身边通过CPA、CFA、司考的所谓学霸，绝大多数都是比较勤奋的人。网校机构中2017～2019年的众多学霸也是非常勤奋的人。

市场上有些注会机构宣传的“每天3个小时、一年过6科”，其实根本不可能，因为加起来也就学习1100个小时。

2. 学霸的最重要理念——放弃哲学

学霸的表面核心是增加有效时间，为了增加有效时间，其实内部最重要的核心理念就是放弃哲学。

事实上，考CPA就是需要比较多的时间，如果想要考三门或者两门较难的科目，就得懂得放弃，因为只有放弃其他杂事、小事，才能集中精力。放弃已有事项真的比提升已有事项的效率挤出的有效时间更多。

这也是时间管理理念——集中精力的最重要体现，即放弃不重要的事情（起码通过推脱、委托授权等方式减少精力和时间的投入）集中精力于重要的事情。只有放弃的足够多，才能得到的足够多！

重要的事情说三遍：

只有放弃的足够多，才能得到的足够多！

只有放弃的足够多，才能得到的足够多！

只有放弃的足够多，才能得到的足够多！

下面我们来看一下几位学霸的学习情况，你就能明白我提出的“有效时间和放弃哲学”的含义！

■ 案例一：溪阳老师。2018 年零基础一次性过“注会 6 科 + 中级 3 科”的溪阳老师，全职备考 9 个月，有效学习时间 3700 个小时。在这 9 个月期间，溪阳老师没有看任何电视剧、电影，没去任何地方逛街游玩，只接了几次电话。溪阳老师也几乎没有休息一天。饭是母亲做，孩子是亲戚带。

■ 案例二：刘天博。2019 年 6 个月注会一次过 5 科的天博，在备考期间，6 点起床，24 点睡觉，午休、午饭、晚饭、杂事一共耽误 3～4 个小时，平均每天有效学习 12～14 个小时，有效时间共 2100 个小时，不过任何节假日、周末！

■ 案例三：李莲娣。她备考时已经 53 岁，孙女都有了，在全职备考时，她能够每天有效学习十四五个小时！实际上，为了备考 2019 年 10 月中旬的注会，莲娣从 2018 年 7 月到 2019 年 6 月的工作期间就开始兼职努力学习了，在此期间她从来没有在周末出去玩过一次。当时，她每天上午 10：30 打卡下班，13：30～22：30 学习，一般学 7 个小时，周六周日每天学 10 个小时。所以，有效时间为：（7×5＋10×2）×50（周）＝2750 小时。

从 2019 年 6 月中旬到 2019 年 10 月，她进行全职备考，7：30～24：30 全身心投入学习。从早上学习到上午 12 点有点累，她就休息半小时，然后赶紧吃饭；14：00 点左右开始学到 18：30，然后迅速吃晚饭；19：00～22：00 听完直播后，再学习到 24：30。这阶段的有效时间为：14.5×120（天）＝1740 个小时。

所以，莲娣姐姐在 53 岁时，零基础、坚韧不拔地备考 6 科，学习了约

4500 个有效小时！终于过了 4 科！我采访她时，内心无比感动！

案例中学霸的学习成果如图 5－2 所示。

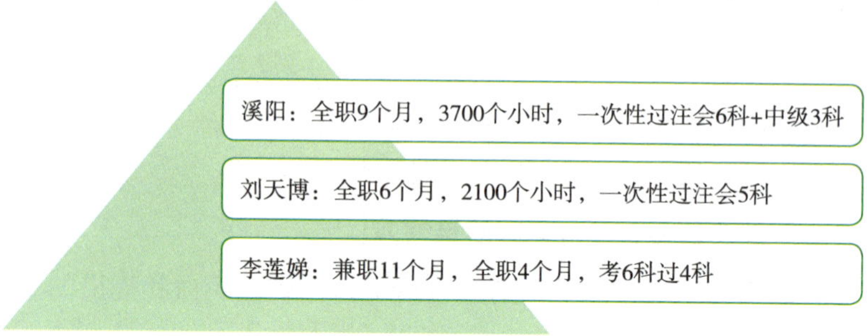

溪阳：全职9个月，3700个小时，一次性过注会6科+中级3科
刘天博：全职6个月，2100个小时，一次性过注会5科
李莲娣：兼职11个月，全职4个月，考6科过4科

图 5－2 学霸的学习成果

最后，我们对学霸方程式做个总结（见图 5－3）：

$y=a\times b\times x^2+c$
y：学习成果：通过考试
a：学习资料：次重要
b：学习策略：次重要
c：原有基础：最不重要
x：有效时间：最重要

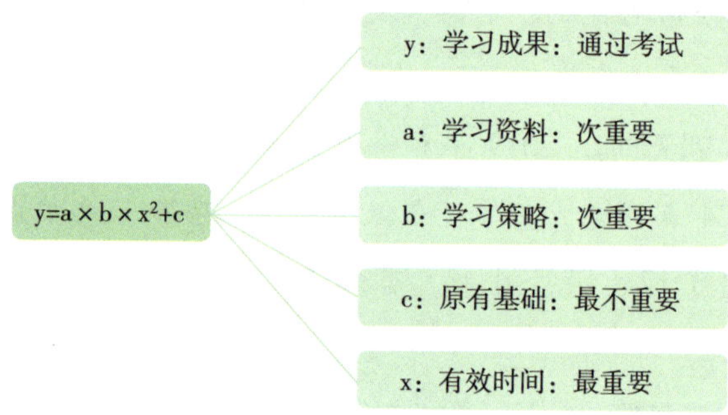

图 5－3 学霸方程式

二、如何孵化备考计划？——目标 SMART 化＋俯瞰倒推法

（一）孵化备考计划两要素

俯瞰倒推法是一种将目标开发成可执行的计划的过程，但是，开发的前提是要有一个明确的目标。那么我们就要确定，制定目标需要符合什么原则？

答案是 **SMART** 原则。

什么是 SMART？

SMART 其实是五个英文单词首字母的缩写。S 就是 Specific，具体的；M 就是 Measurable，可衡量的；A 就是 Attainable，可实现的；R 就是 Relevant，相关性；T 就是 Time－bound，时限性。

但是，我们必须要将 SMART 化的目标通过俯瞰倒推法开发成高效的备考计划（见图 5－4），否则就是一场空谈，最终只能是傻傻地望着江面，感叹“过尽千帆皆不是，斜晖脉脉水悠悠，肠断白蘋洲”。

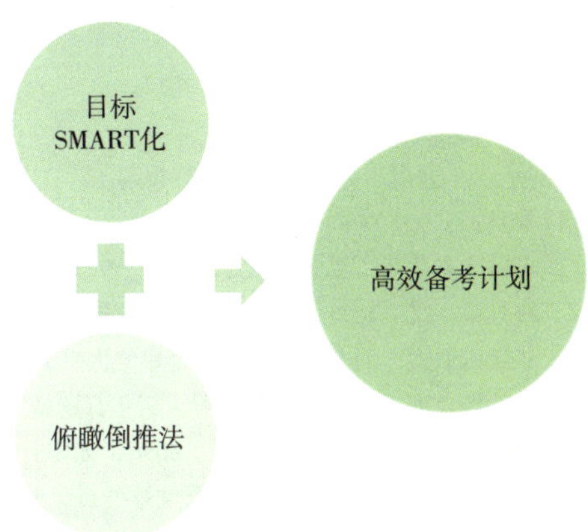

图 5－4　如何制定高效备考计划

（二）目标 SMART 化＋俯瞰倒推法

1. 两者的对比

两者有明显区别，需要搭配使用，具体如表 5－2 所示。

表 5－2　目标 SMART 化 VS 俯瞰倒推法

目标 SMART 化	俯瞰倒推法
侧重宏观性思考，要求内心的追问与定位，以及向外界的请教、交流，在此过程中： ➤可能从三门猛升成六门，或从六门骤减成三门； ➤可能从想考高分变成及格，或从及格变成考高分； ➤可能从悠然自在的每周学 30 小时猛增至 60 小时，或从每周的学 60 小时骤减至悠然自在的每周 30 小时； ➤可能从兼职考证变成全职考证，或从全职考证变成放弃数门去找工作	侧重于技术性操作，强调如何将已经 SMART 化的目标一步步开发成每月、每周、每日、每小时的任务量，属于执行层面，经常需要调整或坚守。 比如本月要完成税法前四章内容的听课，同时做完有关的真题和重要习题

2. 目标SMART化举例（CPA之四门）

目标SMART化举例如表5－3所示。

表5－3　目标SMART化举例（CPA之四门）

SMART化	今年要过会计、税法、审计、战略四门
Specific：具体的	今年只需要低分飘过
Measurable：可衡量的	➢为了保险，四科目的高质量模拟测试要达到65～75分 ➢其中战略科目最后2个月冲刺，如果时间不够，冲四保三
Attainable：可实现的	通过直播＋录播＋教辅＋模拟考试＋部分章节习题
Relevant：相关性	◆资料使用： ➢通过听直播＋在讲义上做笔记来打基础； ➢用录播和相关教辅强化巩固； ➢用模考大赛、真题、内部押题卷进行检测 ◆科目策略： 会计：掌握重点章节（八章）的大半重要考点，并做熟《金题能力测试》重点章节的习题，过三轮复习，三年真题做三遍； 税法：掌握增值税、消费税、企税、个税绝大多数重要考点，并做熟《金题能力测试》这四章的习题，过三轮复习，三年真题做三遍； 审计：掌握23章中15章（占分值＞80%，如审计概述、审计计划；审计证据、风险评估与应对等）的绝大多数重要考点，并做熟《金题能力测试》这四章的习题，过三轮复习，三年真题做三遍； 战略：掌握七章中四章（占分值＞80%，如战略分析、战略选择、风险与风险管理、内部控制）的绝大多数重要考点，并做熟《金题能力测试》这四章的习题，过两轮复习即可，三年真题做三遍
Time－bound：时限性	3月15日至10月19日

3. 俯瞰倒推法举例（CPA之四门）

俯瞰倒推法举例如表5－4所示。

表5－4　俯瞰倒推法举例（CPA之四门）

会计	➢使用三轮复习法，7个月后考前模拟测试考65～75分； ➢3个月后完成第一轮直播＋在讲义上做笔记＋完成《金题能力测试》重点章节的习题； ➢每周预习（至少对八章重点章节预习）＋每周听两次直播＋当天复习巩固＋第二天完成习题＋参与模拟大赛； ➢周一至周五每天学习4小时，周六、周日学习20小时
税法	同上
审计	同上
战略	可只听四个重点章节，其他同上

（三）两者与日程表等有什么关系？

当然，最终俯瞰倒推法作出的计划往往也可以再次转化为日程表、待办事项清单甚至每日日记，比如溪阳老师的在备考期间的日程表，学霸陈旷怡的待办事项清单，或者学霸廖紫薇每天的日记式记录。

三、不想复习怎么办？——三步四换法

任何人都会遇到学不下去的时候，特别是兼职者、宝妈、管理层人员备考时，其受到不利影响、不想复习的可能性更大。

事实上，我在备考注会、司考的时候，受到筋膜炎病痛的折磨，就经常需要停下来跑步、看电影、爬山、游泳或理疗，之所以能考过，一是备考时间达到了科目阈值，二是学习策略较为高明。

很多人都想学习溪阳、廖紫薇、王唤唤、刘天博、李莲娣，能够连续 6 个月不怎么休息，平均每天能学习 12 个有效小时。

但是，亲爱的朋友，其实这种学习状态和学习强度，很多人根本做不到。比如说我就做不到，但是我的考证成就也并不太逊色于他们。这就说明，我们即使不像他们那么努力，但是掌握本书重要技能，考过是没有问题的！

当我们心烦意乱不想复习时：

第一步：是不是学太久。一般连续学习两三个小时就不想再学了。但如果你学一个小时就不想学了，说明你的学习动力、学习环境或学习策略有很大问题。

如果是学太久了，此时有 10 分钟间歇即可，比如伸个懒腰、倒杯水、打个电话、去趟卫生间、扫扫地或者看个小新闻。

第二步：是不是遇难点。如果不是因为学得太久，那么看是不是在学习过程中遇到了难点，难点就是一时无法攻克的点。任何人遇到难点，一般都会因畏缩而走神儿，这是大脑自认为的保护策略。针对难点，我研发出了一种权变处理策略，具体如第二章图 2-11 所示。

第三步：是不是不开心。如果不是因为遇难点，就要看是不是处于消极情绪中。在漫长的备考中，悲观、失望、愤怒、焦虑等各种消极情绪都会席卷我们，任何人处于这种情绪下，都学不好。在这种情绪下，建议试探性先后采用四次更换加以调节：

➤**第一换：换方式。**我们有八种学习方式：听、说、读、写、看、算、背、忆（八种学习方式，具体介绍请参看第二章的"雷坑四"）。任何一种学习方式用久了，都会产生烦躁、疲累等消极情绪。所以一定要首先换一种学习方式。

比如，白露儿同学，整个周六的上午和下午都在听直播或录播，晚上实在是不想听了，那么就可以换种学习方式——看讲义、读要点、抄写要点、做题等。

➤**第二换：换章节。**有时换种方式不管用。比如面对眼前的长股投、增值税或证券法内容，不管是听课、看书、做题、读背，实在是意兴阑珊、无精打采，这时先跳过，换成还未学习的收入、消费税或破产法，很可能就精神焕发、激情澎湃了！

➤**第三换：换科目。**有时换章节也不管用，比如听了大半天会计了，这时就去算一算税法；听了大半天经济法了，这时就去算一算财管，可能心情就更好。注意，换科目要换成更容易或者学习方式互补的科目，即从高难度换成低难度，从文（理）科型换成理（文）科型。

➤**第四换：换状态。**如果换科目还不管用，说明消极情绪已经非常严重了，对任何学习已经厌倦了，这时只能换一下身心状态了。具体有以下方式：

（1）常用黄金搭档：小睡＋运动＋倾诉。

在消极情绪下，人的精力水平往往较低，一般无精打采或心烦意乱，无法排除干扰、集中精力于一点，这时，小睡往往是提升精力最快、最好的方式。

我在考研、写论文、考证、做策划时，思路受阻或遇到挫败时，往往就先放弃手边的任务，小睡片刻，然后再去跑个步。小睡让我有精力跑步，让我暂时从烦恼中抽身。一旦跑步，身体的各项潜能就会被唤醒，消极情绪就会被迅速消解。

这时，在积极的情绪下，就更容易想出解决方案，而且内心会产生一个强大的声音：我能行！明天会更好！

（2）学习类：培训 > 读书 > 纪录片 > 综艺、新闻、电影。

当然，如果状态不好，也可以暂时放弃学习，去参加学习类活动。比如通过活动行等 APP，参加一次舞蹈培训推广课，或者去上一堂美术课。

如果临时找不到，也可以通过掌阅或当当云阅读听书或读书。当然也可以看看纪录片或综艺、新闻、电影。但是，切记不要轻易看电视剧，因为耗时太长，太影响考试。

（3）集体活动类：登山 > 参拜寺庙 > 逛街 > 聚会 > K 歌。

如果有条件，我们也可以参加集体活动。不过，由于消极情绪往往来得很突然，不太可能立刻就组织或参加一个集体活动。如果可以的话，我建议按照登山 > 参拜寺庙 > 逛街 > 聚会 > K 歌的顺序来选择。

（4）其他：网购等。

调节复习情绪的利器——三步四换法总结如图 5－5 所示。

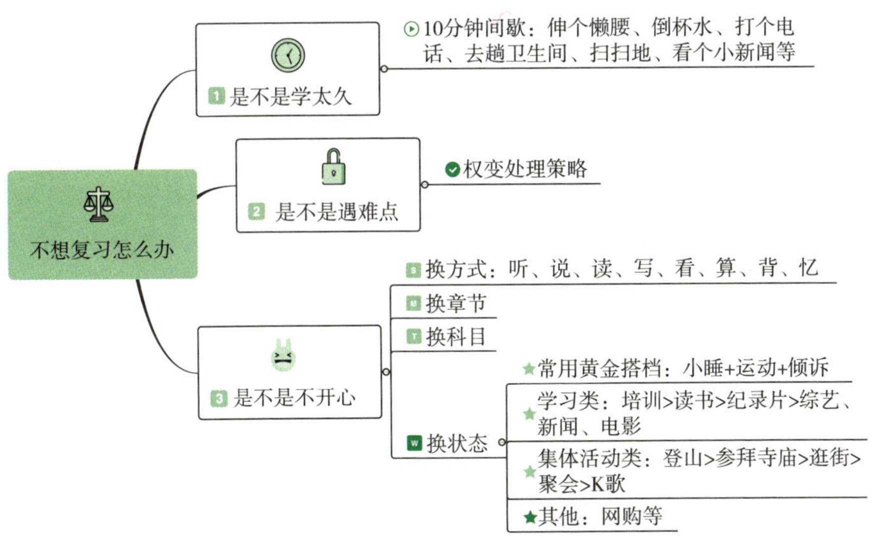

图 5－5　三步四换法

四、为何就是记不住？——备考记忆术

对于任何资格证考试而言，记忆永远是避不开的门槛！就是偏重计算的财管公式、偏重理解的会计分录，计算、理解后不能记住，考试也只能“望题兴叹”！我是直到2013年考研时才幡然醒悟记忆术的重要性，就在记忆术上花了点苦功夫，之后就比较顺利地连续攻克研究生期末测试、司法、注会、证券从业、基金从业等考试。

接下来，我就来系统地分享这些记忆秘诀。

（一）三大理念

要想利用好记忆术，必须深刻理解其三大理念：一是理解，二是简单，三是形象。

1. 理解

我们所谓的“理解了”，到底是什么含义呢？大脑到底对抽象的知识点如何运行，才叫理解了呢？我认为，所谓理解有三大标准：

一是能判断要记忆的信息类型，分类选法，接下来会讲解信息类型。

二是以旧解新。如果能用脑中已存的知识、形象、模型或经验来解读，就能够对此知识点有了理解的感觉，心里就会轻松许多，就能自信前行。

三是能应用（即做题）。在备考中，就是能够做题，很多情况下，理论太抽象，那些长难句根本无法通过文字来理解，这时看道题目，就能立刻理解了。

2. 简单

即将知识点用尽量少的组块记忆，一个单元一般不能超过七个组块，否则，记忆起来就很费劲。

3. 形象

即将抽象的知识点形象化，一般会用谐音、增减字、倒字、相关四种方法。

比如在注会经济法之第五章合伙企业法中，普通合伙人有四种退伙形式：协议退、通知退、当然退和除名退。这时，我们就可以通过谐音来组成一句口诀，同时建造个形象来记忆——“邪（协议）童（通知）当（当然）除（除名）”。

脑中想象着《哪吒之魔童降世》中邪恶哪吒的画像，想象他那种调皮捣蛋、伤害村民的场景，心中默念，当然要除掉他！大脑这样运行之后，四种退伙形式就深刻进入了潜意识之中，估计想忘记都很难！

（二） 七类信息

我们人类要记忆的信息其实只有七大类（见图5－5），但我们在考试中经常遇到的是总分、并列、顺序和矩阵四大类信息。

表5－5　人类要记忆的七大类信息

信息类型	举例
总分型信息 并列型信息	总分与并列往往搭配出现，比如增值税的征税范围。增值税的征收范围与一般、特殊、视同、混营是总分关系，而一般、特殊、视同与混营又是并列关系
顺序型信息	包括时间顺序（比如经济法中合同约定不明确时的履行顺序：协议补充—有关条款或交易习惯—合同法规定）、空间顺序（比如太平天国运动途经的城市）、排名顺序（比如梁山108位好汉）、文本顺序（比如《道德经》中的“曲则全，枉则直，洼则盈，敝则新，少则得，多则惑”。如果考试默写反了，就没有分数）、逻辑顺序（比如因递进、转折关系带来的不同内容）
配对型信息	比如，《道德经》第八章中的“居善地，心善渊，与善仁，言善信，政善治，事善能，动善时”。每个词汇都好理解，关键在于配对要准确，比如“居”要与“善地”搭配，“事”要与“善能”搭配
散点型信息	一般指特殊难点字词，比如人名、地名、书名、物品名、成语、行业术语等，有时候只是一些生僻的汉字、字母、数字或者是符号，这需要单独拉出来记忆。在生活中，比如你约了朋友在北京见面，他告诉你：“坐地铁到木樨地下车。”木樨地就是很难记的散点型信息
矩阵型信息	其实是多维表格或者是复杂的多类情况，比如会计中借款费用的费用化与资本化
图像型信息	即表述空间位置关系的信息，包括地图（比如中国行政区划）、结构图（比如耳部结构图）。虽然在我们的考试中，此类信息很少，但是要尽量把信息做成思维导图等的形式，以加深记忆

（三）六大魔棒

记忆术有多种类型，我认为，在我们的考试中，好用的只有六种，借鉴袁文魁老师的说法，就是六支魔棒，分别是：对比记忆法、规律记忆法、歌诀记忆法、定桩联想法、绘图记忆法、锁链故事法。后面将介绍如何用它们来串联知识点，防止琐碎。

这六大记忆魔棒（见图5－6），是考试考证的不传之秘，下面我将通过较多案例进行实战性运用，更多案例请前往我的“注会之税法和经济法课堂”学习。

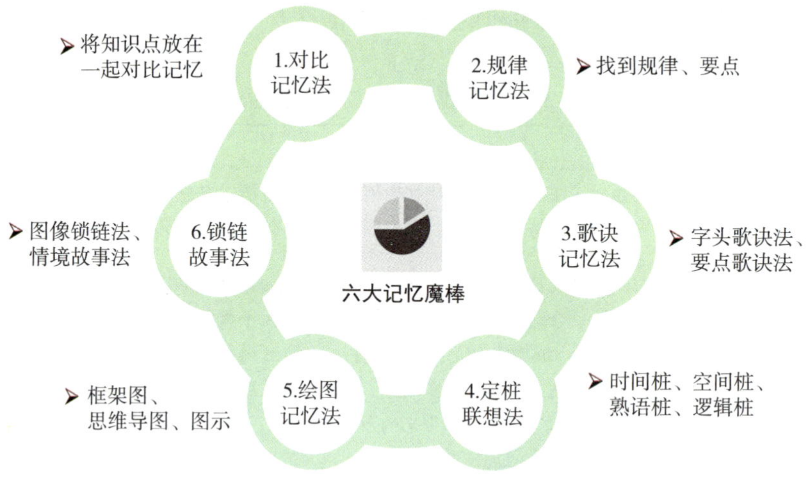

图5－6　六大记忆魔棒

大家要注意，一个知识点同时运用的记忆魔棒种类越多，效果就越好！

1. 对比记忆法

考证中，有大量的知识点只有在对比中才能记住，也只有在对比中才能发现规律！

对比记忆法指的是将相似或相反的知识点进行对比展示，一般做成表格，这样更容易发现规律、强化记忆。比如：

(1) 资源税中的换算比和换算率的区别，很多朋友根本搞不清楚，我们如果在一张图中进行对比（见图5-7），知识点就立刻清晰明了！

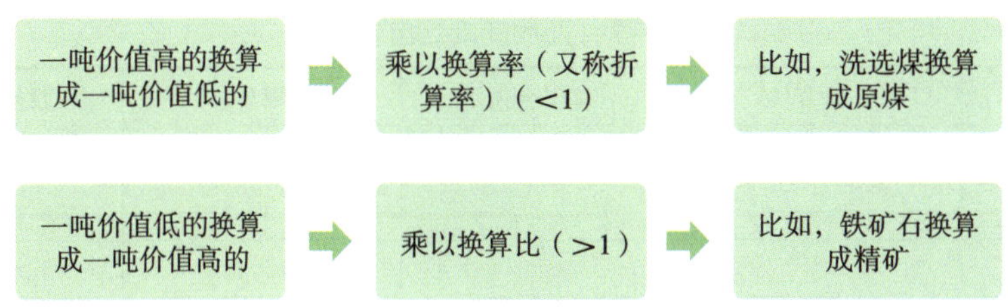

图5-7　换算比VS换算率

(2) 税法中契税征税对象与土增征税对象不但容易混淆，而且又常考，所以将其对比记忆，就能够串联在一起，发现其中的规律。

规律就是：契税是对产权承受方征税，土增是对产权转让方征税；契税强调对血亲的继承才免，而土增强调对所有继承都不免；契税强调等价交换免，而土增强调个人交换居住住房免（见表5-6）。

表5-6　契税征税对象VS土增征税对象

具体情况	契税征税对象	土地增值税征税对象
国有土地使用权出让	是	不是
土地使用权转让	是	是
买卖（含抵债、投资、买房拆料、翻建新房等视同买卖行为）	是	是
房地产赠与（包括获奖等）	是	公益性赠与、赠与直系亲属或承担直接赡养义务人不是，其他都是
房地产继承	法定继承（不含遗嘱继承）不是，其他都是	所有继承不是
房地产交换	是（等价交换免）	是（个人交换居住住房免）

(3) 经济法中普通合伙企业和有限合伙企业的对比，股份公司、有限公司、一人有限公司与国有独资公司的对比，双务合同履行中的抗辩权对比。税

法中，消费税之进口环节、生产自用环节和加工环节的组价的对比等。

表5-7至表5-9摘录几个对比性记忆表格：

表5-7 人数及设立出资总结

	普通合伙	有限合伙	有限公司	股份公司
出资者	≥2人	2~50人	1~50人	发起者2~200人
董事会	—		3~13人	5~19人
监事会	—		≥3人	≥3人
劳务出资	可以	限人不可；普人可	不可	不可

表5-8 公司法之临时会议

	临时股东大会	有限公司临时股东会/股份公司临时董事会
情形	①**股东问题**：单独或者合计持有公司10%以上股份的股东请求时（10%）； ②**董事问题**（法定5人、约定2/3）：董事人数不足法定最低人数5人或者公司章程所定人数的2/3时；董事会认为必要时； ③**监事问题**：监事会提议召开时； ④**高管问题**（亏本1/3）：公司未弥补的亏损达实收股本总额1/3时	林（临）会十三剑（监）

表5-9 组价综合表

增值税（进口）	进口一般货物	完价+关税	
	进口应征消费税的货物	完价+关税+消费税	
消费税	①自产自用（生产环节）	从价计征	成本+利润+消费税
		复合计征	成本+利润+从量税+从价税
	②委托加工	从价计征	材料+加工费+消费税
		复合计征	材料+加工费+从量税+从价税
	③进口环节	从价计征	完税价格+关税+消费税
		复合计征	完税价格+关税+从量税+从价税

2. 规律记忆法

规律记忆法的关键是从复杂的知识点中，通过分辨重要考点、放弃次要考点，整合知识点，找到其中的规律，从而简要地记住，进而达到“牵一发而动全身”或者“牵牛鼻子”的效果。

就像牛顿所说的“把复杂的现象看简单，可以发现新规律”。规律就是“看山不是山，看水不是水”，规律就是“万绿丛中一点红”。

我强烈建议在学一切复杂的知识点时，都抱有一个信念：背后一定有更简单的规律！而事实上，确实如此！比如：

（1）经济法中违反出资义务时对股东资格的影响问题：

➤对出资不足或抽逃出资的，公司有权限制其股东权利；

➤对合理期限内仍未缴纳或返还的，公司有权解除其股东资格（股东会决议针对全额未缴或抽逃全部的股东）。

对此两个长难句，用规律记忆法记忆：一点不剩。即出资额只有一点不剩的人，才能被解除股东资格，剩一点起码算小微股东，只能限制股东权利。

（2）税法的消费中消费税出口退税政策及适用范围，有三种政策规定如表 5－10 所示。

表 5－10　消费税出口退税政策及适用范围政策规定

政策	适用范围
出口免税并退税	①有出口经营权的**外贸企业**购进应税消费品直接出口； ②外贸企业受其他外贸企业委托代理出口
出口免税但不退税	①有出口经营权的**生产性企业**自营出口； ②生产企业委托外贸企业代理出口自产的应税消费品
出口不免税也不退税	除生产企业、外贸企业外的其他企业（指一般商贸企业）

这三种情况如果通过读背来记忆太复杂，所以就运用**规律记忆法：外贸＞生产＞商贸**（见图 5－8），高低混合，从低适用。比如生产企业委托外贸企业代理出口自产的应税消费品，按照生产企业适用，免而不退。

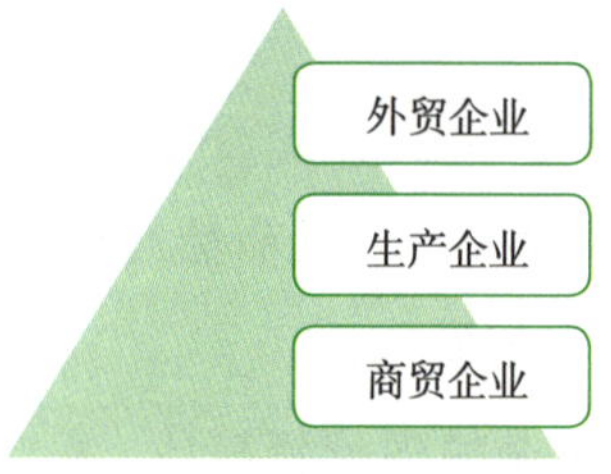

图5－8　规律记忆法——消费税出口退税政策

（3）在CPA的税法科目中，房产税的税收优惠政策很可能会出单选题或多选题，所以必须要能准确区分，但是其种类太多，很难记忆，具体如下：

➢国家机关、人民团体、军队自用的房产免征。

➢由国家财政部门拨付事业经费的单位，如学校、医疗卫生单位、托儿所、幼儿园、敬老院、文化、体育、艺术等事业单位所有的，本身业务范围内自用的房产免征。

➢宗教寺庙、公园、名胜古迹自用的房产免征，但宗教寺庙、公园、名胜古迹中附设的营业单位，如影剧院、饮食部、茶社、照相馆等所使用的房产及出租的房产，不属于免税范围，应照章纳税。

➢个人所有非营业用的房产免征房产税。

➢经财政部批准免税的其他房产：①对非营利性医疗机构、疾病控制机构和妇幼保健机构等卫生机构自用的房产，免征房产税。②对按政府规定价格出租的公有住房和廉租住房，暂免征收房产税，包括企业、自收自支事业单位向职工出租的单位自有住房，房管部门向居民出租的公有住房等。③经营公租房的租金收入，免征房产税。

我们可以利用规律记忆法，从中找出一个简要的规律，编成口诀进行记忆：（看用途）公益免，营利征。

以上都符合这个规律，不用看单位性质本身是纳税单位还是免税单位，关键在于看其用途是用在公共利益还是营利性上。

例如：第三条，“宗教寺庙、公园、名胜古迹自用的房产免税”，这些单位本身是服务于公共利益的机构，自用的房产就是服务于公共利益的，所以就符合“公益免”的规律。

“但宗教寺庙、公园、名胜古迹中附设的营业单位，如影剧院、饮食部、茶社、照相馆等所使用的房产及出租的房产，不属于免税范围，应照章纳税”，因为这些营业单位的用途是营利，所以当然不能免税，而是“营利征”。

（4）资源税的纳税人的特殊情况特别多：

资源税的纳税义务人是指在中华人民共和国领域及管辖海域开采应税资源的矿产品或者生产盐的单位和个人。

【注1】对进口应税资源产品的单位或个人不征资源税——进口环节不征，出口环节不退（此规则同城建税）。

【注2】资源税是对开采或生产应税资源进行销售或自用的单位和个人，在出厂销售或移作自用时一次性征收——单一环节征收，为价内税。

【注3】单位和个人以应税产品投资、分配、抵债、赠与、以物易物等视同销售，应缴纳资源税。

【注4】资源税纳税义务人不仅包括符合规定的中国企业和个人，还包括外商投资企业和外国企业；不仅包括各类企业，还包括事业单位、军事单位、社会团体等。

如果将上面的情况多次记忆，还是难以记住，所以我们总结一个规律，用一句话就搞定，其中括号中的内容不需要记忆，知道即可。具体如图5－9所示：

【规律记忆法】（任何人）国内采产矿盐水（销售或自用），征税

图5－9　资源税纳税义务人（规律记忆法）

3. 歌诀记忆法

歌诀记忆法就是找到要记住的知识点的首个字词或关键字词，编成三言、四言、五言、六言或七言的诗歌口诀，便于记忆。

具体包括字头歌诀法、要点歌诀法。在建立歌诀时，一定要简单、形象，如果歌诀太长，反而增加记忆量；如果歌诀不形象，就无法记住。比如：

（1）经济法在合同法一章中股东权利之查阅权的内容：

■ 案例一：

√有限公司股东有权查阅、复制：股东会会议记录、董事会会议决议、监事会会议决议（三会）；公司章程；财务会计报告；股东可以要求查阅公司会计账簿。

√歌诀记忆法：会长（章）报账。

√“会”指的是三会会议记录；“长”谐音章，指的是公司章程；“报”指的是财会报告；“账”指的是会计账簿。

■ 案例二：

➢股份公司股东有权查阅：股东大会会议记录、董事会会议决议、监事会会议决议（三会）；公司章程；公司债券存根；财务会计报告；股东名册。

➢歌诀记忆法：会长（章）在（债）报名。

➢“会”指的是三会会议记录；“长”谐音章，指的是公司章程；“在”谐音债，指的是公司债券存根；“报”指的是财会报告；“名”指的是股东名册。

注意：在记忆时，脑中建造两幕场景。“会长报账”是一个大会长亲自跑到税务局报账缴税，结果被各处刁难；“会长在报名”是一个大会长在学校窗口排队办理烦琐的报名手续，难受至极。

（2）在税法之六大专项附加扣除中，如果一一记忆，再做多少遍题也容易忘记，但是如果编个歌诀“老子续病房”，那么一切就非常好记了。

在记忆时，注意脑中要有一个形象：在生活中，我们虽然经常见到续租，但很少见到有人去续住病房。设想一个非常特殊的病人到护士站，斩钉截铁地说：“老子我要续病房，要多住几天！”想象过几次之后，就记住了六大附加扣除。

接着，再按照“老（赡养老人）子（子女教育）续（继续教育）病（大病医疗）房（房贷房租）”的顺序回忆扣除额度即可。具体如图5-10所示。

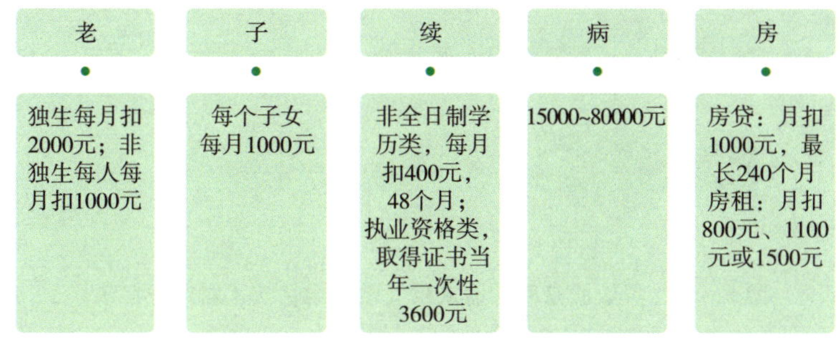

图 5－10　税法之六大专项附加扣除记忆口诀

（3）资源税税目包括六大部分，往往会出选择题，如果不将其记在脑子里，很有可能出错。

➢原油：指开采的天然原油，不包括人造石油。

➢天然气：指专门开采或与原油同时开采的天然气。

➢煤炭：包括原煤和以未税原煤（自采原煤）加工的洗选煤。

➢金属矿：包含铁矿、金矿、铜矿、铝土矿、铅锌矿、镍矿、锡矿、钨、钼、未列举名称的其他金属矿产品原矿或精矿。

➢其他非金属矿：如石灰石、稀土、煤层（成）气、井矿盐、湖盐、提取地下卤水晒制的盐、海盐，未列举名称的其他非金属矿产品。

➢水资源：试点费改税方式，将地表水和地下水纳入征税范围。

为了省力，我们可以编个口诀：汽（天然气）油（原油）加水（水资源）没（煤）金矿（金属矿和非金属矿）。

同时，我们脑中设想：一个“跳大神”的大忽悠对着一瓶汽油向观众吹嘘说“我向里面加水就可以生出原生金矿”，结果没有生出金矿，戏演砸了！

（4）异议股东回购请求权可以用“歌诀记忆法＋对比记忆法”进行记忆（见图 5－11）。

4. 定桩联想法

所谓定桩联想法指的是找一个能记住的桩子，包括空间桩（又称宫殿记忆法）、时间桩、常识桩、逻辑桩，然后将要记忆的知识点与其关联起来，最后通过回忆桩子，来回忆知识点。比如：

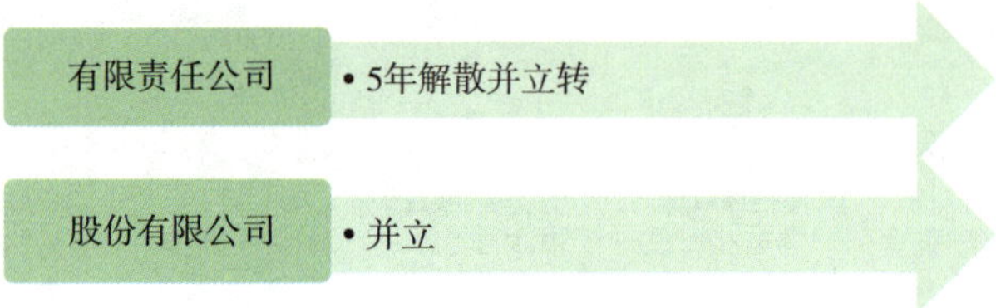

有限责任公司	• 5年解散并立转
股份有限公司	• 并立

图5-11　异议股东回购请求权（歌诀记忆法+对比记忆法）

（1）在税法的增值税中，个人（包括个体户、其他个人）转让购买的住房，是按照5%征收率，依照全额、差额、免征来分别计征的。但是如果将其画成表格，类似于多元矩阵，会包括N种情况，所以这时找出规律、用逻辑桩就可以简单记住。

在这里，逻辑指的是按照税负从重到轻的顺序，将其分为全额缴纳、差额缴纳和免征三类情况（见表5-11）。

表5-11　个人转让购买的住房（增值税征收逻辑桩）

- 全额缴纳（无论什么房子，无论任何地方，只要是持有期两年以内）
- 差额缴纳（一线豪宅：四地、两年以上、非普宅）
- 免征，其他情况

具体而言，首先，找税负最重的情况，就是依5%征收率全额缴纳，只需要关注一个数字就可以了：持有期不到两年。

其次，找税负次重的情况，就是依5%征收率差额缴纳，简记为“一线豪宅”，即在一线城市（北上广深）、持有期两年以上的豪宅（非普通住房），在转让时，按照差额计征。

最后，找税负最轻的情况，就是免征。即利用排除法，除了以上两类之外的所有情况都是免征。

这样就将三个知识点用定桩法立刻联系起来了。

（2）经济法中股东（大）会和董事会决议的四种情况，可以用“定桩法（逻辑桩）+歌诀记忆法”一起记忆。

首先将四种情况从最差到最好（逻辑桩）的情况来排列：不成立—无效—可撤销—有效，以上四种情况再分别用歌诀来总结，这样就一目了然了。具体如表5－12所示。

表5－12　股东（大）会和董事会决议四种情况（逻辑桩）

不成立	没开会、没表决、没达标（表决权比列）
无效	决议内容违反法律法规（内容违法）
可撤销	决议内容违反公司章程；或程序、表决方式违法或违反公司章程（程序违法，内容违章）
有效	无以上情况

（3）保证合同成立的四种形式：

➢书面保证合同（当事人：保证人—债权人）。

➢主合同定有保证条款，保证人在主合同上签字或盖章的。

➢主合同虽无保证条款，保证人在主合同上以保证人身份签字或盖章的（写有“保证人：某某某”）。

➢第三人单方以书面形式向债权人出具担保书，债权人接受且未提出异议的。

可以用定桩记忆法（形式由复杂到简单）记忆：合同—担保书—条款—签章。

（4）经济法中的各种临时会议，分为两类：股份公司临时股东大会（定桩联想法——逻辑桩）；有限责任公司临时股东会/股份公司临时董事会（歌诀记忆法）。

就股份公司临时股东大会的召开而言，有很多种情况，我们可以按照**定桩联想法的逻辑桩**来记忆。这个逻辑桩，是由高到低来排序的，即股东大会（股东）—董事会（董事问题）—监事会（监事问题）—高管（亏损问题）。

确定这个逻辑桩之后，对要点排序如下，然后再简要记忆即可：

➢股东问题：单独或者合计持有公司10%以上股份的股东请求时（10%）。

➢董事问题（法定5人、约定2/3）：董事人数不足法定最低人数5人或者公司章程所定人数的2/3时；董事会认为必要时。

➢监事问题：监事会提议召开时。

➢高管问题（亏本1/3）：公司未弥补的亏损达实收股本总额1/3时。

而对于有限责任公司临时股东会/股份公司临时董事会的召开，要使用歌诀记忆法：林会（临时会议）十（持股10%的股东）三（1/3的董事）剑（执行监事或监事会）。

5. 绘图记忆法

大部分情况下，画图肯定比抄写效果好！画图肯定比看书效果好！画图往往比听课效果好！因为，画图的过程就是知识点重新梳理的过程！

绘图记忆法，指的是**通过框架图、思维导图或图示**将知识点汇总在一起，这种方法的记忆效果往往非常明显。我考试时记忆任何东西，都会简单画个图。我经常在讲课时告诉同学们："背住几句话，搞定几十题；画画逻辑图，复杂变简单。"

绘图记忆法其实使用门槛并不高，只要用各类图形画出来就可以，具体包括**框架图、思维导图、示意图**。

框架图与思维导图的画法不同，前者是在左边放主题词，右边放下级知识点；后者是在中间放主题词，两边放下级知识点。除了框架图和思维导图的图形之外，只要是为了表现知识点的任何形式的图形都可以叫作示意图。

朋友们，千万不要为了把图形画得美丽、标准而花费太多时间，也千万不要因为畏惧画图浪费时间而懒得画图。

（1）框架图。

比如在经济法中，在合同法中的担保方式有五种，分为人保：保证；物保：抵押、质押、留置；钱保：定金。画成框架图如图5－12所示。

（2）思维导图。

就思维导图而言，其可以容纳大量内容，比如我经常在税法和经济法课堂中用章节思维导图来理清同学们的思路。合同法章节体系思维导图如图5－13所示。

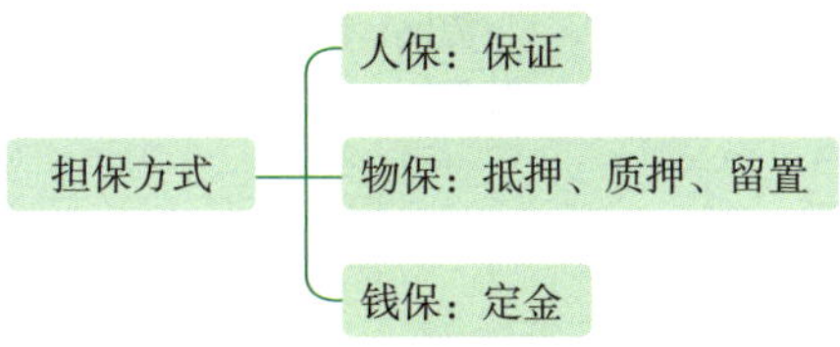

图 5－12　担保方式框架

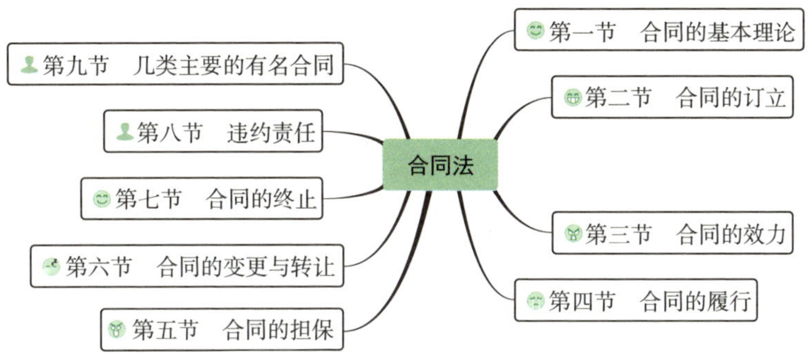

图 5－13　合同法章节体系思维导图

再比如，在税法增值税的征税范围中，知识点非常多，又非常重要，出题时会渗透到单选、多选和综合题之中，如果不将其串联，仅仅是多看几遍，根本无法搞定题目。我就用思维导图结合歌诀将其“一网打尽”，绘制了增值税征税范围图（见图 5－14）。

注意：这是用思维导图软件 XMind 绘制的，朋友们在学习时，直接在笔记本上用手绘制即可。

首先，将增值税征税范围分为一般、特殊、视同、混营。一般又包括货物、劳务、服务、资产。

货物指的是有形动产。劳务指加工修理修配劳务。服务内容太多，所以特地编了一个口诀：“交邮电建金先（现）生。”

其中，现代服务又包括很多类，又编了一个小口诀：“广信祖（租）上（商）研鉴文物”，其中，生活服务又包括很多类，又编了一个小口诀：“居民日常生活中，既要文（文体）教（教医），又要吃（餐饮住宿）玩（旅游娱乐）。”

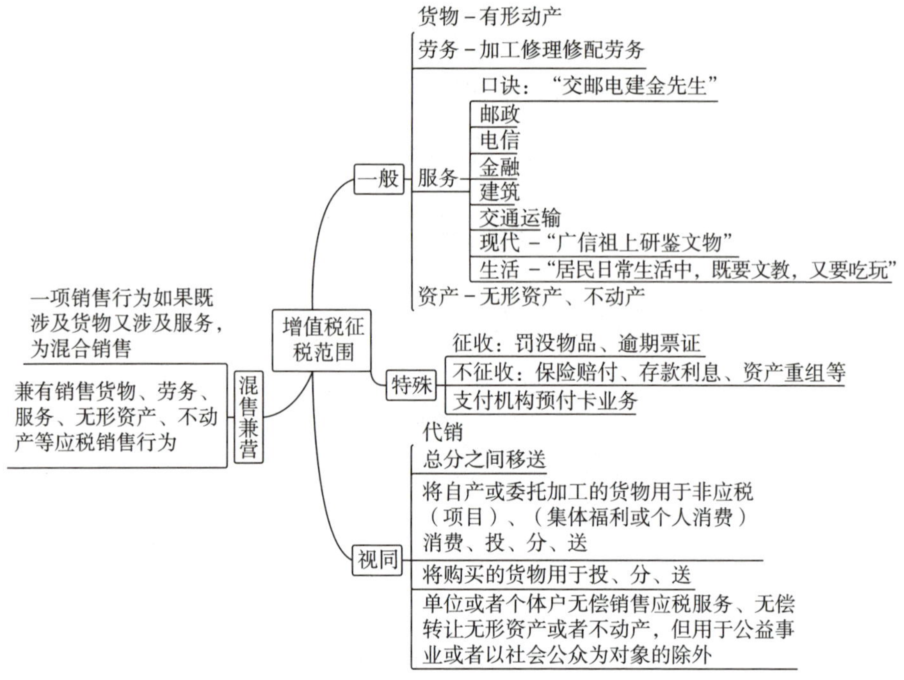

图 5－14 增值税征税范围（绘图记忆法＋歌诀记忆法）

资产包括无形资产和不动产。

（3）示意图。

比如，公司的组织结构包括股东（大）会、董事会、监事会，其关系用语言表述起来非常复杂，但是如果画成示意图，就会一目了然（见图 5－15）：

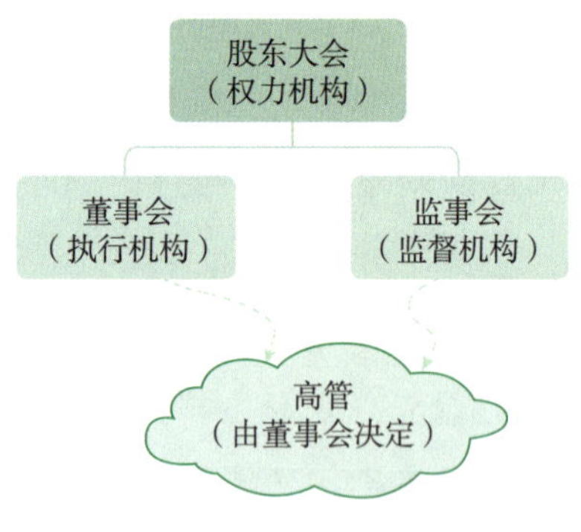

图 5－15 公司组织结构示意图

注：有限公司人数较少或规模较小的，可以不设董事会，设 1 名执行董事；也可以不设监事会，设1～2名监事。

又比如，消费税之委托加工中双方的税务处理。委托方提供原料、主料，受托方提供应税消费品，并收取加工费。其中受托方在代收代缴消费税时，有同类看同类，没同类就组价（个人除外）；在计算增值税时，以加工费为销售收入，按税率13%缴纳。

委托方收回货物之后，有三种处理方式：一是直接出售，不缴纳消费税，缴纳增值税。二是加价出售，要缴纳消费税和增值税；如果用于连续生产另一种消费品，移送时不缴纳消费税，但缴纳增值税。三是用于其他方面，消费税和增值税都缴纳。

如果看文字，记多少遍都没有用；但如果用图示法表示出来，就一目了然，具体如图5－16所示。

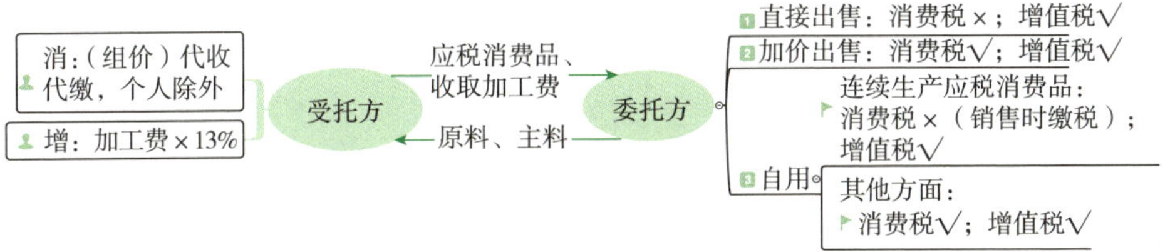

图5－16　消费税之委托加工示意图

再比如，消费税有五种纳税环节，再结合15种税目，情况类型其实非常多。为了避免混淆，我将其用歌诀总结为：

➢一批二零，三环单征；

➢一批指卷烟；

➢二零指超豪华小汽车（加征）、金银铂钻（单征）；

➢三环单征，指其他税目就是在进口、生产、加工中的任一环节单次征收。

但是，这还不够形象，所以我又画成如图5－17所示的示意图。

6. 锁链故事法

锁链故事法，就是**找出要记忆的考点的关键词，将其当作一个个链条讲个形象生动的故事，回忆时故事与知识点便一起回忆出来了。**

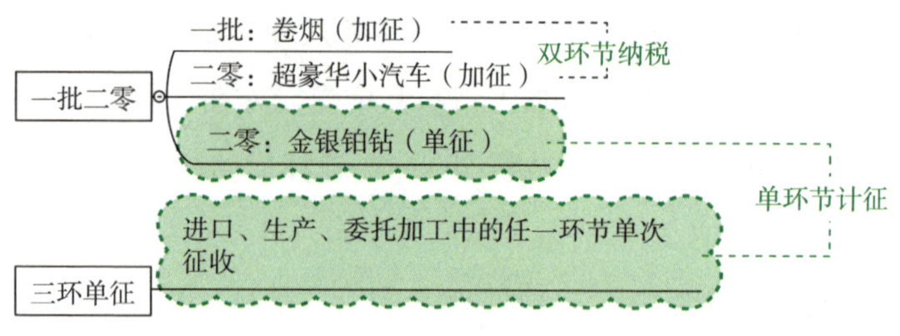

图 5－17　消费税纳税环节与税目的关系示意图

虽然在编故事时可能需要花费时间，但是这能训练大脑的想象力，扩充脑容量，而且还能让学习变得有趣味，防止形成厌学、惧学的情绪。最重要的是，这样相比反复看而言，记忆得更牢靠，考完之后还能记得很清楚。

总之一句话，学得更好更快乐！

锁链故事法具体包括图像锁链法和情景故事法，在考试中，经常用情景故事法。比如：

（1）经济法中公司董事、监事、高级管理人员的资格。下列人员不得担任：

➢无民事行为能力或者限制民事行为能力人（**关键词：无限人**）；

➢因贪污、贿赂、侵占财产、挪用财产或者破坏社会主义市场经济秩序，被判处刑罚，执行期满未逾 5 年，或者因犯罪被剥夺政治权利，执行期满未逾 5 年（**关键词：5 年**）；

➢担任破产清算的公司、企业的董事或者厂长、经理，对该公司、企业的破产负有个人责任的，自该公司、企业破产清算完结之日起未逾 3 年（**关键词：3 年破产**）；

➢担任因违法被吊销营业执照、责令关闭的公司、企业的法定代表人，并负有个人责任的，自该公司、企业被吊销营业执照之日起未逾 3 年（**关键词：3 年关门**）；

➢个人所负数额较大的债务到期未清偿（**关键词：欠债不还**）。

接着将以上关键词像锁链一样连接成一个故事：**有个无限人，3 年关门破产，5 年经济犯罪，最终欠债未还**！然后，脑中想象这个故事，几遍后便牢牢记住了。

（2）股份公司三种通知日期很容易混淆，可以用“定桩记忆法＋绘图记忆法”总结，如图5－18所示。

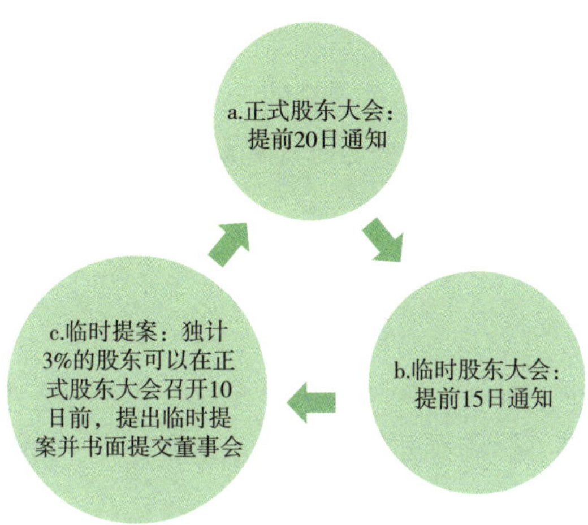

图5－18　股份公司三种通知日期（定桩记忆法＋绘图记忆法）

但是还是很难记住，我们如果再编成一个故事，记忆的就会更加深刻，具体如图5－19所示。

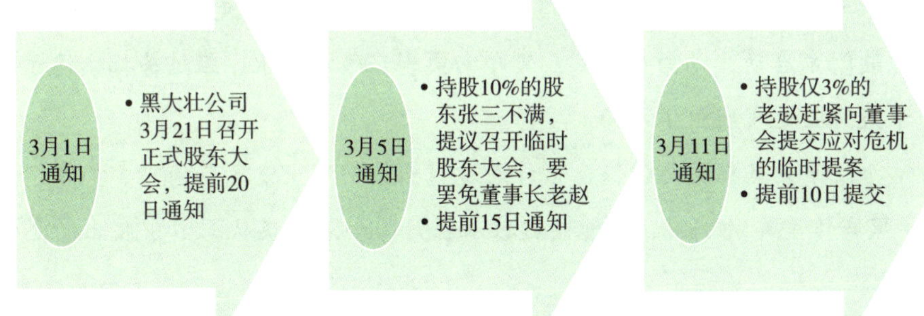

图5－19　股份公司三种通知日期（锁链故事法）

（3）在税法中的资源税的税收优惠中，有不同的减征比例，经常考选择题，但是情况太多，很难记忆，我们就可以采用锁链故事法。

资源税有关减征比例的税收优惠：

➢油气田：三次采油资源税减征30%；对低丰度油气田资源税暂减征20%；深水油气田资源税减征30%。

➢铁矿石资源税减按40%征收资源税。

➢对实际开采年限在15年以上的衰竭期矿山开采的矿产资源，资源税减征30%。

➢对依法在建筑物下、铁路下、水体下通过充填开采方式采出的矿产资源，资源税减征50%。

➢对页岩气资源税减征30%（2018年4月1日至2021年3月31日）。

Step 1：将其排序，分别是减征20%、40%、50%、30%，如下：

➢减征20%（1）：**低丰度**油气田；

➢减按40%（1）：**铁矿石**；

➢减征50%（1）：在建筑物下、铁路下、水体下通过**充填**开采方式采出的矿产资源；

➢减征30%（4）：**三次采油**、**页岩气**、**深水**油气田，对实际开采年限在**15年**以上的衰竭期矿山开采的矿产资源。

Step 2：抓关键词，编故事。

开着**丰田撞铁石**，铁石**填入**路坑中，虽然很方便行人走路，但车也受损，**三次踩油门**才启动，方向盘失灵，又撞向**页岩**，落入**深水**，经过挣扎，终于在农历**十五**月圆之夜爬出了水面。

这个故事兼具搞笑与惊悚，估计看过《吸血鬼日记》《范海辛》《暮光之城》《黑夜传说》的朋友，还能想起狼人在月圆十五之夜从深水中爬出的恐怖场景。

Step 3：回忆故事。

考虑20%、40%、50%、30%的先后顺序，并将关键词与知识点依次相连接。第一个词“丰田”代表低丰度油气田，减征20%；第二个词“铁石”

代表铁矿石，减征40%；第三个词“填入”代表充填开采，减征50%；后面的词依次代表减征30%的四种情况。

注意，这个感觉很复杂，其实自己想一遍，或者在我的税法课上听我讲一遍，立刻就印象深刻了。我在经济法课堂上，也有很多记忆术应用案例，听一两遍就能记住，同学们都是很喜欢的。

五、如何打造独特的讲义？——备考笔记术

信息，整理好了是“武器”，整理不好就是“垃圾”，而笔记就是一种极为有用的将信息从垃圾变成武器的手段。

日本作家小西利行提倡笔记术，认为其可大大提高工作族的工作效率。其实，做笔记也可以大大提高考生备考效率。

所以，网上流传了各种学霸笔记。为什么几乎每一个学霸都有一本自己的独特笔记？原因就是笔记可以大大提高效率。

我们鼓励在教辅或讲义上做笔记，不鼓励另外拿出本子，对考试学科做出一个完整的笔记，因为这样做效率更低。

那么，备考时如何做笔记呢？

（一）做笔记的工具

“工欲善其事，必先利其器！”

“没有金刚钻，别揽瓷器活。”

磨刀不是不误砍柴工，而是大大提高砍柴工的效率！

所以，首先要买三种不同颜色的笔：①铅笔；②黑色、蓝色、红色的中性笔或圆珠笔；③多颜色荧光笔。

这些笔的用法各不相同，具体总结如表5－13所示。

表 5 - 13　铅笔、中性笔或圆珠笔、荧光笔的用法

笔种	用法
铅笔	在教辅或讲义上涂抹答案，以便测题；或者先做第一遍笔记，以便之后可再修改
中性笔或圆珠笔	至少要准备红色和黑色，因为运用多种颜色会使讲义或教辅更好看； 可用于直接做较为确定性的笔记； 可用笔记符号（如直线、波浪线等）在文字下标注
荧光笔	用于在文字上涂抹，加以强调

（二）做笔记的技巧

1. 用荧光笔将重点句子或词汇染色

至少要用黄色、绿色两种颜色对重点句子或词汇染色，这有助于区分重点。染色后的讲义要比未加工的讲义记忆效率更高。

2. 用铅笔或圆珠笔记下重要的案例、口诀、解释、公式、总结、扩展知识、图形等

任何经典教辅或名师讲义都不具有普适性，总有考生觉得某些点“缺胳膊少腿”，或觉得某些点冗余繁杂。这是由于各个考生的认知情况差别很大，所以需要根据自己的情况，根据其他教辅或讲义对自己的主讲义进行补充。

比如，我在考研、备考注会和司考时，总觉得讲义、教辅不适合我，就会进行各种补充、删减、重新排序，或者干脆自己对某一章重做笔记。这样做完之后，立刻神奇地发现知识点理解并记住了！

3. 工整、简单

做笔记时一定要工整、简单，不能潦草、繁杂。我原来做笔记时为了节省时间，往往写得很潦草，潦草到看第二遍时自己都不认识，原先做的笔记就成了鸡肋，白白占据空间！

要想写得工整，不需要为此单独练字，写时只需稍微慢些就可。只要慢些，笔记自带一种真诚味道，复习时似乎也能体会到原先自我的辛勤耕耘，自然重视每一句笔记。

4. 创造自己的笔记符号

为了提高效率，必须要创造自己的笔记符号。具体包括：横线、波浪线、圆圈、三角形、星号、单箭头、双箭头等，其用法如表 5-14 所示。

表 5-14 笔记符号示例

笔记符号	用法
横线：——	最常见，标示出二星级或一星级重点句子
波浪线：~~~~	与横线不同，标示出三星级重点句子
圆圈：○	标示出二星级重点词汇或者容易遗忘的知识点
三角形△或星号☆	标示出三星级考点，一般一页讲义上不能超过三个，否则就看不出最重点了。“△或☆”有着比“○”更为重要的意思，所以请在觉得最重要、绝对有必要标注的地方使用
单箭头：→	➤用以表示出因果、转折、矛盾等关系，此可催生出秩序，比如下方税法中职工教育经费对应纳税所得额影响； ➤有时暂时不知道两者有什么关系时，可以先愉快地画一个“→”就好。至于，“→”的意思到底是“所以”“于是”“顺便说一下”“总之”“可是”“进一步”中的哪一个，暂且放一边，等到再翻看的时候就能够有更大的发现  ▲ 职工教育经费20万元，限额=1200×8%=96元 限额之内，本期的发生额无须调整。 但是，上期结转5万元。 → -5
双箭头⇔或 VS	用以表示对比、对抗、竞争，比如在企业所得税企业重组的特殊性税务处理中，可以用双箭头将收购方和被收购方在股份支付方面的所得税处理总结如下： 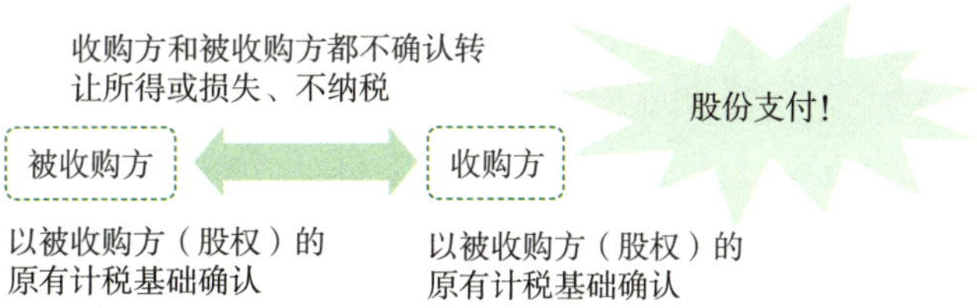 收购方和被收购方都不确认转让所得或损失、不纳税 股份支付！ 被收购方 ⇔ 收购方 被收购方：以被收购方（股权）的原有计税基础确认 收购方：以被收购方（股权）的原有计税基础确认
对错号：√×	“√”和“×”要作为一个组合来使用。把错误的观念标上“×”，而在正确的观念旁标注“√”，这样的“√、×”，在用于更正自己的固定观念时，效果尤为突出
序列号：①②③	用于对讲义或教辅上的知识点重新排序
问号：?	对于有疑问的地方，先标注上，继续推进，之后再解决

5. 颜色运用规律

不同内容用不同颜色，当然随意运用也可以。千万不要为此弄得太复杂，导致对做笔记产生了恐惧。要记住，只要讲义五颜六色，大脑就喜欢读，我们就喜欢看。

下面附上来自溪阳老师的优秀笔记样本（见图 5－20）：

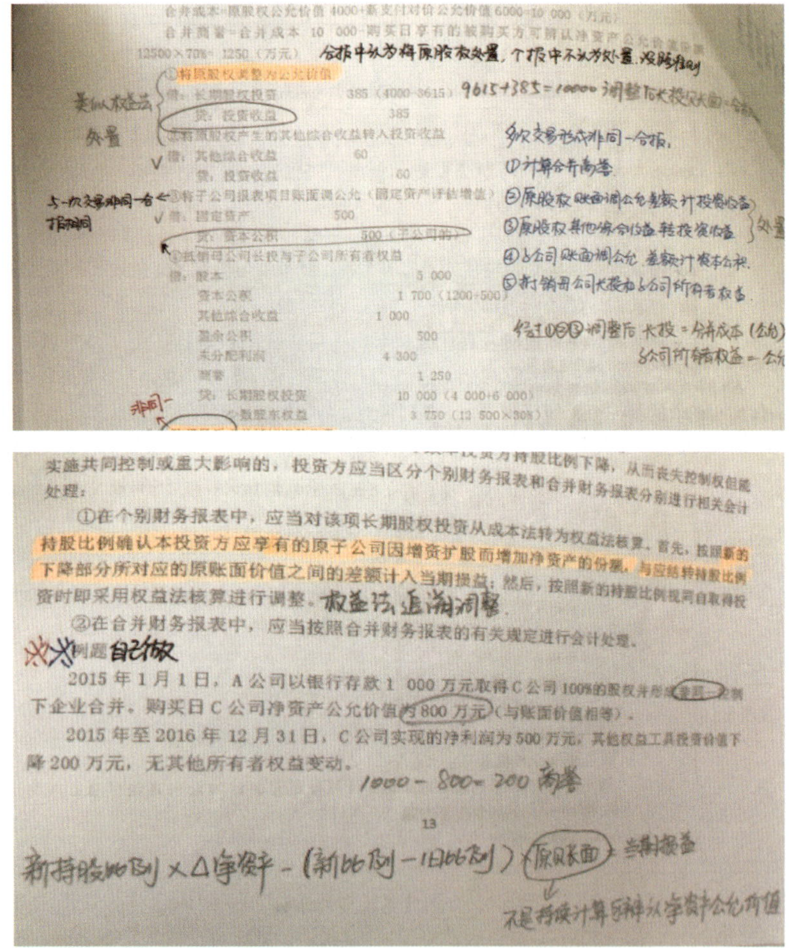

图 5－20　溪阳老师的优秀笔记样本

六、如何在做他事时也复习？ ——间作套种法

（一） 什么是间作套种法？

间作套种是指在同一土地上按照一定的行、株距和占地的宽窄比例种植不同种类的农作物，充分利用种植空间（见图5－21）。

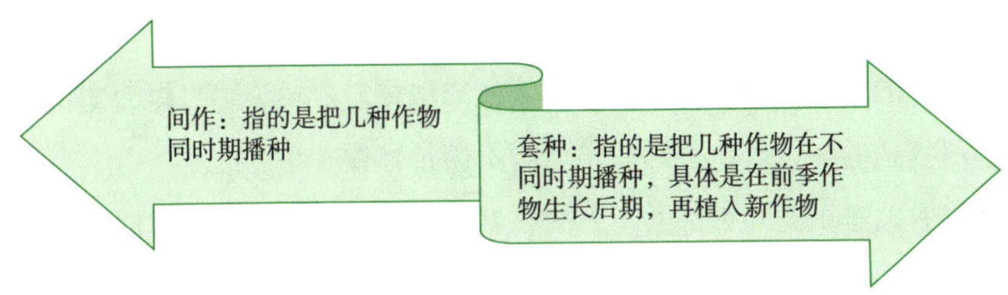

图5－21 农业中的间作套种

比如，玉米和黄瓜间作，可用玉米秸秆代替黄瓜架条，让黄瓜缠绕在玉米秸上，还能减轻或抑制黄瓜花叶病。如玉米套种大豆，大豆的根瘤菌可为玉米提供氮肥，而玉米分泌的无氮酸类，则是大豆根瘤菌所喜欢的基质。

基于生物学所带来的强大逻辑，我们应用到备考上。当你在做一件事时，同时想着："还有什么事能同时做到呢？"

比如，基思·法拉奇和塔尔·雷兹写作的《别独自用餐》强调，要在用餐的同时抓住机会与外部的人士交流投资人脉。

再比如，在上下班路上，利用这段时间听听APP中的课程、刷刷APP中的题目，如此一来，也能够学习。

（二） 睡眠时怎么学习？

日本作家筑山节曾说：

"人在睡眠时，大脑在做什么呢？大脑会自动存储睡前接触到的信息或者

白天记忆比较深刻的东西。”

所以在睡前要赶紧读一读要记的知识点，然后再去睡觉，在睡时脑中回忆知识点框架，能回忆多少是多少。这样即便在睡觉时，脑子也还在运作着，会自动存储睡前接触到的知识点，这样要记的内容就刚好能牢牢地附着在脑海中。这就是睡眠的“间作套种法”的效果。

（三） 移动时怎么学习？

大部分情况下，移动时（比如在公交车、地铁、自行车或自驾中）比静坐时学习条件更差，所以有特殊的讲究。

最重要的是移动时要学习较简单的新知识或复习较为感兴趣的知识，绝对不能学习复杂的知识点，否则一定会听不懂，导致心烦意乱。

如果有关考试的知识都学不下去，就可以去当当云阅读或掌阅阅读中倾听有关记忆术的书籍，比如《记忆魔法师》，或者有趣的人文历史。这些起码有助于提升脑力，绝对不能老是发呆或刷剧，白白浪费时间！

（四）做家务时怎么学习？

我在做家务、打电话或做比较简单的课件时，一定同时在倾听一本书，因为每天的时间根本就不够用，我们只能同时做另一件事。

有朋友会觉得，这样会导致两件事都做不好，其实不是的。只要你稍加练习，肯定有很大进展，工作、学习效率一定会大大提高。

我每年阅读近 50 本书几乎就是这样听出来的，然后找要点复制粘贴成一个笔记，长此以往，视野变得开阔，知识量也会有较大增长。

（五） 如何选购一款好用的蓝牙耳机？

运用“间作套种法”需要一个顺手的蓝牙耳机，如果用带线耳机，往往会在用时找不到，且经常需要整理耳机线，非常不便。数年来我经过六款蓝牙耳机的尝试，给大家推荐一下选购技巧。

市面上有各种设计、各种型号的蓝牙耳机，但是其实好用的却很少。

这款蓝牙耳机，一定要能够整天佩戴用以接打电话、听书、跑步，所以要同时符合以下标准：

➢这种耳机的电量必须大，最好超过 100 毫安，能够连续播放 8 小时；

➢不能是单耳式，一定要双耳式，这样就能够在地铁、公交、骑车中，安静、清晰地听书；

➢不能太重，最好不超过 25 克，否则整天佩戴会很不舒服；

➢其设计形式一定要能方便头部左右运动，而只有**颈圈式**设计合适；

➢蓝牙耳机头的设计，既要是入耳式，保证音量大，运动时不会掉落，同时又要符合人体工学，不能因为长期佩戴而疼痛；

➢这款耳机不能太贵，不能超过 300 元，否则相比带线耳机性价比不高；

➢这款耳机最好能够防水，防水级别最好达到 9 级，这样，将洗澡当作休息的我们就能够在冲洗时也愉快地听书；

➢这款耳机要有一定的降噪功能，这样我们在嘈杂的场合也能够清晰地通话。

最终，我先后购买了三四款耳机，退货了两三款耳机，才终于找到一款满足以上所有需求的蓝牙耳机（铂典 I8 颈圈式蓝牙耳机）。

七、复习如何防偷懒？——番茄学习法 + 时间统计法

（一）番茄学习法

《番茄工作法》的作者是 Francesco Cirillo，一般翻译为弗朗切斯科 · 齐立罗，但是这本书在市面上难以找到，现在市场上流行的是瑞典人 Staffan Nöteberg 写的《番茄工作法图解》，我们也可以从这本书中了解到番茄工作法的精髓。

1. 什么是番茄钟?

番茄钟就是一个要求自己聚精会神学习的时间段，其实我们在义务教育阶段都在使用，一节课就是一个番茄钟，大致 45 分钟，用两次铃声代表开始和结束。

我们建议在备考时至少要以一个小时为一个番茄钟。周期开始时用手机计时，抛弃脑中的时间焦虑，全身心投入备考中，直到闹钟响起，立刻停止。

以短时间作为目标，能够增加工作完成的满足感。番茄钟之间用 3 ~ 5 分钟进行深度休息，劳逸结合，激发下个番茄钟工作的动力。每 3 ~ 4 个番茄钟结束后进行大休，时间为 15 ~ 20 分钟。

2. 如何处理执行中的中断?

（1）内部中断（自身引起）。

一是可控制中断：如想喝水，突然想到给谁打电话等。解决方法：承认—记录—忽视。把它记录到云笔记的今日待办中的紧急待办中，放置到某个番茄钟完成，自己手头的工作不要停。

二是不可控制中断：如想上厕所，去完之后，继续完成原来的学习任务，并延长学习时间，一定要保证这个番茄钟进行完之后才休息。

（2）外部中断（外界打扰）。

如果是可延后中断，告诉别人自己在忙，与其协商稍后再与他商量或打电话，并记录到今日待办中的紧急待办中，按承诺放置到某个番茄钟完成，自己手头的学习任务不要停。或者干脆选择忽视，继续学习，然后统一回复。

如果是需要立即执行的中断，完成之后，继续完成原来的学习任务，并延长学习时间，一定要保证这个番茄钟进行完之后才休息。

3. 优点

➢小时间段可为学习增加计划的可行性和完成时的满足感。

➢每个番茄钟开始后选择最重要的事，不一定是上个未完成工作的延续，这可确保每次做事都做的是待办事项中最重要的事。

➢操作简便，而且可以对自己的学习状况进行分析，及时调整。

（二）时间统计法

1. 一位大师

时间统计法是由苏联昆虫学家、哲学家、数学家亚历山大 · 柳比歇夫（1890—1972 年）所创。

这位大师发表了70多部学术著作，而且涉及领域极广，包括昆虫学、植物学、动物学、遗传学、科学史、进化论、无神论、农学、哲学、数学和回忆录。

对于我们大多数人，能在一个领域有一部创新性的著作就不错了，但是我们基本没有；不但没有，悲催的是，大多数人在老师的传授中、计划的约束下，连简单的资格证考试都难以通过。

柳比歇夫一生不算勤奋，每天要睡眠近10小时，平均每天工作的纯粹时间只有七八个小时，而这一切的丰硕成果都与其时间统计法有紧密关系。

他清早看哲学、数学等严肃的书籍；之后，看历史或生物学这类较轻松的书籍；再之后，就看更轻松的文艺作品。

我们考注会的人完全可以借鉴这种多学科学习方式：

比如上午学习会计，下午学习经济法，晚上学习税法。溪阳、吕鹏、廖紫薇、陈旷怡等学霸往往就是一天学习多种学科！

2. 大师之路

为了充分利用每一分钟，柳比歇夫每一次散步，都用来捕捉昆虫。很多次会议，他都演算习题。每一次短程，他都步行，既锻炼身体又防止等车。每一次出门旅行，他都学习外语。

2500年前，“子在川上曰：‘逝者如斯夫’”，但是，亲爱的朋友，我们身边真有人能听到时间流淌的潺潺声吗？我们在做任何事情，只要不看下钟表，要么将时间估计得过快，要么估计得过慢。

但是，这位大师在跟别人一起从容散步时，仍然能够强烈感到时钟的滴答作响，能够真切看到时间的急流而去。

就像诗人能够感到“红杏枝头春意闹”“梨花一枝春带雨”的细微之美，时间管理大师也能感到时间的急流之态，那真是一种奇妙的境界！

3. 时间统计法到底该怎么用？

时间统计法的本质是针对结果的“事件·时间日志”。其具体格式是：日期+活动+纯时间，每天记录5~7行，每周检点改进，每月做月度总结和下月计划，每年做年度总结和下年计划。如果懒得做每月和每年的，每周一定要检点改进，思考下怎么增加有效学习时间即可。

（1）分类记录。

首先，我们只记录自己重视的活动的时间，然后将其分类记录小时数，每天、每周、每月汇总。至于自己重视哪些活动，分为几类，可以自己设定、调整。记录时，可以详写、可以略写。对不重要的活动，根本不需要花费时间记录、统计。

现在身为教师，我只记录四类活动，一是工作（比如备课讲课），二是学习（比如备考、阅读、研究），三是锻炼，四是重大误差事项。

之所以记录锻炼时间，是由于这不但能提高我的工作效率，而且有助于优化形象。

之所以记录重大误差事项，是为了防止时间大大浪费。我会记录我没有管住自己，去看电影电视剧、聊天、看新闻、过多刷微信、过多睡眠、参加无意义的活动所消耗的时间，并分析原因，提出整改措施。

（2）立即记录。

正如管理学大师彼得·德鲁克所说：

“人类对时间的感觉是最不可靠的。把人关进黑房间，很快他就会丧失对时间的感觉。但即使在黑暗中，绝大多数人也能保持空间感，但是禁闭室内的人，即使有灯光，也不能估计时间的长短。所以，如果完全靠记忆，我们根本说不清楚自己的时间是怎样打发的。”

所以，必须在处理某一工作后立即记录，而不能事后凭记忆补记。

（3）尽量略写。

在具体记录时，可以详写，也可以略写，但建议略写。

比如，我几年前备考注会时处于冲刺阶段时的一天记录：

周二：50 分钟审计，2.5 小时会计，100 分钟会计，140 分钟会计，110 分钟会计，110 分钟会计，注会共 11 小时。

从此可知，我那天在猛攻会计，早晨只是背了一点审计内容，具体我猛攻的是哪一章节，不需要记录，只需要记录下来逼迫自己珍惜时间、好好学习即可！

但是，如果您想要成为像柳比歇夫一样的大师，对待时间极为珍重，也可以详写，比如柳比歇夫1965年夏季的一天的时间日志：

“基本科研（图书索引——15分钟，陀布尔让斯基——1小时15分钟）。分类昆虫学，参观——2小时30分，安置捕捉器两个——20分钟，分析——1小时55分钟。休息，第一次在乌赫塔河游泳。《消息报》——20分钟，《医学报》——15分钟，霍夫曼的《金罐子》——1小时30分，给安德朗写信——15分钟。共计8小时35分。”

（4）只记有效时间。

亲爱的朋友，我们只记录有效时间，即除掉杂事干扰、实际投入此项活动上的时间，这可比自然时间要少得多。

比如，卓香儿同学今天从晚上8点到11点复习注册会计师科目——财务成本管理，但是中间他肚子不舒服上了20分钟卫生间，这得去掉；他又接到一个密友的求助电话，聊了30分钟，又得去掉；他中间感觉疲累，就浏览了今日头条、刷微信30分钟，这还得去掉；后面他觉得这科目太枯燥了，就站起来捶捶肩、走走神儿10分钟，这又得去掉。

最终他复习财务成本管理的自然时间是3小时，但是减去无关杂事，有效时间只有180－20－30－30－10＝90＝1.5小时。

换言之，他的备考效率不算高。

（5）每周检点改进，每月进行总结与下月计划。

每周检点改进。每周只需汇总有效学习时间，思考该怎么去除坏习惯、增加学习时间即可，改进措施可以不写下来，但是一定要花几分钟记录下每周有效时间。

如果要做月度和年度总结、计划，那么只有建立在时间统计法日志的基础上才是有效的！但是，大多数人这样做时，是在某天某处某时，凭借大脑对过去事项的回忆以及未来事项的担忧，就做出来了。

心理学家和脑科学家告诉我们，我们的大脑真心不靠谱！

亲爱的朋友，我们可能因为刚刚完成了一个跑5千米的小目标，就兴奋地对未来过于乐观，计划过多的事项；可能因为刚刚被领导指责几句，就对未来过于悲观而计划过少的事项；我们的本月任务明明没有完成，但是在总结时，却因为刚刚成功攻克了一个知识点，而告诉自己一切还挺顺利。

而且根据时间心理学：

随着年龄增长，感觉时间变快；

当进入一个新地方，感觉时间变慢；

当专注时，感觉时间变快；

当无聊时，感觉时间变慢；

当遇到自然灾害、人为灾难和比赛紧急的瞬间，也感觉时间极大地变慢。

每月总结。而只有将每周汇总的时间相加变成月度总结，才能打破这种大脑的幻觉、自欺、抵触和逃避。每月总结要进行得尽可能详细，一般会花费1.5～3小时。之所以要详细汇总，是因为我们要洞察时间中一切空白之地，我们认为没有什么不能利用的时间。

比如，科学家柳比歇夫在1965年8月，第一类工作的总时间是136小时45分。其中又包括哪些项目呢？基本科研——59小时45分；分类昆虫学——20小时55分；附加工作——50小时25分；组织工作——5小时40分；合计——136小时45分。第二类工作的统计也是同样详细。

下月计划。一进行月度总结马上就要提出下月计划，下月计划要进行得尽量详细。时间统计法用得久了，未来一个月就不是虚无缥缈的，而是基本确定的物理实体，我们也能像大师柳比歇夫一样触摸到它的纹理。

4. 时间统计法有哪些好处?

（1）时间去哪儿了？

时间统计法能够让我们真切地知道自己到底做了什么。鲁迅说“真的猛士，敢于面对惨淡的人生，敢于正视淋漓的鲜血”。到底是先成为猛士，才敢于面对惨淡的人生、淋漓的鲜血，还是先强迫面对惨淡的人生、淋漓的鲜血，才成为猛士？很可能是后者。

知道时间去哪儿了，才能真正了解自己，才能勇于而且善于改变。

（2）抓要点。

时间管理的一大理念是要事优先，或者说集中精力。

但是，亲爱的朋友，假如我们都不知道自己每周可用多少小时，不知道学习一个章节需要多少小时，怎么能够分配足够的时间通过考试?！而且，我们总是容易分心，很容易通过做无意义的事情来挤占要事，而时间统计法的残酷数字能够一次次将我们拉回正轨。

2500 年前，身兼“国家图书馆、档案馆和博物馆馆长”的李耳讲了几堂课，课堂笔记就成了传诵千年的经典书籍——《道德经》。李耳说“重为轻根，静为躁君。是以君子终日行不离辎重，虽有荣观，燕处超然”。这句话无意中蕴含了时间管理的绝妙思想。

“辎重”就是要事，我们每天都要围绕要事旋转，虽然身处美好、繁华的世界中，也绝不能忘记我们的要事。

所以，这位厉害的人一辈子只做了一件大事，阐发了一个思想，写了 5000 多字，而且有近 30% 的字词都是同义反复，但是数代人将其奉为经典，而且还尊称他为“老子”“道家始祖”“太上老君”。

我们虽然无法通过多年的残酷斗争才形成抓要点的精准技能（那样可能也太慢），但是我们可以通过时间统计法不断训练。

（3）断舍离。

日本作家山下英子主张断舍离，从日常生活的衣、食、住、睡、学、洗、通七大点着手，断舍离各种杂事、杂物，以实现史蒂夫·乔布斯所主张的“less is more”的理想境界；实现老子所主张的“为无为，事无事”“有之以为利，无之以为用”的奇妙境界。

但是，亲爱的朋友，如果我们没有真实的时间统计法日志作为支撑，我们敢于像乔布斯一样扔掉身边丑陋的物品、拒绝自认不太重要的事情而集中精力于考试吗?

（4）不食言。

时间统计法让我们明确确定、准确估计各种事项所花费的时间，进而能够不迟到、及时完成任务。

比如，根据以往的时间日志，我浏览一本 500 页的商业管理的通俗读物，一般会花费 4 小时，而对其做摘录笔记时一般会花费 2 小时，如果要做概要式笔记，一般花费4小时。如果阅读经济学教材，一般会1小时看30页，一上午能看100页。洗一次澡会花费15分钟。去健身房锻炼，做热身+做5种器械+4个牵引动作，大概需要花费1.5小时。中午需要午休30分钟才能起到作用。

这样，我们就能根据自我数据，准确地安排未来事项。亲爱的朋友，这个世界上，最珍贵的数据是自我数据。“认识你自己”这句话只有用时间统计法，才能卓有成效地贯彻落实。

（三）两者该如何搭配？

首先用番茄学习法让自己聚焦于眼前的学习任务，然后在一个番茄钟结束后，立刻用时间统计法在有道云笔记中记录下来，每天、每周、每月汇总有效时间，并检点改进，这样我们就同时有了“胡萝卜”和“大棒”。

学的小时数多，就快乐；学的小时数少，就痛苦！

八、如何快速处理众多杂事？——衣柜整理法+流程习惯法

很多考生其实是工作族或者宝妈，在备考期间必须先处理众多杂事，剩余的时间才能用于备考。因此，对他们而言，快速处理杂事的方法就非常重要了。

为了快速处理众多杂事，有两个方法：衣柜整理法和流程习惯法。

（一）衣柜整理法

邹鑫在《小强升职记》中，提出了衣柜整理法，即收集—分类、分解—排序—执行—总结。

无论在什么情况下，我们在工作时都将经历这五个步骤：首先收集所有需要做的事情，然后对其进行分类，其中对于多步骤的项目要进行分解，接着对分类、分解后的事项进行排序，接着按序执行，最后回顾总结。

1. 前期准备

在使用衣柜整理法之前，首先进行前期准备，即准备空间和准备工具。

（1）准备空间。

即使你出去上班，在家里也需要一个空间。很多人都多多少少地受到家里杂乱环境的干扰，根本无法同他们上班时的工作环境相提并论。而当他们在家里也建立起类似的工作环境后，立刻受益匪浅。

如果你是一个频繁出差在外的人，你还需要在路途中配备一个高效的微型办公室。这常常包括一个公文包、背包或者一个小书包，并配有一层层文件夹以便于携带办公用品，比如电脑、手机、Kindle、iPad、书本等。很多人丧失掉了一些重要的工作机会，就是因为他们没有随身准备好必要的办公设备，结果无法有效利用零散时间。

（2）准备工具。

如果你下决心要一丝不苟地使用衣柜整理法，首先就应该着手准备一些最基本的用品和设备，比如电脑、资料架、文件夹、打印机、一叠白纸、回形针、订书机、固体胶、日程表或者废纸篓。到目前为止，我们还不可能完全摆脱纸张的使用，因此，管理这些纸张资料的简单工具就不可缺少。

2. 收集

收集这个环节是衣柜整理法的第一步，它要求我们收集一切引起我们注意的事情。

比如，你正在聚精会神地准备今天下午2点的会议资料，这是一件重要而且紧急的事情，这时王总突然给你打来电话，要你联系一下供货商，告诉他们支票会在下周一送去，你应该怎么处理呢？立即去做吗？不，先记录在一张纸上，然后继续集中精力准备会议资料。

这时候研发部的小王跑过来找你，让你提供新版本软件的用户使用调查报告，你应该怎么处理呢？立即去做吗？不，记录在刚才的那张纸上，然后继续集中精力准备会议资料。

突然收到了一封新邮件，怎么处理呢？立即去查看吗？不，先记录在那张纸上，然后继续集中精力准备会议资料。

刚工作了30分钟，有人打来电话，要你在下周五之前拿出新产品的销售策略。挂了电话之后马上准备销售策略吗？不，先记录在那张纸上。

10分钟后，同事在微信上问你哪天有空一起去打羽毛球，你回复说你在忙碌中，然后呢？马上考虑打羽毛球的事情吗？不，还是记录在那张纸上。

又过了40分钟，孙会计过来将上个月的市场推广费用明细报表递给你。你在接到的时候马上研究一下报表吗？不，当然还是记录在那张纸上。

如果你恰好这样度过了忙碌的3个小时，你的那张纸就是一个收集篮，记载着以下事项（见表5－15）。

表5－15　收集篮

a	联系供货商，周一将支票送过去
b	给研发部小王提供新版本软件的用户使用调查报告
c	查看邮箱
d	周五之前拿出新产品的销售策略
e	哪天有空去打羽毛球
f	研究上个月市场推广费用明细表

我们将这张纸叫作“收集篮”，将这个过程称为收集。“按照我们以前的处理方法会怎么样呢?”你可能会：

➢被其他事情干扰之后，重要而紧急的会议资料将无法按时完成。

➢正在思考销售策略的时候，被其他事情打断，无法继续思考。

➢每一件事都无法集中精力去做，创造力和执行力大打折扣。

➢在被临时突发事件干扰手头工作的同时，也影响了自己的情绪，增添了压力和紧张。

➢你硬扛着压力努力工作，可工作还一点没有要结束的迹象，于是你很烦躁，对同事没好脸色，对上司牢骚满腹，对工作敷衍了事。随后，同事、上司、工作也“以其人之道还治其人之身”，形成了一个恶性循环。

➢对每一件事情都立即去处理，结果陷入了盲目的陷阱，无法分清主次。

3. 分类、分解

之后，我们需要迅速对收集篮中的事项进行六种分类，对于多步骤的项目要进行分解。当然，如果我们非常熟练，也能在接到事项时就立刻将其分类、分解。

我们处理收集篮的时候应该遵循一个小技巧：一次只处理一件事情，这样才能做到心如止水。

不需要行动的任务分为三类：

（1）**“垃圾”**。这类事情千万别去做，它浪费时间、浪费生命。我一般在收集的时候就会将“垃圾”过滤掉，根本不放在收集篮中。

（2）**将来某时/也许事项**。比如说“哪天有空去打羽毛球”，是某些条件成熟之后才会做的事情。这类事情数不胜数。

（3）**参考资料**。比如上个月市场推广费用明细报表，会计之所以给你是因为你有权限知道这件事情，或许今后的某个时候会用得上，对待这类事情的正确方法是分类归档。

需要行动的任务分为三类：

（1）**2 分钟事项**。打一个电话是 2 分钟可以解决的事情，对于这样的事，我们采取的行动应该是立即去做。比如发一封邮件、迅速收拾一下办公室、整理桌面、给某人打一个电话。

你可能会说：“咱们不是提倡集中 100% 的精力去做当前的事情吗？不是要尽量避免分裂时间吗？为什么我们要被 2 分钟原则打断呢？”理由是，如果此时不打断，那么以后会损失更多。

比如，你正在集中精力写研究报告的时候，身边一个女同事请你帮忙把一箱酒从一楼搬到三楼。这个事情也就是几分钟的时间，如果你拒绝或者说过一会儿再去，那么在对方眼里，你就是不愿意帮忙，人际关系就会产生裂痕，以后修补裂痕所耗费的时间将远超这几分钟。而这时如果停下工作去搬酒，思路并不会丢失，还能将此当作休息。

善于完成此类事项的人往往是管理众多事务的管理层，或者有众多客户的销售经理。

■ **案例：大鹏老师的 1 小时**。比如对啊网财会运营中心的负责人张云鹏老师。大鹏老师同时管理着 100 多位教师、教研，运营着初级、中级、CPA、

CMA、税务师、ACCA、Office 等众多项目。

他每天需要协调本部门与人力部、行政部、产品技术部、总经办、财务部、图书发行部、排版编辑部、微创电商和视频事业部的合作问题，还要积极向高管团队的各位成员争取支持。他既要亲自负责招聘，又要积极挽留现有员工。他既要设法增进团队的凝聚力，又要竭力调节员工的矛盾。他每天不但要同时盯着 263 邮箱、微信群、钉钉群、263 群的众多信息，保证迅速、精准反馈，而且还要根据不同情景表现出适当的宽容、严厉，克制自己的愤怒、悲伤。

他在撰写回复邮件的时候，很可能老板突然通过微信向其咨询某个项目；而当其花两分钟转而回复老板时，很可能突然在另一个微信群里，有位教师“@”他进行紧急求助；当他赶紧转而进行指导时，很可能母亲突然向其打来电话通知家中发生的紧急事项；而当其终于搞定这几件小事时，发现需要赶紧出席一个会议；当他拿起电脑要起身出发时，很可能一位主管突然到他工位要商量“怒龙计划”的宣传方案……

这就是他每日工作的情景，其中有大量的 2 分钟事项，他每次都需要反应地又快又好，真是相当不容易！

（2）**多步骤项目**。工作中遇到的很多任务都是需要我们进行分解之后才能执行的，例如“周五之前拿出新产品的销售策略就需要分为多个步骤”。

（3）**待办事项**。这些就是剩下的普通任务了，比如例子中的查看邮箱，对于这些事情，要今天迅速搞定，越快越好。

需要行动的任务和不需要行动的任务对比总结如图 5－22 所示。

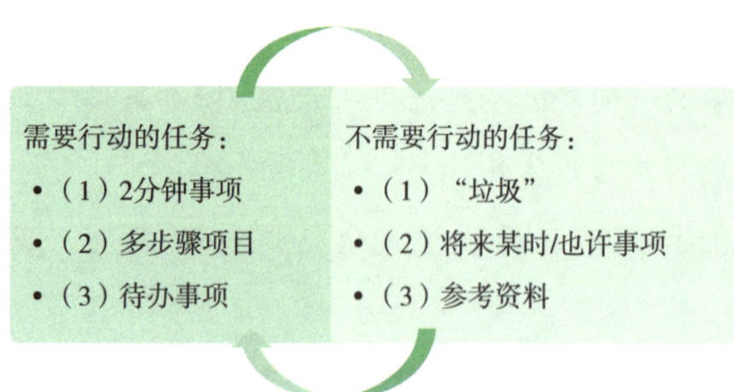

图 5－22　需要行动的任务 VS 不需要行动的任务

最终，分解、分类后的收集篮如表 5－16 所示。

表 5－16　分解、分类后的收集篮

序号	分解	分类
a	联系供货商，周一将支票送过去	2 分钟任务
b	给研发部小王提供新版本软件的用户使用调查报告	多步骤项目
c	查看邮箱	待办事项
d	周五之前拿出新产品的销售策略	多步骤项目
e	哪天有空去打羽毛球	将来某时/也许事项
f	研究上个月市场推广费用明细表	参考资料

4. 排序

我们一般要将参考资料、未来某时/待办事项、2 分钟事项收到时，就及时处理，或者在分类后排在前面先做，也可以把其处理的顺序放在每天上午、下午、晚上下班时集中性处理。

而对于待办事项以及多步骤项目，至于排在哪里最合理，可以根据当时的环境、重要性、紧急性确定顺序。

5. 执行

执行时最经常遇到的就是打断。临时事件总是会突然出现，当它和我们的计划发生冲突时，我们应该如何处理呢？

比如，我们正在做一件重要但不紧急的事项——撰写策划书，突然一个同事请你晚上陪一个客户吃饭，这时候你该如何处理呢？

一是要事第一。我们原先集中精力、要事第一的理念在此项事情上就有体现了。我们可能需要做以下的考虑：

➢这是否是一个重要的客户？

➢是否必须自己出面？

➢是否还有比自己更适合的人选？

➢策划书的到期日是哪天？

➢这份策划书是否具有非常重要的意义？

➢如果换一天写这份策划书是否会影响进度？

虽然我们只有 1 ~2 分钟的考虑时间，但是我们必须根据上面的问题做出决定：改变（或不改变）原计划。

二是要拒绝就要委婉而坚决。如果我们的决定是改变计划，那必须让对方知道，为了临时事件我们作出了怎样的牺牲，起码不能让对方认为你是一个没有原则的人。在这之后，我希望你立即投入这件临时事件当中，立刻向对方询问这件事情的目的，以及对方希望自己怎么做。如果我们的决定是不改变计划，不能直接生硬顶回去，也不能太委婉地拖泥带水，而是既委婉又坚决。

三是要争取下次机会。如果你真的拒绝了一次非常重要的邀请，我们应该争取下一次有可能提供帮助的机会，并且第二天要询问此件事项进度，看能否继续帮得上忙。

6. 总结

为什么要经常进行总结呢？原因如下：

一是记住自己要做的事，便于处理；

二是调整事项，重新归类，孵化任务；

三是总结经验。

总结是一个人高效的奥秘！

事实上，毛泽东主席非常善于研究自己以及身边群体的往事，从而总结出某种经验性或规律性的东西，可能也正是这种热爱总结的习惯，使其拥有了惊人的远见卓识。

比如，毛主席在观察湖南农民运动以及研究知识分子的运动之后，总结出（1927 年 3 月）：

“革命不是请客吃饭，不是做文章，不是绘画绣花，不能那样雅致，那样从容不迫，文质彬彬，那样温良恭俭让。革命是暴动，是一个阶级推翻一个阶级的暴烈的行动。农村革命是农民阶级推翻封建地主阶级的权力的革命。”

何等发人警醒！

毛主席从 1840 年以来国内外各种反动派势力的兴衰中，又总结出一个规律（1946 年 8 月）：

“一切反动派都是纸老虎。看起来，反动派的样子是可怕的，但是实际上并没有什么了不起的力量。从长远的观点看问题，真正强大的力量不是属于反动派，而是属于人民。”

何等发人警醒！

毛主席在经过对军队建设的长期实战经验中，又总结提出了“三大纪律、八项注意”（1947 年 10 月）：

“三大纪律：一切行动听指挥；不拿群众一针一线；一切缴获要归公。八项注意：说话和气；买卖公平；借东西要还；损坏东西要赔偿；不打人骂人；不损坏庄稼；不调戏妇女；不虐待俘虏。”

何等发人警醒！

那么，有哪些好的时间段适合总结呢？一是每天工作开始时或者工作结束时，二是每周定期集中进行。

（二）流程习惯法

流程习惯法是一种非常有益的时间管理工具，特别接地气，适合于任何人。众多杂事一旦流程化、习惯化，那么效率至少是成倍地提高！

我们大多数人虽然有目标，但是往往怕麻烦、意志力弱，面对一个新型的、较难的或者复杂的多步骤任务时，“压力山大”、犯拖延重症；就算面对简单的多项任务时，在考虑“要做这个还是要做那个？”“现在做这个好，还是做那个好？”的瞬间，就可能没办法付诸行动了。

本田直之说：

“我会替自己规划时间，其实真正原因是我是个怕麻烦、意志薄弱的人，如果不替自己规划好，就会变成无所事事、懒惰偷懒的人。”

所以，对于比较懒惰的朋友，该怎么提高时间管理的效率呢？

答案是：**日常小事习惯化，能习惯化的全部习惯化；非常大事流程化，能流程化的全部流程化。**

有时候，将复杂的流程做熟练了，就将困难、复杂的大事做成了简单、容易的小事，养成了无意识中执行的习惯。

这样，纵使是精神不济或是自制力弱的人，也能够一次一次不假思索地行动，从而将学习、工作等行为坚持下去。看看工作或备考进展顺利的人，他们大多都是无意识地进行着良性循环。

1. 流程化

日常小事可以养成习惯，而对于步骤较多的、较为复杂的事情，很难养成简单、固定的习惯，但是可以总结经验，将其变成一个简单高效的流程、模板。一旦总结出来了，从下次行动开始，不用从头思考就能完成。

■ 案例一：研究报告的撰写流程

我有个朋友在中信证券研究所做分析师，他需要兼职考注会。但是经常撰写研究报告，很花时间，耽误考试复习，所以为了提高效率，他总结出了一个高效的撰写流程，这样就能腾出较多时间进行考试复习了。

第一步，将所有的研究分为五大类。从宏观到微观，包括宏观研究、行业研究、公司研究、量化投资分析、技术分析，然后确定各类研究的内容框架。

比如行业研究，他首先找出行业研究所需分析的四类内容：

➢行业地位分析：是不是龙头、梯队、弱势、先行者或领导者；

➢产品分析：成本、技术、质量、营销、市场份额；

➢广义财务分析（6+1）：资本结构、营运能力、盈利能力、偿债能力、估值指标、成长能力（口诀：资本不但能够营利，偿债后还能成长）；

➢重大事项：资产重组、关联交易、会税政策、仲裁诉讼、并购、分红派息、定增发债等。

第二步，找领导确定大致框架。这一步尤其重要，没有这一步作指导，第二、三、四步就会没有标准，就在很多种可能性上摇摆，最终浪费大量时间。

第三步，收集资料（主要用 Wind）。

第四步，浏览、标记、筛选、保存资料。会用到 Foxit 浏览器 + PicPick 截图器 + 素材底稿（Excel 或者 Word 形式）。

第五步，尽快多填，修改框架。这一步就是向框架里面填充资料，这是决定工作效率的最重要步骤，也是耗时最多的步骤，如果在填充后发现逻辑不对，再微调框架结构就可以了。

就这样，他卓有成效又趣味盎然地完成了一篇篇复杂、精美的研究报告，其秘诀就是他建立的高效撰写流程。

■ 案例二：大公司的工作流程

海尔销售服务人员面对各种各样的客户曾经总结了一个高效的上门服务流程，在这种流程的帮助下，就是一名普通的员工也能将一连串事情做得流畅、高效；闻名世界的制造业的典范——丰田汽车，面对纷繁复杂的汽车制造，也总结了一整套科学高效的精益生产流程，在这种流程的帮助下，就是一名普通的工人也能做得流畅、高效。

其实，我们在日常工作、生活中，可以总结快捷流程的事项太多了，比如，出差报销、请客吃饭、规划旅游路线、预订会议室、撰写会议纪要、打印复印扫描传真、接待客户等。

这些事项经常发生，都有固定的流程，而且每次都要求准确无误。如果完成的质量低，很可能会受到领导、同事的指责，降低职场威信。如果在每次事后不总结就会让我们以后再次白白浪费大量的时间，工作、生活效率无疑会大大降低。

我就曾经因为嫌弃出差报销耽误太多时间，就在从北京到浙江横店镇出差后，总结了整个出差以及报销的流程，不总结不知道，一总结吓一跳，发现出差报销竟然牵扯到如此多的步骤，一步做不好，就会大大影响效率。

■ 案例三：出差的流程

我们当时是要参加在2018年9月7日至8日在中国·横店·雷迪森庄园酒店举办的“2018第八届中国旅游项目投资大会暨首届中国文化旅游融合发展论坛”，我们要在9月6日下午3：30出发，争取能在当晚合适的时间到达目的地，然后在7日早晨准时参会。

这就要求要熟悉携程APP，考虑大会地址（位于横店附近的火车站和机场情况）、出行方式（飞机、火车、大巴、出租车、对方接送等多种方式如何组合）、价格（我们公司对机票价格以及在三类地区的酒店住宿价格有上限规定）以及时间安排（晚上到达时最好不超过12点，中间各种中转的时间间隔要合理）。

最终，我们结合大会会议日程、高德地图、滴滴出行、携程制定了复杂但合理的行程规划：下午 3：30 通过滴滴打车从四惠东站到达北京首都机场，坐飞机到达杭州萧山机场，再坐出租车到杭州东站，乘高铁转到义乌高铁站，然后联系大会接待人员，乘坐其接待大巴到达雷迪森庄园酒店，当晚 11：20 才到达目的地。办理住宿，预订餐食，入睡时已经晚上 12：30 了。

当天我们如果因为堵车赶不上北京的飞机，那整个计划就会延迟大半天，而且重订机票会花费更多金钱，再改签或退票都会增加一笔费用。

从杭州萧山机场到杭州东站也要规划好路线，如果堵车，到义乌高铁站的时间就会耽误，整个行程又得延迟，估计可能凌晨才到达酒店，可能会因为休息不足影响第二天的工作状态。

我在行李中还需要携带相关学习资料，下载好讲课音频，携带蓝牙耳机以及专门的充电器，用以在出租车、火车或飞机行驶途中学习和备课；由于我颈椎和腰部不舒服，还需要携带 U 形枕，否则很可能因为坐得不舒服而无法学习。

之后，参加会议又是一连串固定而又复杂的流程，早晨去领餐票吃饭，然后携带电脑、电源线、充电宝、名片、公司资料去会场。现场要一边用手机的有道云笔记拍摄会场嘉宾演讲的 PPT 照片作为学习材料，还要一边打开电脑记录现场嘉宾会谈的要点，同时要看准时机，拿名片和公司资料与嘉宾交流话题，交换名片，添加微信，以备会后联系洽谈，晚上回去要整理各种笔记，开具住宿发票，计划返京行程。

回到公司后，需要汇总所有的机票行程单、火车票、出租车纸质发票、滴滴行程单和电子发票、酒店住宿发票、宴请客户发票等，结合公司报销规定，在公司报账系统上填写相关事项，同时将纸质版票据按规定汇总，移交财务审核。中间如果有任何一个环节出错，比如差旅费用分类不当、计算金额错误，都需要撤回申请、重新提交，白白浪费时间。同时，还需要将整理成的学习资料写成报告让领导审核，在部门内部分享。

这一系列流程牵涉多个步骤，多个领域，如果有一步延迟或出错，便会白白浪费时间，耽误领导行程，影响职业发展，所以我们就必须要总结出一个准确、快捷、固定的流程。

2. 习惯化

日常小事习惯化，能大大提高效率。那么，该如何养成好习惯呢？

（1）从小事做起。

最好的方法只有一个，那就是，从小习惯做起，从小事做起。不要想着一下子养成大习惯、做成大事。

■ **案例一**：习近平主席曾经在海淀区民族小学主持座谈会的讲话中说道："少年儿童如何培育和践行社会主义核心价值观呢？""从小做起，就是从自己做起、从身边做起、从小事做起，一点一滴积累，养成好思想、好品德。"

习主席还说："家庭是孩子的第一个课堂，父母是孩子的第一个老师。要善于从点滴小事中教会孩子欣赏真善美、远离假丑恶。"

■ **案例二**：1928 年，有一次发动群众时，毛泽东主席就向红军提出了六项注意：上门板，捆铺草，说话和气，买卖公平，借东西要还，损坏东西要赔。这都是要把日常行为习惯化的例子。后来这"六项注意"与以前的"三项纪律"发展成"三大纪律、八项注意"，基本还是把日常行为习惯化。

所以，大习惯一定要从小习惯做起。如果下定决心"从明天开始，早上五点起床，花三个小时学习会计，然后去上班，当作习惯来做"。这样的用心虽然很好，但太大的目标会带来挫败感，而且好习惯也没有养成。

时间管理就是把无序变为有序，有序变为流程，流程变为习惯。

（2）潜意识的深渊。

习惯存在于我们的潜意识中。因此，想要培养习惯，就必须学会与潜意识沟通。而潜意识是一个大海，里面光怪陆离，形形色色，但是力量也巨大，忽视潜意识的力量是愚蠢的。每当我们晚上入睡时，受到某一件小事的刺激，潜意识的大海可能就会波浪翻滚，显示出其极大的丰富性。

我们现在就能做一个实验，闭上你的双眼，试图集中思考一个难题的解决方案……

几分钟之后你就能感觉到思维正快速地在你的意识中流转——有关稍后你该干什么的思考；曾听到的歌曲片段；关于昨天或上周你所做事情的记忆；你内心的隐忧；你幻想的白日梦；邻家刚从你窗台路过的一只黑猫；领导布置的

任务；伴侣上次跟你的吵架；父母的那张苍老的脸庞；唐诗中“仍留一箭射天山”的意境；正在热映的《西部世界》；身边的疫情；等等。

正如《时间心理学》的作者史蒂夫·泰勒所说的那样：

“这就好像一部在你的意识里循环播放的电影——只不过它的导演是个疯子，每秒钟镜头要切换十几次，而且完全是混乱和随机的，没有任何情节。”

让你的意识继续下去，在差不多五分钟之后停下来，试着将那些杂乱的想法整理一遍。大多数情况下，你会因自己思维做出的各种跳跃、各种跑题，以及在短短五分钟内的广度而感到震惊。

感受到你广袤无垠的潜意识的强大了吧，如果你晚上入睡时做这个实验，那时，你可能为自己潜意识的超级联想天赋感到震惊不已。

（3）长时间思考。

所以，面对如此强大的潜意识巨人，要想让它与理性大脑达成养成好习惯的一致意见，只是写张纸，或者画个目标图贴在墙上，或者在微信朋友圈中公布自己的计划，是远远不够的。一定要花特别的时间和精力先与潜意识好好沟通，才能高效行动、坚持下去。

而对付潜意识的最好方法是什么呢？

那大概便是**长时间思考**了，其中通过转圈、慢走或静坐来思考，效果是最好的。事实上，大多数伟人、名人都擅长使用这种方法，从而迅速地自我迭代。

比如，人类中的顶级物理学家阿尔伯特·爱因斯坦，每天都会雷打不动地边散步边思考，当他在新泽西州的普林斯顿大学工作时，会每天来回走上2400多米。实际上有大量确凿证据显示，散步可以提高记忆力、创造力和解决问题的能力。

如果我们也能使用这种思考术，那么潜意识就会与理性大脑的意见保持一致，不会轻易出来捣鬼，那我们坚持下去的动力就会更加强大。

（4）必须易坚持。

要养成一个习惯，一定要制订一个可以轻易坚持的计划，并将计划公之于众，其中养成习惯的计划能轻易坚持是最大要点。

比如我打羽毛球，最大的困难不在于羽毛球馆的距离，而在于打得不好，每次去打球因为接不到球总有点挫败感。要想能够坚持下去，每次打一场羽毛球，就在朋友圈发一条消息：写上第几期打羽毛球，有什么感悟。这样看到打的次数在增加，就有成就感。

（5）做个日程表。

养成习惯的另一个绝佳策略就是做个日程表，日程表是针对长时间都比较固定的内容的一种计划。

正如本田直之所说：

“我们初高中时期的课程表就是一种日程表。不管喜欢不喜欢，只要听到铃声响就会乖乖进教室，等到下一次铃响就可以冲出教室。另外，我们还必须按照第一堂是语文课、第二堂是数学课的课程上课，就算不喜欢也得乖乖去上。正因为如此，即使不喜欢或者偷懒的孩子，也能过上非常规律的生活。”

“相反，如果跟他们说，不管何时不管什么人按自己的喜好去阅读就好，那么大部分小孩就会变得很松懈。而且如果没有课程表，就会把时间花在烦恼该念什么上，这就是在明显地浪费时间，而且时间的使用方式也容易变得零零散散，如果哪天心情好，就会一整天都在努力学习语文，而导致数学什么都没做。学生时代大家不考虑该念什么的问题，就是因为那个固定的课程表已经让大家养成了高效的习惯。”

实际上，日程表也可以套用在备考族或工作族身上，只要固定好每日的日程表，就不用太动脑筋思考，身体会自动行事。

或许有人会告诉你，当天要做什么当天再决定就好了，但是如果不是自制力很强的人，应该会对自己做什么感到犹豫，拖延重症就会来袭，甚至大部分时间会无所事事、虚度光阴。

卓有成效的人工作时一般有固定的日程表吗？

答案：是的。

比如，日本花王企业董事长说：

“在我没有担任管理者之前，一直都是晚上 10 点就上床睡觉，早上 5 点起床。周末假日也是 5 点起床。平常的生活模式几乎都是固定的，7：30 进公司到8：30的这段时间不需要预约，任何人都可以走进办公室跟我交换意见。接下来一直到晚上七八点钟，就是自己的工作时间，这已经变成我的习惯。而我一直以来就是这样的模式工作。”

卓有成效的学霸备考时一般有固定的日程表吗？

答案：是的。

比如，一年考过五六科的溪阳、吕鹏、曹冬梅、王唤唤、刘天博等众多学霸，一般都有固定的日程表。以我曾经亲自采访过的刘天博为例，其在备考期间6点起床，24点睡觉，午休、午饭、晚饭、杂事一共耽误3～4小时，平均每天有效学习12～14小时，不过任何节假日、周末！而之所以能如此，一个重要原因就是，他每天都有非常固定的日程表，具体内容如图5－23所示。

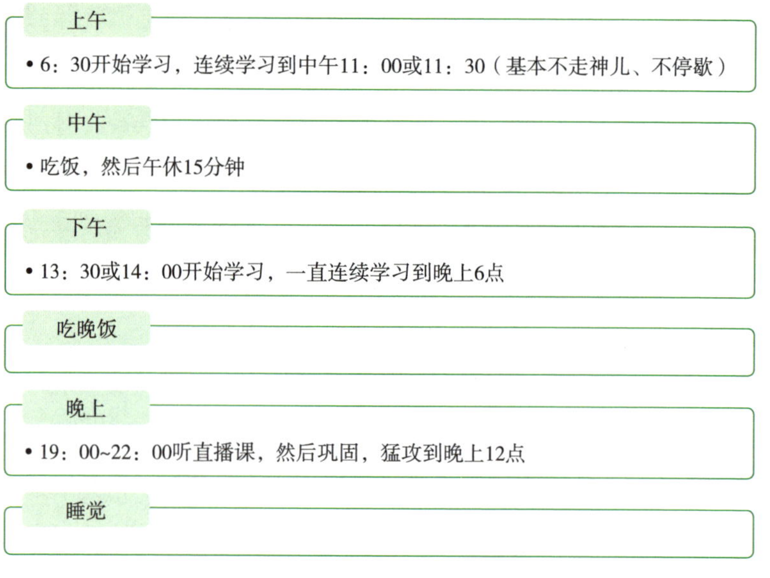

图5－23　学霸刘天博的备考日程表

注意：日程表一定要有时间限制的强烈概念。

因为没有时间限制，所以成果无法达成；因为有时间限制，所以成果丰硕。

如果没有时间限制，就会陷入“做到结束”的想法里。一旦设定时间限制，则迫切需要选择该学的知识、不该学的知识。即使认为有充裕的 12 个小时备考时间，却始终烦恼该从何开始时，备考效率也低下；如果限制成只有 3 个小时，就会强制性地做出“在最低限度下，非学这个不可”之类的判断，备考效率就高。

日本一位著名的脑神经外科专家也强调说：

“为了要提升脑的运行速率数，时间的限制是必要的。”

“我到 45 岁之前，都担任脑神经外科医生，也进行过手术，之后，回顾这些记录时，有些难以置信，在短时间内竟做出这么多的判断和工作。如果问到：在放松心情的时候，是否能完成和那时等量的工作呢？那是绝对办不到的。或许花一整天也无法做到。”

如何将小事习惯化，具体总结如图 5－24 所示。

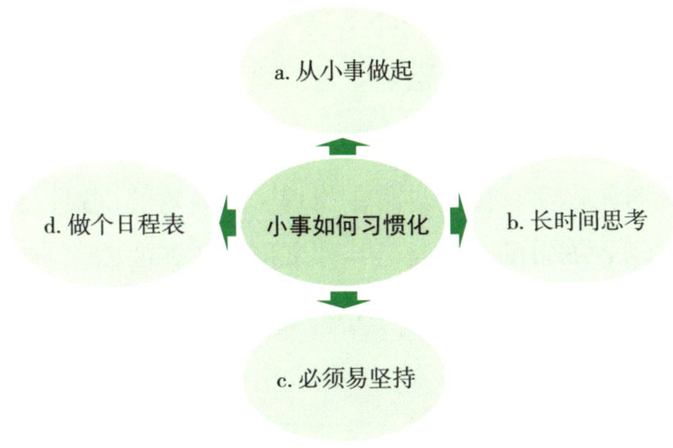

图 5－24　小事习惯化小结

（三）两者该如何搭配？

衣柜整理法是在众多工作任务到来时迅速应对、处理的方法，而流程习惯法是完成任务后在总结时，对固定事项予以流程化、习惯化，以便下次做得更快、更好的方法。

两者是搭配使用的。我们不断用衣柜整理法出成果，不断用流程习惯法来总结。

九、如何增加学习时间？——时间投资术

（一）什么是时间投资术？

时间投资术是一种通过有效利用时间来换取额外的时间的技术，也就是“投资时间”产生“时间资产”，然后再用额外的时间投资，换取更多额外的时间资产。

比如，每个星期至少要花5个小时处理一些例行性的工作。如果这种工作是永久性的，那么也就是说一年有大约50个星期，总共要花250个小时在这类工作上。因此，如果可以把这种例行性工作的时间缩短成每星期1个小时，一年就只需要50个小时。这样一来，就等于多出200个小时可以利用。

时间投资的最重要原则是什么呢？

答案：找模式！

就是需要花时间思考、拟定对策，找到一种高效的模式，在短时间达到同样的效果，然后用省下来的时间对另一件事情再找新的模式，再节约时间。

这样，时间资产就像“滚雪球”一样越来越大。本田直之说：

“模式第一大特征是重现性，比如遇到偶然打折的商店和找一家便宜的商店而言，后者就具备重现性”，“也只有可复制的东西，才能传授给他人”。

“模式第二个特征是效果好：不要把焦点放在如何节约一点时间的技巧上，必须时常去思考，有没有什么方法可以用一半的时间达到原来同样的效果。”

之后，增加的时间用于干什么呢？答案是将增加的时间进行反复再投资：

“多出来的时间只是用于玩乐，维持现状，抱有这种想法的人很可能面临收入和效率都直线下降的危险。”

（二）备考实操如何运用？

用时间投资术改造之后，我们就能有更多的时间用于备考。那么，有哪些事项可以改造呢？

1. 不要抄讲义，要抄要点

有的朋友对于会计、审计、经济法、战略等科目的重要知识点，感觉难理解、难记住，就会像小学生一样全段全段地抄写讲义，这样效率太低！我建议应该用同样的时间将一段或一句中的要点词汇多抄几遍，这样同样的时间能掌握更多的知识点，而且调动了大脑进行参与，效果更好。

2. 不要抄写错题，要拍照保存

有的朋友对于错题，会像高中生一样一五一十抄在错题本上，这是应付纸质型高考的做法，效率太低，而我们是机考，需要电子化考试。

所以，对于错题应该拍照或截图保存在 Word 中，考前看看即可。朋友们，我们一定要把珍贵的时间用在掌握知识点上，而不是花在抄题上！

3. 不要只找教室、图书馆，要打造专属学习密室

每个朋友的情况不同，不能拘泥于传统的教室、办公室、图书馆，认为只有在那里才能好好学习、工作，甚至也不能只是拘泥于正经的桌椅板凳，认为端坐才是高效学习。

比如，《杠杆时间术》的作者本田直之，在浴室、出租车、星巴克里的时间效率就比较高。如果有什么重要事情要思考，他就会跑到附近的星巴克。另外，对他来说，时间效率最高的地方是早上的浴室。他通常带进浴室里的东西有手机、个人记事簿、饮料以及 5 ~ 10 本书，然后将浴缸的罩子当作桌子，让大脑充分运转。

再比如，我有个学霸朋友老黄头是学习法律的，在司考时，他就不爱做题，也不爱端端正正地坐在桌前看书。他往往就拿着讲义在小树林中背诵或者半躺在沙发上回忆。很多时候，早晨一醒来，他也不去教室或图书馆备考，往往是先将寝室和床收拾一下，然后舒舒服服地倚靠在床头看书，结果一次性就以 420 分高分通过司考。

所以，每个人最适合自己的工作、学习场所不一定是常见的办公室、教室、图书馆，最适合的工作、学习姿势也不一定是在桌椅前端坐。

因此，我建议大家发现自己的隐秘特征，找到适合自己的场所，发掘自己的工作、学习模式，提高效率。起码在一个地方或用一个姿势学久了，可以换个学习场所或学习姿势。

4. 不要收集多种资料各看一遍，要找到少量资料多看几遍

有的朋友会同时把同一科目的数位老师的讲义同时倾听，然后看看这个机构的教辅，再看看另一个机构的教辅，资料堆积如山，多到自己都不知道主要用哪本书复习。

这样不但花费很多时间，而且备考效果不好。如果我们运用时间投资术，找到少量精要的资料多看几遍，在达到同样学习效果的同时少花时间，用省下的时间学习更多科目。

5. 不要按序记住完整知识点，要设法用记忆术记忆少量要点

注会等考试的知识点又多又杂，不要痴迷于照搬照学、按序记忆，要设法用记忆术整理记忆，这样记忆知识点在达到同样的效果时，用时更少，能积累更多时间资产。

比如，税法之个税的六大专项附加扣除，就可以通过“老（赡养老人）子（子女教育）续（继续教育）病（大病医疗）房（房贷、房租）”的歌诀，来达到以简驭繁、节约时间的效果。

6. 不要搞题海战术，要多寻找解题套路

我在听到很多学霸说“财管做了8000道题，审计做了7000道题，会计做了9000道题”时，既羡慕，又感慨。

因为我一直认为似乎不需要做那么多题目，关键在于找“套路”。要“低空飘过”，注会六科一共做12000道题就足够了。我们应该运用时间投资术的理念，将更多的时间用于找到解题规律，然后再找到同类题应用即可，这样就能节约大量时间，考过更多科目。

（三）工作实操如何运用？

1. 物品说明书不要随手就扔，要花时间保存整理

现在我们需要购买各种物品，而每一种物品都有 N 种可选项，一旦我们确定了某一类物品后，就需要保存有关此物品的说明书或手册，当再次购买或向人推荐时，就能大大节约时间。

比如，我为了购买一款匹配身高、体重、体型和风格的黑色风衣，就曾经专门在“半棕”等微信公众号上学习有关款式，并同时购买了三款，一一尝试，最终才确定一款、退货两款，关于这款黑风衣的品牌、材料、造型、尺寸等参数和说明书，我就仔仔细细地保存在了有道云笔记中，防止下次再买类似衣服耽误同样的时间。

2. 输入法不要凑合，要花时间熟悉搜狗输入法

打字是办公族最常见的工作之一，不论是在电脑还是手机，都需要一个好的输入法。如果会使用五笔，当然最好；如果不会使用，就用搜狗输入法中的九宫格拼音输入法。

在使用电脑版搜狗输入法时，可以进入搜狗输入法官网，点击词库，下面有自然科学、社会科学、城市信息等多个细胞词库，对其下载安装，在打字时会出现联想功能，提高打字效率。

在使用手机版搜狗输入法时，也可以安装细胞词库，更换皮肤，并且输入词汇后，可以点击搜索，搜到有关的翻译、图片、综合、生活、影音、地图、新闻等信息，直接分享，提高效率。

我强烈建议你在电脑和手机上都使用搜狗输入法，并且注册、下载细胞词库，好好维护这个账号。

3. 办公软件不要凑合，要花时间熟悉更高版本

建议大家使用更高版本的 MS Office 或者 WPS，不管使用哪款软件，都必须使用更高版本，这样可以有更好的功能。

另外，大多数人最常用的就是 Word、Excel 和 PPT。对于 Excel，最能提高工作效率的，就是学习 Excel 函数，2016 版 Excel 有 11 类约 500 个函数，但

是常用的只有查找、统计、文本和逻辑四类函数中的一二十个函数，通过计算机二级考试题目来练习或者百度经验帖子来学习，就可以掌握了。

对于 PPT，不需要自己造模板，只需要去 WPS 推出的稻壳或百度云盘等下载几个自己适用的 PPT 模板即可。

如果想要让自己的 PPT 精美、独特，不需要花时间使用 PPT 自带的插入形状或者 SmartArt 功能，也不需要用其他 PPT 模板中首页或尾页附上的小图标素材，这些方式不但难看，而且浪费时间。最快捷好用的方式是从搜到的几十个甚至上百个 PPT 模板中，找到好看的图表，复制粘贴到自己的素材库里，用时再打开取出来即可。

4. 不要用纸本记录，要花时间学习云笔记

对于记录笔记、日志、计划表、日程表、检查表、任务清单，或者存储读书笔记、名片、账单、书目、证件等，我不建议使用纸质版的笔记本，而是建议使用有道云或印象云笔记，因为只有云笔记功能最强大、最便捷，其他都不好用。

如果用纸质版笔记本，不但携带不便，而且无法存储名片、证件或者账单等信息；如果使用百度网盘、QQ 微云、新浪微盘、360 安全云盘、115 网盘等 APP，虽然其具有几百 G 的存储空间，但是无法写笔记、日志、检查表或任务清单。

只有有道云笔记和印象云笔记能同时达成以上功能，而且其不开通会员也可以免费使用，所以推荐使用。

5. 不要只用网页搜索引擎，要学习使用 BT、网盘和微信搜索引擎

除了网页搜索引擎——百度、搜狗、360、谷歌之外，如果要查找资料，还有三类搜索引擎，综合使用就可以提高效率。

一是 BT 搜索引擎。用百度输入 BT 搜索引擎，就可以进入 BT 蚂蚁、BT 磁力链或 BT 搜搜网站，搜索新出但是优酷、爱奇艺等还没有收录的美剧或电影，找到其磁力链接，点击一下，就可以保存到 115 网盘在线观看；如果没有 115 网盘，就将磁力链接复制粘贴到百度网盘的磁力下载页面，保存到百度网盘在线观看；如果没有百度网盘，就用电脑或手机迅雷下载 BT 链接，然后再

下载 BT 种子里的内容。

使用 BT 搜索引擎能搜到的视频类资料非常之多，而且免费，还可以选择甚至上传不同的字幕。

二是网盘搜索引擎。比如通过百度云搜索引擎、搜盘网等，可以搜百度网盘、360 安全云盘等多个网盘的资料。

三是通过微信自带的“发现一搜一搜”功能，搜索微信文章。现在微信文章的存储量已经非常多，对百度等网页搜索引擎形成了强大的威胁。

6. 写文档不要只用文本格式，还要学习使用图片处理工具

现在，我们在办公时，经常需要在文档中加些处理过的图片，而处理图片最强大的是 Adobe Photoshop，但其软件包大，专业性高，使用困难。

所以，我们可以使用 PicPick、美图秀秀等图片处理软件，来完成常见的抠图、美颜、调清晰度等操作。这样我们写的报告等文档，加上处理过的图片，就会较为出色，超越同事，争取更多机会。

其实，职场中办公能力和效率的差别往往就在于这些细节。

7. PDF 文档阅览器不要凑合，要使用福昕阅读器和 CAJviewer

日常办公中，观看、发送、编辑 PDF 文档几乎是免不了的，虽然有关软件最强大的是 Adobe Acrobat Pro，但其软件包大，使用困难。

如果只是对 PDF 文档进行阅读、标注、注释、复制文字等，使用免费的福昕阅读器即可；如果要对其进行合并等编辑，需要使用福昕 PDF 编辑器（个人版、高级版，大约都是 200 元/年）；若是想要将 PDF 文档转成文字，使用福昕推出的 PDF 转 Word 软件（很便宜，每年 39 元，不过可以试用）或者免费的 CAJviewer 中的 OCR 文字识别就可以了。

我电脑一直安装的就是福昕阅读器，软件包也很小，只有 50 多兆。我经常用其阅读 Wind 金融客户端、百度文库、人大经济论坛上等下载的各种 PDF 文档、购买的书籍的 PDF 版或注会各科目教辅的 PDF 版，然后在上面进行标黄、画线、注释、旋转、截图或添加书签等操作。这比在纸质版书籍上做笔记还方便易用，我简直是爱不释手。

但是，我却经常发现有很多人只是用浏览器自带的 PDF 阅读功能，这种

只能观看不能标注的用法，会让阅读的效率大大降低。

我们从上小学起，早已经习惯于边看边画的方式，所谓“不动笔墨不读书”，一旦缺少标注这一环，那么产生的效率损失之大是很惊人的！

8. 搜索文档不要只用引擎，还要学习使用百度文库

各类搜索引擎善于搜索文章、信息，但是不适合搜索文档。原来，通用文档类网站有新浪爱问、道客巴巴和百度文库等，但是凭借百度带来的强大流量入口以及文库建立的激励体系，百度文库已经一家独大，截止到 2020 年 2 月初，其文档数量已经飙升至 6.7 亿份，而新浪爱问和道客巴巴基本面临倒闭。而且百度文库也有 APP 版，可以在线下载阅读，能充当像当当云阅读、掌阅一样的读书客户端。

所以，我推荐大家多使用百度文库。

况且，现在百度文库与多个专业机构合作，引入很多优质文档资源，形成了教育频道、专业资料、实用文档、资格考试和生活/商务五个大类。

百度文库上传文档也非常方便，所以资源还会源源不断进入，未来还有很大发展空间。在搜索中，也设置了多种筛选条件，比如按照范围、格式、价格、页数、时间、相关性、下载量、最新和评分等标准，所以能够精准搜索，提高效率。

现在百度文库很多好文档往往需要下载券，个人办理会员又觉得不划算。那么，怎么办呢？

其实最好的获取下载券的方式就是上传优质文档，可以通过 BT、网盘、微信搜索引擎搜索下载的新文档，或者将上大学、研究生期间收集整理的优质资源，统一上传到百度文库，这样就能获取很多财富值。而且，能兑换下载券的财富值会随着时间的积累，自动增加。

我两年前上传了 105 个文档，标记上下载时需要付出的财富值数量，两年来我身边的朋友往往都借用我的文库下载资料，仍然无法使用完，还有近 3000 个财富值。

这真是一种“躺着赚钱、坐等升值”的奇妙感觉！

9. 搜索过的重要网页不要随意丢弃，要用浏览器收藏夹收藏

我们身为白领办公族，要完成某项任务，就需要通过百度、360、谷歌搜索各种资料。

比如我曾经在证券公司实习过，为完成旅游投资研究报告、玻璃行业研究报告、小米营销模式研究、同花顺使用技能、沱牌舍得公司研究、沙盘机构现状统计、党政组织人才建设研究报告、萌宠行业研究、商业模式研究等任务，搜索过新闻、论坛、评论、贴吧、官网、文库文章等不同类型的网页资料，接着会在阅读、筛选后，将同类中优质文档保存到相应的收藏夹中。

这些资料非常珍贵，有很大的保存价值，以后任何时候翻下收藏夹，就能系统理解此项任务。如果不注意保存，某天要对此项任务进行完善、分享或者深入研究，那么还得重新搜索汇总，大大浪费时间，心情也很低落。

所以，我们应该通过浏览器的收藏夹为其一一命名，然后永久保存。

十、如何打通记忆力的任督二脉？——框架回忆法＋早晚回忆法

这两种记忆法与记忆术都可以在短时间内增强对知识点的记忆。不过，两者也有不同之处，记忆术侧重于如何针对不同类别的知识点选择具体的记忆策略，而框架回忆法和早晚回忆法侧重于利用通过框架和早晚的时点来高效回忆。

从23岁到现在，我觉得我的记忆力不但没有下降，反而提高了。我认为主要原因是经常采用这两种记忆方法，即使现在在工作中，我也经常回忆要点信息。

这两种方法才是打通记忆力、快速提高脑力的真正任督二脉！

（一）框架回忆法

1. 框架回忆法有多大？

任何考试的知识点从逻辑关系上分类，都可以分为总分并列、递进转折等

关系，换言之，绝对可以按照逻辑线回忆出来。而如果不断试图回忆，记忆力就会迅猛提高，这比多看几遍、多抄几遍、多刷几遍题效果要好多了！

稻盛和夫说“我看到了”，费曼主张的费曼学习法，网上流传的“念念不忘，必有回响”，《三字经》中所说的“朝于斯，夕于斯”，都类似于回忆知识点这种状态。

这种状态其实是一种忘我的陶醉状态，“扣舷独啸，不知今夕何夕”。

■ **案例：**我在2013年考研时，将两本经典的管理学专业教科书做成50万字笔记，然后半躺在教室或床头，不断回忆。考前一个月，我能躺在那里一天，将近50万字的内容按着脑中的框架一一回忆，那种大量知识在大脑中不断流动的快感，至今都让我刻骨铭心。

之后，我将此框架回忆法用在考研时的数三、政治，以及司考、注会各科目，感觉效果都非常棒。这些整科或整个章节的知识点只要有几次从大脑中回忆一遍，就牢牢地记在脑子里了，对做题、看书、听课有很大程度的替代作用。

那么，什么是框架呢？

框架是一个很宽泛的概念，只要能够帮助我们回忆起知识或题型的东西都可以称作框架，换言之，记忆术的六大魔棒都有可能成为回忆的框架（见图5－25）。

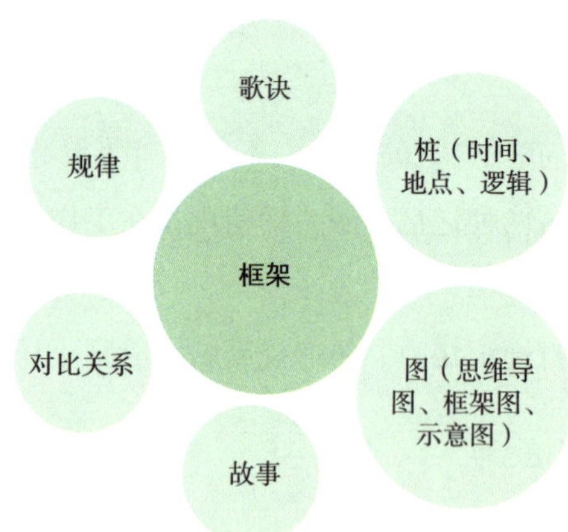

图5－25　常用来回忆的六大框架

2. 知识点框架该如何回忆?

在操作方面，我们应该由少到多。

首先要搭建一个知识点的框架，然后回忆；接着搭建章节框架，回忆；最后，搭建整个学科框架，回忆!

关于知识点框架，我们举例说明。

比如，税法中消费税的卷烟、白酒的复合税率，是一个完整的小知识点，内容总结如表 5－17 所示。

表 5－17 税法中消费的卷烟、白酒的复合税率知识点框架

应税消费品	环节	定额税率	比例税率	歌诀记忆法
卷烟	生产、委托 加工、进口	150 元/箱 0.6 元/条	56%（每条调拨价≥70 元）	56 \ 6 36 \ 6 11 \ 1 20 \ 1
			36%（每条调拨价 <70 元）	
	批发	250 元/箱 1 元/条	11%	
白酒	生产、委托 加工、进口	每斤 0.5 元 每公斤 1 元	20%	

然后在大脑中，按照 56 \ 6、36 \ 6、11 \ 1、20 \ 1 的框架（在这里指歌诀）来回忆，同时告诉自己卷烟的比例税率为 56% 或 36%，定额税率为 0.6 元/条，批发环节加征 11% 的比例税率和 1 元/条的定额税率；白酒为 20% 的比例税率加 1 元/公斤的定额税率。这些点只要在脑中过几遍，知识点就熟悉了，记忆力就增强了!

3. 章节框架的回忆

回忆某章的要点，最重要的是要为整章搭建一个非常合乎逻辑的框架!

我在教授税法和经济法时，对增值税、企业所得税、公司法、证券法等重要章节，都会单独抽时间串讲。

比如，我建立的企业所得税框架（见图 5－26）。首先，以应纳税额怎么算作为第一部分，列出两大公式（见图 5－27）。其次按照直接法的公式内容，一一串起收入总额、不征税收入、免税收入、各项扣除、允许弥补的以前年度亏损。最后再串起企业重组的特殊性税务处理，串起税收优惠。这样串两遍，

企业所得税就清楚了。

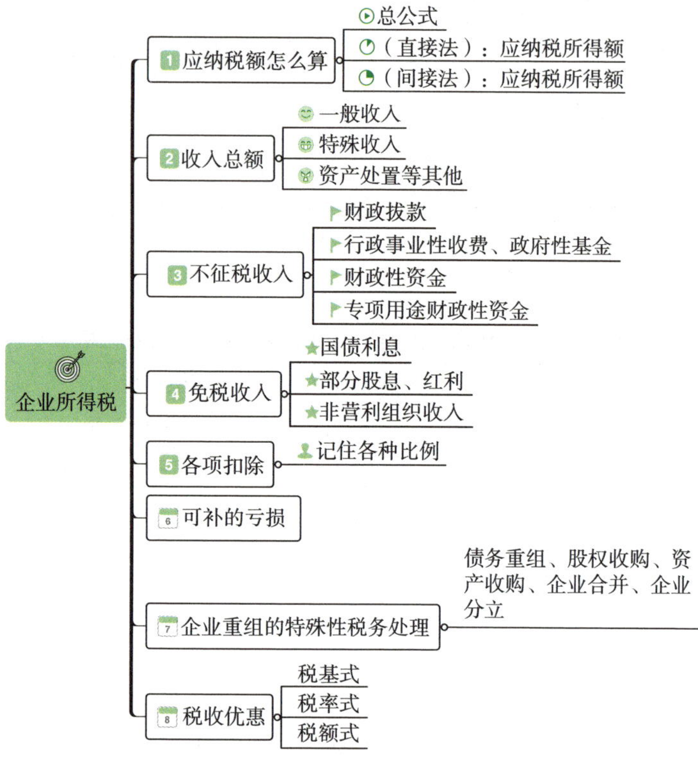

图 5－26　企业所得税框架回忆

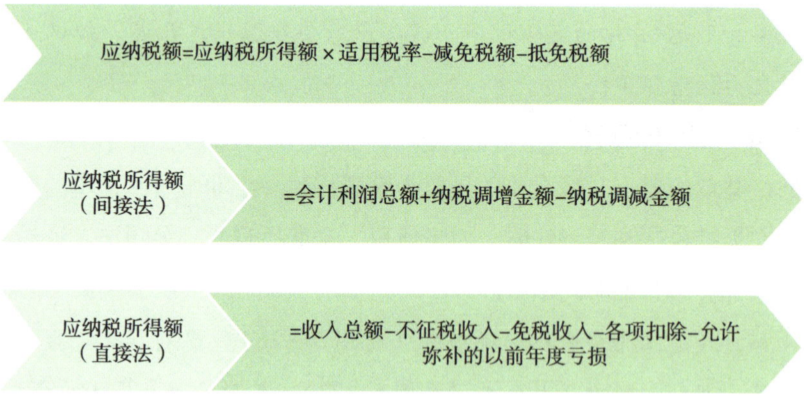

应纳税额=应纳税所得额×适用税率−减免税额−抵免税额

应纳税所得额（间接法）=会计利润总额+纳税调增金额−纳税调减金额

应纳税所得额（直接法）=收入总额−不征税收入−免税收入−各项扣除−允许弥补的以前年度亏损

图 5－27　应纳税额和应纳税所得额公式

4. 科目框架的回忆

参加资格证考试时，在冲刺阶段，拿着冲刺串讲班讲义，一定要就重要知识点建立框架，然后一一回忆，这样才能烂熟于心，自信心爆棚。

（二） 早晚回忆法

早晚回忆法是充分利用脑科学的记忆规律，在早晨和晚上分别回忆一次，以提高记忆效率，增强记忆力。

1. 脑科学的两大记忆规律

一是海马体工作原理。大脑只有在我们晚上休息时，才由海马体对我们白天接收的信息进行存储，存储进去就叫记住了，如果未被存储，信息就白白浪费了。存储只是第一步，第二步要不断提取，不断提取才能让我们在考试时迅速应用知识点解决题目。而回忆法同时会涉及信息的存储和提取，对记忆力的提升具有重大效果。

而海马体很懒，只对两种信息优先存储，其他信息几乎不理不睬。一种是睡前新接收的信息，另一种是白天印象深刻（多次重复或形象生动）的信息，所以晚上睡前要赶紧回忆知识点。

二是艾宾浩斯记忆曲线。根据此曲线，我们的知识点在 12 小时内会忘记 2/3，所以第二天早晨起来赶紧花十分钟再回忆一下，这就能够迅速提振对知识点的记忆量，效果很好。

2. 晚上的回忆

由于我们学习一天了，浏览了很多的知识点。而晚上睡前只有短暂的一二十分钟来回忆，所以只能找当天的要点来回忆。

我建议在白天学习时将重点用手机拍照，晚上睡前拿起手机就能看，非常方便，然后在回忆中上床睡觉即可。

3. 早晨的回忆

早晨起来，再次拿出手机翻出昨晚拍照的重点，用一二十分钟，坐在沙发或椅子上回忆。大脑经历这样的流程，知识点就会深深扎根在大脑中了。

（三）两者该如何搭配？

框架回忆法和早晚记忆法该怎么搭配使用呢？

前者可以在任何时点用，强调学完要点之后赶紧通过一个框架一一回忆；后者强调利用脑科学和记忆心理学规律，在早晚各回忆一次。

一般，白天的大部分时间用框架回忆法，早晚的短暂时间用早晚记忆法。

十一、不想记忆怎么办？——紫薇抄写法＋天博学习法＋飞飞做题法

虽然前面介绍了很多记忆术，但是无奈有些理科生还是不愿意记忆，只愿意做题，那么这里就介绍几种高效的做题方法。

（一）紫薇抄写法

廖紫薇是“95后”，自考大专学历，相当于高中水平，其实基础很差，记忆力不算好，掌握的学习方式也很片面，但是这个小姑娘却在2019年猛攻近4500小时一次性通过注会6科！

面对天书般的会计分录，听不懂、看不会，该怎么办呢？紫薇就抄写，她把会计分录抄写6遍后，才真正理解、入门，感觉豁然开朗，推开了会计的规律之门！

对于经济法、战略、税法，她自述记忆力也不好，又不喜欢读背，怎么办呢，她是直接抄讲义！她把经济法、战略、税法的讲义抄了3遍，同时将抄写的成品发送给可爱而有才的彪哥老师。

而且，她的注会6门都有自己的笔记，这些笔记都基本是自己亲手一笔一画做的，而且还把笔记看了很多遍！

如果，你基础跟她一样，其他更高效的方法都无法好用，我建议你也采用这种方法。

（二）天博学习法

天博学习法是我根据学霸刘天博独特的做真题方式命名、提出的。

刘天博其实底子并不好，大学为三本，为了进一步发展，不惜重金去澳大利亚一个较好的大学修得会计学硕士学位。2019 年回国后，由于不是澳洲超一流大学毕业，无工作经验，又无专业证书，所以很难找到好工作。于是，他就从 4 月开始全职备考注会，6 个月积累了约 2200 个有效小时，一次性考过 5 科（总分 362 分）。

刘天博其实是个刷题狂人，典型的理工男，靠大量做题通过考试。比如，他审计至少做了 9000 道题，财管至少做了 8300 道题，真题至少做了 9 遍！他早晨一起来就通过刷几十道财管题目来提神！

但是也有很多狂刷题的朋友没考过，为什么刘天博考过了呢？其中一个重要原因是，他自创了天博学习法。

这种方法讲究结合真题来记忆！

操作步骤是：首先做真题，其次对答案、理解，最后在 Word 文档中再用自己的话表述答案，就这样一遍又一遍，直到自己表述的话与官方答案要点类似！天博用这种方法把近 6 年真题至少做了 9 遍！

这种学习方法之所以高效，一是针对真题精准练习，而不是针对一般的习题；二是综合使用了说、读、写、看、算、忆六种学习方式，而不是单一的学习方式，这样效果更好。

（三）飞飞做题法

1. 定义

飞飞做题法其实是我在学霸方程式中提出的五步做题流程的后三步，我对任何重要的题目都是运用这种方法来处理的。三步做题法包括对照、套路、应用，具体如下文所述。

2. 对照

对照，即与答案对照，查看是否错误，为何错误。如果一旦答题错误，只有五种原因：

➢一是疏忽大意，这是最好的情况，题目的知识点和题型解法都会，只是当时疏忽大意做错了，在100分的考卷中，有5分左右的疏忽大意损失是正常的。

➢二是理记不熟，即对题目背后的知识点理解或记忆的不熟，或者对题型解法不熟。

➢三是题型不会，虽然对题目背后的知识点基本理解或记住了，但是遇到了新题型，不知该如何解答。

➢四是知识点不会，即知道题型解法的步骤，但是题目背后的知识点完全不理解，或完全不记得。

➢五是一无所会，这是最差的情况，题目背后的知识点完全没理解或完全没记住，而且题型解法也完全不会。

3. 套路

对于不同的错误原因，应对套路不同。具体内容如表5-18所示。

表5-18　针对不同题目做错原因的应对套路

题目做错原因	应对套路
疏忽大意	心理暗示对此类易错的题要小心，并拍照或截图保存，以加强警戒
理记不熟	一是从知识点上，通过听、说、读、写、看、算、背、忆，加深理解、记忆，并总结出简便的知识套路； 二是从题型上，参照众多类似题目，总结出解题套路
题型不会	总结此类题型的解题套路
知识点不会	这种情况下，估计答案都看不懂。所以关键要从知识点上，加深理解、记忆，并总结出简便的知识套路
一无所会	此是最差情形，比“理记不熟”需花更多时间才能掌握知识套路和解题套路

4. 应用

对于重要的题型一定要有应用环节，即自己在第二步总结的应对套路到底是否可靠？要去教辅书找到同类题型再做，看正确率是否会大幅提升。

如果提升了，此类题结束；没提升，再重复第二步，直到正确率达到满意标准。

5. 错题案例

错题1——理记不熟

（2015年·单选题）根据物权法律制度的规定，下列关于更正登记与异议登记的表述中，正确的是（　　）。

A. 提起更正登记之前，须先提起异议登记

B. 更正登记的申请人可以是权利人，也可以是利害关系人

C. 异议登记之日起10日内申请人不起诉的，异议登记失效

D. 异议登记不当造成权利人损害的，登记机关应承担损害赔偿责任

【正确答案】B

如果步兰溪同学知道C、D是错的，在A与B之间纠结，最终选择了错误答案A，这说明她对更正登记与异议登记的知识点理解、记忆得不熟，并不是完全不会；而此类题型就是常见的选择题，也不存在题型本身解题模式的问题。

所以，她接着应做的就是找套路，去应用。也就是去翻阅讲义，将更正登记与异议登记（六种登记中的两种）再次理解、记忆，最好在此过程中使用记忆术，以提高效率。

其实我强烈建议应该趁着发现错题之机，将知识点上升一个等级，将六种登记都再次理解、记忆，因为下一年有可能考预告与注销登记（见图5－28）。接着她应该去应用，即刷同类题型，看正确率如何。

错题2——题型不会

【考题·综合题节选】（2014年）甲公司将80%持股的某子公司股权全部转让，取得股权对价300万元，取得现金对价20万元。该笔股权的历史成本为200万元，转让时的公允价值为320万元。该子公司的留存收益为50万元。此项重组业务已办理了特殊重组备案手续。

要求：计算上述业务的纳税调整额。

1.首次登记

• 办理其他五种登记的基础

2.变更登记

• 不涉及权利转移的变更

3.转移登记

• 涉及权利转移的变更

4.更正登记与异议登记

• 适用于事项错误。若登记的权利人不同意更正的，利害关系人可以申请异议登记

5.预告登记

• 适用于所有权和抵押权

6.注销登记

• 不动产权利消灭

图 5-28　与错题有关的六种登记（上升一级知识点）

【正确答案】

非股权支付额比例 =20 ÷ 320 =6.25%

非股权支付对应的资产转让所得 =（320 -200）×（20 ÷ 320）=7.5 （万元）

纳税调减所得额 =（320 -200） -7.5 =112.5 （万元）

此题考查的是企业重组的特殊性税务处理，如果崔酒笑同学熟悉特殊性税务处理的五大条件，但是对此题型的解法不太熟悉，那么就会不知如何解题。这就属于题型不会，她应该去翻讲义或教辅，学习、总结此类题型的解题套路，然后再找同类题型去做，看正确率有无提高。

错题 3——一无所会

【例题】假定某居民企业 2019 年 12 月利润总额 100 万元，经税务机关审查，该企业于当年 11 月通过非营利社会团体向贫困地区捐赠自产商品 5 件，每件同类商品不含税售价 10 万元，成本 7 万元。该企业的企业所得税率为 25%，假定不存在其他纳税调整项目，该企业应缴纳企业所得税（　　）

万元。

A. 32.75　　B. 40.25　　C. 36.125　　D. 35.75

【正确答案】C

【答案解析】

（1）捐赠货物会计处理：捐赠支出计入“营业外支出”=7×5=35（万元），可以全额扣除；但是捐赠不视同销售，没有产生营业收入和营业成本。而在税法上，捐赠支出是限额扣除，捐赠货物是视同销售。在视同销售方面，应纳税所得额调增的金额=（10－7）×5=15（万元）。

（2）在捐赠支出上，税务上的捐赠支出=5×7+5×10×13%=41.5（万元）；公益性捐赠扣除限额=100×12%=12（万元）；超过限额的要纳税调增，纳税调增额=41.5－12=29.5（万元）。

应纳税额=（100+15+29.5）×25%=36.125（万元）。

综上，本题应选C。

此题考查的是企业所得税中公益性捐赠（非货币）的税务处理，如果苏小小同学既不知道此知识点，也不知道此题型的解法，那就属于一无所会，估计其连答案都看不懂。

苏小小应该做到：一是从知识点上，通过听说读写看算背忆，加深理解、记忆，并总结出简便的知识套路，如图5－29所示。

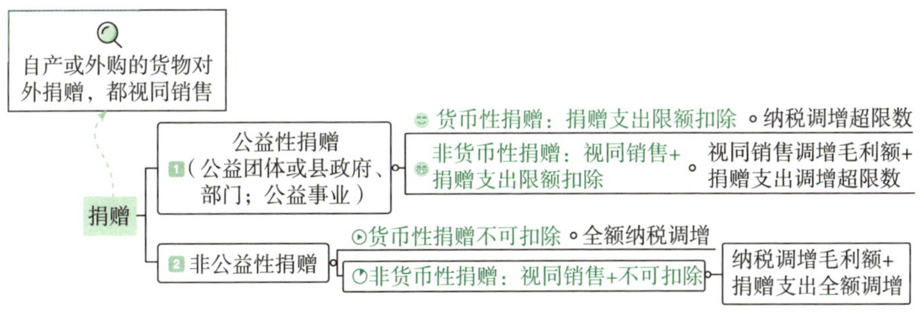

图5－29　企业所得税之捐赠的处理

二是找到同类题应用，看总结的套路是否有效，做题的正确率是否提高。

十二、云笔记

（一）为什么要用云笔记？

云笔记与其他工具可以实现完美结合：

➢ 建立个人图书馆，保存自己读过的书，或者读书笔记。

➢ 建立个人信息系统，保存自己的各种健康数据、旅游、服装、工作任务等信息。

➢ 实践小西利行的超级笔记术，撰写、保存整合类或创意类笔记。

➢ 实践番茄工作法和衣柜整理法，建立待办事项、未来/可能事项清单等。

➢ 实践柳比歇夫的时间统计法，撰写、保存自己每天的时间日志以及时间总结。

➢ 制订学习计划，反思学习失误。

印象云笔记或者有道云笔记都可以实现以上功能。有道云笔记还有一大优势，就是可以将笔记通过微信、QQ 等渠道分享给别人，即使是没有有道云笔记账号的人也可以查看内容，但是印象云笔记不具备此项功能，其只能分享给拥有印象云笔记账号的人。

（二）如何建立一条云笔记？

那么如何建立一条云笔记呢？我就以印象云笔记具体讲解，有道云笔记操作方法与此类似，只不过有时名称不同，比如印象云笔记对其内容称作笔记本组，而有道云笔记则称其为文件夹。

云笔记建立五步法：

1. 建立笔记本

可以根据我们的关注点，为每一个关注点建立一个笔记本，将同类型的笔记本合并成笔记本组，存放在云笔记中。这些笔记本和笔记本组就组成我们个人的知识体系。有了这些笔记本和笔记本组，我们日常收集的各类信息，就有了固定的去处，而不是被随意安置。

在这里，**关注点，**指的是你在工作、生活、备考中所需要的关注的重要领域。

比如，某位朋友是个兼职作家，经常读书、写作，曾经历过多种兼职和实习，现在承担一个大咖分享秀的项目，又需要收集一个创新学院的资料，同时对服装搭配感兴趣，近来又因大手大脚花钱对自己的财富管理甚为不满，所以就可以按照财富管理、创业创意、豆瓣阅读、读书与作品、工作与实习、大咖分享秀、创新学院明道资料、工作与实习建立笔记本组。

当遇到以上信息时，只需要分类归纳即可。图 5－30 是我在印象云笔记中建立的笔记本。

图 5－30　在印象云笔记中建立的笔记本

2. 识别类型

建立好笔记本组后，就需要将接触的各类信息存储进去。其中识别纸质资料的各种类型尤为重要，因为这比网页、微信、微博、豆瓣、今日头条等图文信息更难电子化。

无论你多么擅长使用电脑和手机，你在工作、生活和备考中也需要处理大量的纸质资料，一张名片、几个便利贴、一本书或一张纸，这些纸质资料虽然不起眼，但是却有可能包含重要的信息。

3. 确定电子化方法

纸质资料电子化，简单来说就是通过把纸质资料拍照、扫描、录入、OCR识别等方式转变成图片或文字等电子资料存储的过程，纸质资料只有电子化才方便我们携带、查询和应用。

为了将其电子化，你可以使用的工具有以下几类（见图5－31）。

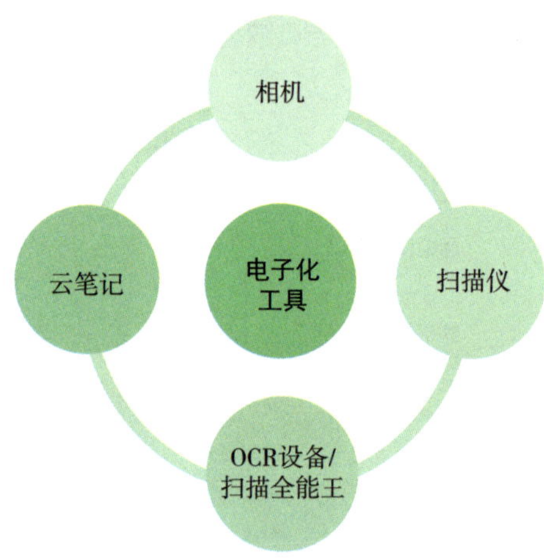

图5－31　纸质资料电子化的四大工具

4. 保存

如何保存电子资料呢？我们按照电子资料的来源分类叙述：

（1）电话/短信。对于短信，你可以直接将有用的短信复制到云笔记中。对电话信息，可以直接复制粘贴进云笔记。

（2）即时通信工具。这包括微博、微信、QQ、陌陌、钉钉、263等。虽然微博和微信都提供了收藏的功能，但一方面有价值的信息散落在各类应用中，用时需要把每个程序都打开，很浪费时间；另一方面，由于微博、微信并没有很好的搜索功能，找一条信息会非常麻烦。也正是因为这样的原因，很多人的收藏夹里收藏了很多信息，但是却从来没有看过。

比如，印象笔记就提供了更为便捷的方式存储来自微信的信息。你可以关注“我的印象笔记”微信公众号，并按照提示将自己的印象笔记账户和此微信公众号绑定。绑定后，无论是微信聊天记录还是微信公众号内容，都可以通过“我的印象笔记”一键保存。

在新浪微博，你可以关注“我的印象笔记”微博，只要在转发此条微博时，“@”我的印象笔记，就可以把这条微博保存在印象笔记中，同时也不会丧失自己想要达到的推荐效果。如果你遇到比较好的微博但是不想转发，也可以直接在原微博评论里“@”我的印象笔记，就可以做到保存但不转发。

（3）邮件。每一个印象云笔记账户拥有者都有一个私有邮箱，你可以将有用的邮件发送至这个邮箱，邮件的正文和附件都会保存到印象笔记中。

（4）网页。我们可以从网站或网页中获取大量有价值的信息。怎样妥善保存网页信息，在我们需要的时候能随时随地迅速找到？

答案是：使用印象云笔记的“悦读”与“剪藏”插件，一键保存。

（5）应用程序。除了新浪微博和微信之外，45 个电脑和手机程序都可以与印象云笔记完美兼容，可以一键将上面的内容保存到印象云笔记中，比如知乎、网易云阅读、UC 浏览器、新浪新闻等。

5. 加工

你可以通过关键词对笔记及笔记内容进行搜索。但是作为完整的知识管理工具，仅通过搜索是远远不够的，还需要对各类信息进行三个维度的加工，这三个维度分别是：命名、分类和标签。

（三）如何建立个人图书馆？

1. 普通人也要建立个人图书馆吗？

“旧时王谢堂前燕，飞入寻常百姓家。”时代的发展就是将稀缺品大众化的过程。

原来视频处理非常专业，没有几个人会用，现在伴随抖音、快手、全民、火山小视频的崛起，普罗大众也可以用剪映、快影便捷地处理视频了。

原来财会非常专业，没有几个人能搞懂，现在伴随初级、中级、高级、注会、税务师、资产评估师等考试的普及，大量零基础的学生、宝妈、保安也可以一窥门径了。

原来在四、五线城市没有几个家庭有手机，打电话感觉是一件很严肃的事情，现在几乎人手一个，都用得很熟练。

原来直播好像只是专业或兼职主播的职业，现在在淘宝、抖音、快手的催生下，几乎人人可直播、事事可直播。

所以，我再郑重地问一句：原来只有作家、画家、教授、官员才有自己的图书馆，现在普罗大众也可以打造自己的图书馆，从而不断积累知识、一生精进吗?

答案是：Of course!

而且我们还可以找到弯道超车的机遇!

比如，2019 年去世的李敖，他写出了 1400 万字的《李敖大全集》，内容分为六大部分，内容非常丰富，包括小说、回忆录、自传、名人传记、政治历史研究、文化研究、自己的书信日记以及杂论。著作等身的他，怎么做到的呢？他有独特的读书方法。

他读书时“心狠手辣”，看的时候剪刀、美工刀全部出动。首先把这本书“五马分尸”。好比这一页或这一段有需要的资料，就把它切下来。背面怎么办？背面内容影印出来，或者一开始就买两本书，两本都切开。结果一本书看完了，这本书也被分掉了。

切下来的资料怎么分类呢？他准备很多夹子，在上面写上字就表示分类了。好比“北京大学”，夹进去的就全部是北京大学的资料。不断用这种夹子分类，可以分出几千个类别来，分得很仔细。一般图书馆的分类，好比哲学类、宗教类、文学类……宗教类又分佛教、道教、天主教等。

对有关的新闻要发表感想的时候，把这个夹子里的资料一打开，文章立刻写出来!

有人认为李敖很勤奋，而我们认为效率太低!

就很多云笔记、阅读类 APP 的资深用户而言，他们完全可以使用云笔记，将处理笔记的速度提升一个水平，根本用不上什么剪刀、胶水、夹子、复印，也用不着在书架的各种资料间不断寻找。

这些新型阅读者，基本不读纸质版书，他们往往通过掌阅、当当、多看、豆瓣阅读电子版书，一部手机就携带有三四百本书。在做读书笔记时，只需要结合手机 WPS 和有道云笔记，将内容要点复制粘贴即可，根本不需要这种剪刀、美术刀对纸书剪切的方法，也当然不需要用各种夹子分类存储的技巧。

反之，当我们读书时，如果没用云笔记来收录有感悟的话语或段落，那当你想引用时，你需要重新查阅原书，才能找到想要的内容，这样浪费了很多时间和精力！如果当时拍下了这段话，然后加上标签，保存到云笔记中，那么，当你需要用到这段话来发表演讲、撰写报告、整理思维、发表感悟、与人探讨时，就可以很容易把内容找出来。

2. 电子化

建立个人图书馆其实只有两步：

一是将书中精华部分电子化。读过一本书，写出读书笔记，才算真正读过一本书。为了迅速做出读书笔记，我们可以首先将一本书的精华部分电子化，然后将其保存到印象云笔记中，具体有以下几种方式（见图 5－32）。

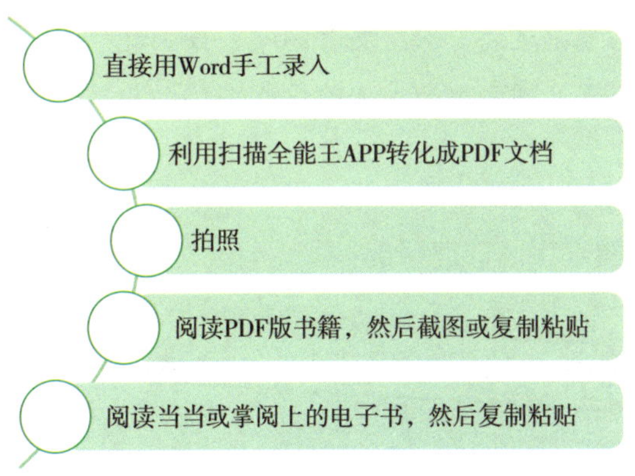

图 5－32　书中精华部分电子化的五种方式

其中，我最推荐的就是阅读当当云阅读和掌阅上的电子书，我每年阅读的50～100本书，几乎全部来自这两个客户端，纸质版书籍我几乎不读。

原因：首先是容易复制、粘贴、保存笔记，其次是可以一心二用。

我之所以选择这种读书方式，是由于受到本田直之的《杠杆阅读术》的影响。我根本没有空专门抽时间阅读，我的阅读绝大多数都是通过当当和掌阅听来的。

在听书时，我一定会一心二用，我一般会在做课件、备课、午睡、晚睡、走路、做家务时同时听书。效果当然会打一点折扣，但是受影响的往往是书中对我们不利、提不起我们兴趣的部分。如果写得好，我们的大脑会自动分配更多的精力来听明白的。况且，这比因忙碌而不听、不学效果好太多了！

二是将书籍整体电子化。我建议去找阅读客户端的电子书、免费的PDF文档或者去淘宝购买PDF书籍；如果没有，就用手机一一照相，然后用云笔记将照片一一上传，通过印象云笔记另存为PDF书籍，或者用有道云笔记导出成为PDF书籍；如果不方便，就花钱去打印店让其代为电子化；如果还不方便，就可以利用打印机扫描成PDF。

3. 保存、阅读、标注、补充

电子化后，就可以将书放到印象笔记里面，然后用福昕阅读器打开阅读并标注，将重要部分通过复制或者截图形式保存到Word中当作笔记。

做完整本书的笔记之后，去豆瓣等网站，找到此书籍的思维导图、其他人写的读书笔记、豆瓣的精彩书评、人物结构图等一起存储到印象笔记中，充实笔记内容。

（四）如何建立生活管理系统？

1. 医疗档案

李参在《印象笔记留给你的空间》一书中认为，我们到医院看病，会产生一列的纸质资料，挂号单、药方、病例、检查结果单、缴费发票等。

这些纸质资料，扔掉会有担心，怕以后会用到，如果保存，放在家里会增加物品的数量，也不知道未来是否能用到，况且就算放在家里，你能否快速找到都不确定。而直接保存到印象笔记中，就不会有这个担心了，你可以放心地将这些纸张处理掉，无论这些结果有多少，都可以随身携带。

当然，如果报销要用，就需要仔细保存纸质版了。

有的朋友为人父母，很关注自己和家人的健康。而最基础的工作，是为家人建立一本健康日志。所以要直接使用云笔记，为每一个人建立一条笔记，记录健康状况。刚开始，你会觉得这些数据没有意义，但是记录的时间久了，你会发现这些数据的规律。尤其是为小孩子建立健康日志，记录他成长的关键数据，会对孩子的成长有很多参考价值。

2. 说明书管理系统

《怦然心动的人生整理魔法》的作者近藤麻理惠在她的书中提到，产品的外包装应尽可能在物品买回来后丢弃，包装袋、包装盒会很占空间。家庭主妇可以选择组合整理箱来收纳日常的物品，根据不同的物品，分类放置。在放置之前，一个最重要的工作就是处理掉产品的外包装。

例如，一个吹风机或者大小家电，放在塑料袋或布袋里保存比放在盒子里要节省大量的空间，一个整理箱里，如果物品都去掉包装盒，能多存放1/3的物品。

但是我们也会有这样的担忧，担忧丢弃掉盒子上类似使用说明的信息，使我们需要用的时候找不到提示。也正是因为有这样的担忧，我们不愿意扔掉盒子。其实，如果你选择在扔掉盒子前，把外包装拍照，然后保存到云笔记，那么即使需要用到，也不用担心，只需要拿出手机查找就可以了。

3. 实用信息管理系统

现在，很多政府及服务机构都建立了自己的网上办公系统，在办理业务时也会用到很多证件的电子版，我们可以对各类证件、户口本，甚至简历进行拍照、扫描，然后保存至云笔记。为这些证件建立一个笔记本，需要的时候可以随时调用。

针对能证明你身份的证件，如身份证、驾驶本、护照等，拍照并保存到离线笔记，如遇出国或重要差旅，或行李丢失、证件丢失等意外情况时，可用这些信息的电子备份证明自己的身份，或者补办其他证件时使用。

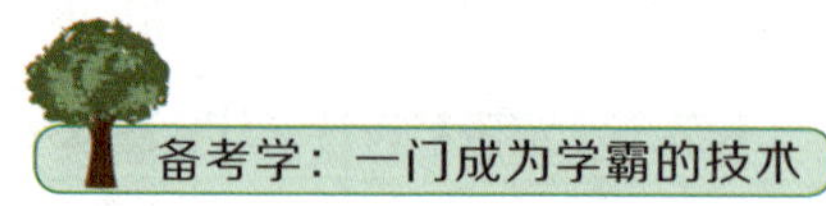

如果不幸连手机、iPad 都丢失了，也没有关系，你可以找到任何一台电脑，然后登录云笔记的网页版，访问自己的笔记，直接将证件下载到本地即可。

十三、怎样稳过 60 分？——三轮复习法

三轮复习法是一种针对资格性考试的通用策略，以上所有的方法都要夹杂在三轮复习法的进程中应用！

三轮复习法强调各个轮次之间的平衡，重点在于第二轮，不是第一轮。我历经坎坷才发现，如果要想花尽量少的小时数考过 60% 的分值，三轮复习法是一个必须全面贯彻的方法（见图 5－33）。

第一轮：赶进度+打基础
方式：基础班讲义+做笔记+做题

第二轮：查漏补缺
方式：真题+强化班课程+章节习题

第三轮：整合
方式：串起知识+真题+冲刺班课程+内部押题卷+各种总结的干货

图 5－33　三轮复习法

（一）第一轮是赶进度，又称为基础班

学习方式是“基础班讲义＋做笔记＋做题”。其中对于重点章节，建议在听完课之后，做本章节的“真题＋习题”。

题目的来源推荐对啊网的“快速通关 2”《金题能力测试》、章节模考大赛、对啊网的章节测试或考点练习。而对于非重点章节，可以只做些本章的真题。

注意：第一轮最重要的任务是赶进度，不是打基础，第一轮你根本不可能

打好基础，在第二轮查漏补缺时打基础才更高效！

那么在第一轮中，对疑难点怎么处理呢？

（1）如果这是重要章节，且其大多数重要知识点听不懂，可以通过翻讲义、看教辅、看答案或者发问题帖搞懂一部分。

（2）如果本章大多数重要知识点已经搞懂了，剩下的疑难点可以置之不理，等到第二轮查漏补缺时再进行学习。估计有一半朋友就是因为在第一轮不敢放弃部分非重要疑难点，非要“死磕”，导致第一轮花的时间过多，第二轮和第三轮时间不够，把一手好牌打得稀烂！

■ **案例一**：司马和尘同学在备考注会时问：“老师，我的会计第一轮还只学到或有事项，我想赶进度，第一轮不做题可以吗？”

回答：可以，而且非常可以，第一轮最重要就是赶上进度。所谓赶上进度，就是能跟上直播，同时听课时能打印讲义，边听边做笔记，可以学着后边的忘记前边的，可以不做题，但是注意，重要章节的模考大赛一定要跟。

■ **案例二**：宁小楼同学在备考注会时问：“老师，我今年要报考会计、税法、经济法。税法、经济法我是在跟您学，现在第一轮也快结课了，我每天有4～5小时的学习时间。我在想是先在中途看看会计，还是买税法和经济法的通关二开始做题呢？”

回答：第一轮是要把所有要考的科目的进度都赶上，宁同学本来就应该以一周为单位，同时倾听三科的直播课，现在其实会计进度已经落下了。她当然应该立刻全力以赴听会计课程，如果还有余力可以边听边做重要章节的真题和经典习题。

（二）第二轮是查漏补缺，又称为强化班

第二轮是一个实现弯道超车的机遇！

此阶段用的资料包括真题、强化班课程和重要的章节习题。

遇到影响60%分值的难点，我们当然要坚持，当然要“死磕”。但是考注会，时间不是有限的，而是不够的！所以问题是，你到底要在哪个节点坚持?！在第二轮查漏补缺阶段坚持“死磕”才是最佳策略，第一轮只要重点章节中

一大半知识点听懂了（不要求记住），就可以迅速前进了，第一轮一定要跟上进度，跟不上进度是非常痛苦、低效、被动的！

那么，用什么资料来查漏呢？

查漏的唯一权威资料就是历年真题，所以推荐一定要把对啊网的“快速通关三”《历年真题解密》或者对啊网的历年真题完整做五遍。可以选择刷题或测题模式，可以不限制时间，可以做题时“上穷碧落下黄泉，动手动脚找东西”，但是一定要完整做五遍！

我一直跟朋友们讲，不将近六年真题完整做一遍的人不足以谈考试！每次考后，很多考砸的朋友就是在于不了解真题才考砸。

真题告知考点，真题告知难点，真题告知考查题型，真题告知缺漏之处！

如果发现一个个缺漏之处怎么办呢？应该通过听、说、读、写、看、算、背、忆，找到知识套路和解题套路，然后找到同类题目，进行大量针对性训练。朋友们，查漏补缺式学习虽然是“往伤口上撒盐”，但是这是最有效率的！

这种查漏补缺的方法应该用三步做题法或天博学习法，具体请查看本章相关内容。

（三）第三轮是整合，又称为冲刺班

这个阶段资料很多，有内部押题卷、冲刺班以及各种总结的思维导图、知识点干货。

但最重要的是你要做到以下几点：

1. 实战真题、模拟题

你要通过真题、模拟题，严格按照规定的考试时间，完全模拟考场环境，在电子系统上测算自己的分值，然后严格按照答案一一对照打分。

根据测验后的结果，对于不会、不熟的重要知识点，按照第二轮查漏补缺的方式补充，一定要保证自己考前做真题达到 80 分（通过掌握知识点答对的才计入得分，通过记住答案答对的都不计入得分，两者区分的标准就是能不能说出此题目对错的原因），模拟题达到 65 ~ 70 分。

2. 复习

首先要复习冲刺班的内容，然后复习基础班和强化班的内容，最后在考前一个月进行串书，即对着讲义读、看、背、讲、忆，熟悉到能一天之内把一本基础班或强化班讲义翻完。

（四）核心理念是什么？

朋友们，三轮复习法的核心理念就是能够解答出 80 分的历年真题。以解题方式为主的学习，意味着重视输入大于输出，比第二次或第三次重复听课效率更高。而要解答出这 80 分的考题，最重要的策略就是将近六年真题至少完整地做五遍，然后查漏补缺，做到对考点和题型烂熟于胸。而烂熟于胸的标志就是看基础班、强化班讲义时，能够想起或感觉到考点。

资格性考试要记住一句话：瞅的不是讲义，瞅的是考点！只要不考，我就不学！

朋友们，备考是一个漫长的旅程，而懈怠随时可见！

所以，执行中为了落实以解题为中心的学习策略，每月至少要参加一次模考大赛。模考大赛可以提升备考的紧张感，可以强制让你面对自己的缺陷。

第六章

备考中的疲累困倦：仍留一箭射天山

1200 年前，唐代诗人李益在《塞下曲》中深情吟唱：

伏波惟愿裹尸还，
定远何须生入关。
莫遣只轮归海窟，
仍留一箭射天山。

将士们为了保家卫国，全歼敌人，不但不愿活着回关，宁愿战死疆场，而且还打算战胜后，继续勇猛坚守，派驻军队长期守卫。

1200 年前将士们“仍留一箭射天山”的精力充沛之神貌，绝对是当今众多考生所需所想的。

我们该如何在无论“天山”发生什么突发事件时，都能够心有余力、精神饱满地“仍留一箭”射之呢？这种活泼且随机而发的神貌，如何在繁杂艰苦的备考、工作和学习的大道场进行修炼呢？

一、回望现代备考族的精力不足

现代备考者大多是白领上班族，不是全年无休的老板、创业者、投资者，有 11 天法定节假日，114 天周末，365 天中有 1/3 是休息的，相当于“上二休一”，如果再算上有些企业、事业单位给的产假、病假、高工龄员工的额外休假福利，其实，我们的工作时间是不算长的，备考时间是较为充足的。任何考生，每年过三门的时间应该是有保障的。

但是，为什么朋友们上午上班后、下午备考时就感觉到疲累困倦？同城花两个小时坐车去送个东西，回来公司上班时就疲累困倦？在白天上班后，晚上回家备考时就疲累困倦？在上五天班后，周六周日备考时就疲累困倦？在上几周班后，法定节假日备考时就疲累困倦？在上几年班后，就想要辞职休息几个月？

这些疲累困倦就是精力不足的表现，但是我们的生活条件上比上一代人好，为什么还往往精力不足、疲累困倦？本章就试图回答这一问题。

二、我绝对不告诉你的精力公式

丹尼尔·布朗尼在《超级精力管理术》一书中，提出了精力公式，虽然简单，却也正确。

什么是精力呢？

精力是支撑我们活动的能量。能量源自氧气、食物等。但是我们蕴藏的精力峰值，往往被精力阻力消耗掉了，最终只剩下让我们活动的实际能量（见图 6－1）。

精力公式

效用精力＝精力峰值－精力阻力

■效用精力：最终发挥出作用的精力；

■精力峰值——身心蕴藏的最大能量；

■精力阻力——精力在流动或被利用时产生的阻力，一般包括病痛、劳累、压力、消极情绪等。

图 6－1　精力公式

增加精力峰值和减少精力阻力的方式总结如图 6－2 所示。

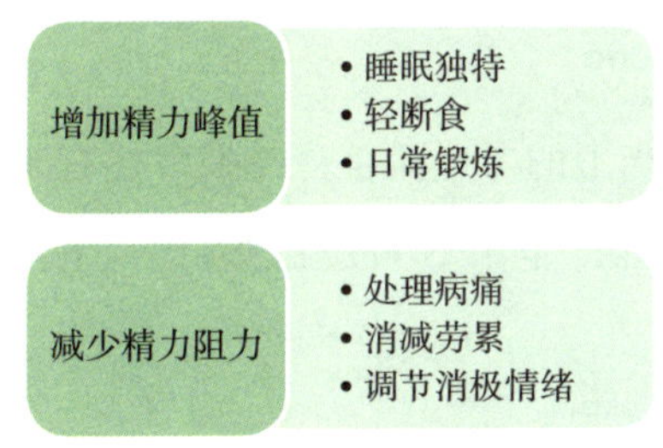

图 6－2　增加精力峰值和减少精力阻力的方式

三、增加效用精力

（一）睡眠要独特

1. 亲爱的朋友，睡眠的关键不是科学，而是独特

因为睡眠属于太私人的事情了，而且睡眠有很多相互冲突的研究成果，有很多不同的睡眠模式、方式，不能因为你身边的人怎么睡，你就怎么睡。事实上，跟你共处好几年的同事、跟你共处十余年的朋友好友、跟你共处几十年的

亲人甚至配偶的睡眠方式，可能千差万别。

比如说，每天睡几个小时最好？不但身边人的实际睡眠时长不一样，研究结果也不一致。

当然，大部分人是“一天睡8个小时”最好。但实际上，“一天睡8个小时”是近年来才被认可的，在世界发展史上有很多不同的睡眠模式。

实际上，关于睡眠的最佳时长，很多调查研究的结果互相矛盾。

比如，在长达六年间调查了数百万年龄在30～102岁的成年人后，美国加州大学精神病学名誉教授克里普克经研究认为，每晚睡6～7个小时的人的死亡率，比睡8个小时及以上的人要低。这说明6～7个小时是最理想的睡眠时长。

事实上，很多成功人士的睡眠时间确实远远不足8个小时——玛格丽特·撒切尔夫人每晚只睡5个小时，拿破仑仅睡4个小时。

2. 你是哪种睡眠模式?

我认为，对于中国当下的考生而言，睡眠模式有四大分类标准（见图6－3），正是根据这四种标准产生了N种睡眠模式。但是，对于备考而言，有研究价值的只有五种。

睡眠时点	起床时点	睡眠时长	每日小休次数
• 22：00前睡：早睡 • 22：00~24：00睡：中睡 • 24：00后睡：晚睡	• 7：00前起：早起 • 7：00~9：00起：中起 • 9：00后起：晚起	• 6小时以内：短睡 • 6~8小时：中睡 • 8小时以上：长睡	• 0次：无休 • 1次午休：正常 • 2次及以上：多休

图6－3　睡眠模式分类标准

（1）早睡早起模式。有的朋友认为早睡早起身体好，很多学霸在备考期间就遵循这种模式。而且，我们在小学、初中、高中时，由于课程学制的要求，大多数人只能而且也都是奉行早睡早起模式，其中有一部分上了大学、进入工作仍然坚守此种作息模式，形成了一生的习惯，无法长久熬夜。

（2）晚睡晚起模式。但是，在中国，进入大学，睡眠模式产生了巨大分化。

比如，我在上大学时，寝室有8个人，只有2人坚守早睡早起的模式，晚上10点就开始睡觉，6点多起床；有大约4人睡觉稍晚，起床也次早，大约晚上11点多睡觉，早上7点多起床；有2人是典型的晚睡晚起，晚上近1点才睡觉，早上近9点才起床。

事实上，在很多高效人士中，是有很多人是晚睡晚起的，他们一般都是凌晨2点以后睡觉，睡眠4个小时就起床，但是仍然身体强壮，精力充沛。

比如，我在考研、参加国家司法考试、考注册会计师时，觉得晚上夜深人静时坐在床上复习，效率超高，所以经常熬到凌晨1点多才睡觉，8点多起床，仍然感觉到睡眠充足，精力充沛。现在工作之后，由于公司规定需要8点多打卡，所以只能提前到晚上12点睡觉，7点左右起床。否则，我还是偏向于晚睡晚起模式。

（3）短睡多休模式。晚上的睡眠时间少于6小时，为短睡；在6~8小时之间为中睡；在8小时以上为长睡。除了晚上睡眠一次之外，白天再小睡两次或者两次以上的属于“多休”，一般人们都需要午休，所以如果白天只午休一次，不属于多休。

比如，有2000多项发明的高效人士托马斯·爱迪生采用的是短睡多休模式，即他晚上一般睡眠4~5小时，也从不做梦，他在办公室和图书馆都安放了床，一感觉困倦就会频繁地躺在床上小睡片刻，这使他一直精力充沛，创意如泉涌。

（4）中睡多休模式。经过多次探索，我发现我既不是短睡多休，也不是长睡多休，而是中睡多休，我晚上一般睡6.5~7个小时，白天再小睡两次。这样，我效率最高，既不像短睡多休模式那样辛苦，也不像长睡多休模式那样悠闲，而且也在晚上提供了足够的时间来高效工作、备考和学习，还能保证早晨足够早地到公司上班。

（5）长睡多休模式。也有人是长睡多休模式。

比如，天才物理学家阿尔伯特·爱因斯坦每天至少睡10个小时，几乎是今天普通美国人睡眠时间（6.8个小时）的一倍半。而且，即使睡那么长时间，爱因斯坦还经常小睡。为了确保不会睡过头，爱因斯坦会手里拿只勺子躺在椅子上，下面正对着金属板。他会放飞自己的思维，然后勺子会从他的手上掉下来，敲击盘子的声音会把他弄醒。

爱因斯坦常对人说：学习时间是个常数，而它的效率却是个变数，单独追求学习时间是非常愚蠢的，最重要的是提高学习效率。他认为必须通过文体活动，才能够精力充沛，保持大脑清醒。爱因斯坦还根据自身总结了一个公式，那就是 A = X + Y + Z。A 代表成功，X 代表正确的方法，Y 代表努力工作，Z 代表少说废话。

事实上，著名的政治家、英国“二战”时期首相温斯顿·丘吉尔也是每晚睡很长时间，并且还保持着每天午睡一小时和晚餐后小睡的习惯，他甚至说“能躺着绝不坐着”。但是他的效率也很高，既完成了反攻纳粹的任务，又撰写了世界知名的著作《二战回忆录》。

备考中常见的睡眠模式总结如图 6 – 4 所示。

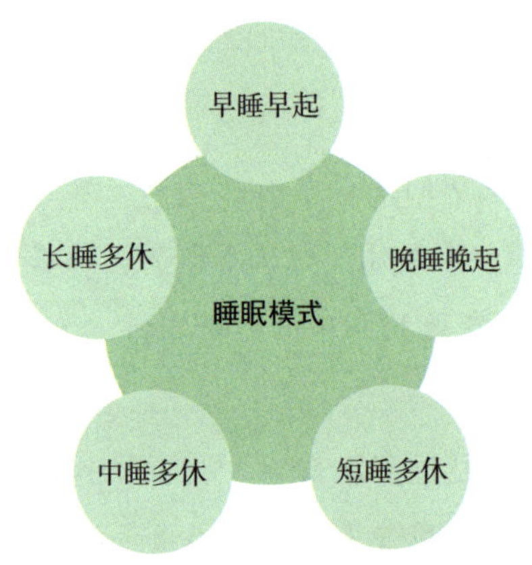

图 6 – 4　备考中常见的五种睡眠模式

这五种模式，到底哪个适合自己，我只能告诉大家，不要迷信早睡早起模式，很多人根本就做不到。希望大家一一尝试，一定要找到适合自己的！

比如，我就在不同的阶段根据不同的任务属性探索了不同的睡眠模式。在大学前三年是“晚睡晚起＋中睡午休”模式，考研和研究生期间是“晚睡晚起＋中睡多休”模式，现在属于“中睡中起＋中睡多休”模式（见图6－5）。

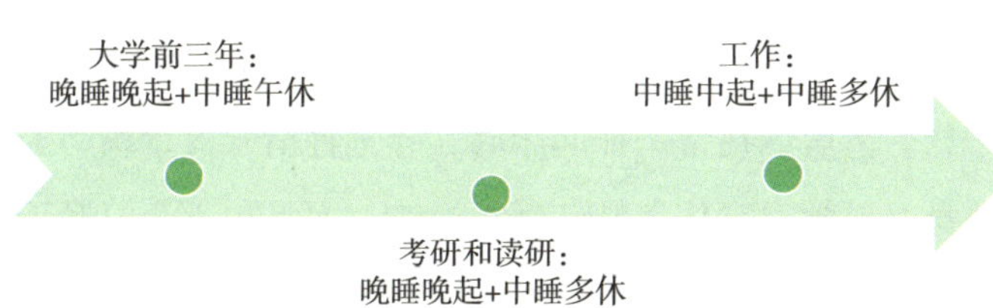

图6－5 笔者睡眠模式变动情况

世界上最重要的知识不是有关世界的知识，而是有关自己的独特知识。我们奋斗一生，就是为了吸收最有益于自己的知识，抛弃次有益于甚至无益于自己的知识，让自己变得像理想中那样强大！

3. 要不要午睡？

对于备考的朋友而言，我强烈建议每个人都必须要在午餐后睡20～40分钟的午觉！这是极其有必要的！任何人小睡之后，都会头脑清醒，精力充沛，效率极高。

美国国家航空太空总署（National Aeronautics and Space Administration，NASA）做过一项研究，发现只要打个盹，就能使效率平均提高34%，清醒度提升100%。

著名政治家、前英国首相温斯顿·丘吉尔说：

“在午餐和晚餐之间，一定要打个盹。这是不可欠缺的……在日正当中之际睡觉，是浪费时间吗？有这种想法的人是缺乏想象力的愚者。因为通过睡眠，你会得到比失去的时间还要多的东西。这是因为你已经把一天分成两天来过。说两天或许有些夸张，但至少肯定是一天半。”

4. 周末要不要跟平常一样在同一时间起床？

有朋友为了消除一周工作的疲劳，而在周末晚上熬夜看电影、电视剧到凌晨两三点，然后赖在床上睡到10点或者11点，以此来打破工作日的枯燥，追求新奇的放纵自我或者消除疲劳。事实上，疲劳不但没有消除，生活节奏反而完全打乱了，于是恐惧周一，早晨难以起床，咒骂考试和工作。

事实上，我在刚进入公司上班时，也是这样过日子的，看着晚起时窗外灿然的阳光，会涌起负罪感，计划完成的任务也很难完成。但是在某一天我保持日常工作的作息，清晨像往常一样起床时，感觉神清气爽，精力充沛，然后去做一小时的健身，更觉得身体美妙，精神愉快，而且也不会打乱下周一到周五的工作节奏。

所以，我们在这里告诫备考的朋友们：

不要因为疲劳、放纵自我或追求新奇，而在周末打破工作日的节奏，应该像工作日一样正常作息，起码不能相差一个小时！

正如《杠杆思考术》的作者本田直之说：

“如果从周一到周五努力工作，好不容易到了周末，大部分上班族想到一定要好好休息，养精蓄锐。但是，人的身体是不可能累计睡眠的，换言之，就算早上赖床也不会有太大效果。但是其中最大的问题是会造成生理时钟的紊乱，一旦紊乱，是没办法迅速恢复的。这就会造成周一早上爬不起来，甚至一整天都会浑浑噩噩。”

“因为有这样的经验，所以我周末在同一个时间点起床，像平常一样活动筋骨，不知道为什么，觉得身体特别轻松，到了周一也不会觉得有什么不舒服。这时候我发现，对于身体来说，最重要的不是睡眠时间的长短而是所谓的步调。”

5. 如何睡得快？

第一法则：睡时放空。我的一个大学室友，睡眠质量超快超好，他刚才还在床上跟你神采奕奕地聊天，下一秒钟一回头，就发现他已经睡着了。原因在于，高质量睡眠者能够在睡时放空大脑。

入睡有三个阶段：万念变为一念，一念变为无念。

难入睡的人就是卡在了万念阶段，一闭眼，各种事项、思绪纷至沓来，怎么可能迅速入睡？想让他们直接跳过第二阶段，进入无念阶段，这根本就是不可能的！就像一个都考不到 60 分、基础知识都学不会的人，想让他直接像学霸一样掌握所有知识、直接考到90分，这根本就是误人子弟的策略！

所以，唯一的策略就是找到一种方法让其迅速从万念变为一念，只要在一念阶段保持十几分钟，就会自然过渡到无念（接近于睡着）阶段。以下所有的方法，都是为了促使失眠者或难入睡者迅速进入第二阶段。

薰衣草香。研究显示，薰衣草香能够帮助入睡，将含有薰衣草的精油滴在女性失眠症患者的睡衣上，结果发现薰衣草能帮助提升她们的睡眠质量。其他的研究者也发现具有薰衣草香的沐浴液、枕头和毯子都能帮助提升睡眠质量。

写下来。当精神有压力或忧虑时，你需要在睡前将其清除，方法就是把你担心的所有事情都记到云笔记中，这样才不会忘记，才可以随时进行处理。

不要运动。在睡前的1~2个小时进行运动会刺激血液循环，不利于入睡。然而，瑜伽等柔性运动可以让身体快速进入睡眠状态，因为这样可以消除紧张，放松体内的紧张情绪。

酌酒一杯。研究表明，少量的酒精能使你快速入睡。我想，李白总是“举杯邀明月”“将进酒，杯莫停”，那么喜欢“兰陵美酒郁金香，玉碗盛来琥珀光”，喝完酒后，大概总会迅速大睡一场吧。

热吃一顿。如果睡眠不好，睡前尽量减少咖啡、浓茶的摄入量，吃少量（热量小于200卡路里）的食物，比如少量饼干、一片吐司、一块松饼、一根香蕉或是一小碗麦片。注意，热食比凉食更能促进睡眠，将饼干用热水泡着吃就比凉着干吃要好。

洗个热水澡。睡前洗个热水澡会大大促进睡眠。但是如果想要通过洗澡来促进神经兴奋怎么办呢？应该洗凉水澡，但是凉水澡太痛苦，受不了怎么办呢？可以先洗个热水澡，最后几分钟再开凉水，这样既不痛苦，又能提神。

拥抱黑暗。当你的眼睛接触到光线，大脑就会减少产生具有睡眠诱导性的褪黑激素。研究显示，在夜晚如果眼睛接触一小时中等程度的亮光，那么大脑内褪黑激素的数量将回到白天的水平。其中，色彩偏向光谱蓝端的灯光尤其能使你保持清醒状态。不幸的是，电脑屏幕、平板电脑、宽频电视和LED灯都会产生大量的蓝光。你可以采取许多方法来减少在入睡前接触到这些蓝光，起码入睡时，一定要关闭窗帘，保持房间黑暗，或者戴上眼罩，或者用小毛巾盖上眼睛。事实上，我至少买了 10 副眼罩，放在公司和家里备用，而且每晚睡眠、每次午休都会戴上一副。

自我催眠法。当你发现自己好像真的非常想睡时，你真的会变得异常困倦。请垂下双眼，张开嘴巴，并且想象自己的手臂和双腿变得越来越重。想象自己已经在办公室辛苦劳作了一整天，迫切需要舒缓神经。你甚至可以假装打几个哈欠。

动静想象法。我原来是失眠者和难入睡者，躺在床上，三个小时内能睡着就不错了，而且往往还整夜整夜睡不着。后来就尝试了很多种促睡方法，“数绵羊”、听轻音乐、睡前吃饱、回忆知识等，这些都无法对我发挥作用，但一度能起到促进睡眠的就是动静想象法。这是心理想象法的一种，比那种纯轻柔的心理想象好多了，它们一般是：自己躺在舒适的大草原上，然后想象自己是慢慢飘到空中的风筝，再随着风慢慢升空，这其实不太好用。

动静想象法的操作流程是：入睡时，想象自己进入一个水管遍布、各处爆裂喷水的房间，然后一声令下，万籁俱寂，喷水停止，在上面的一滴水珠缓慢落下，一定要聚集注意力与牛顿开创的万有引力相抗衡，想象水滴慢慢落下，一定要尽可能慢。如果，一不留神，这水珠迅速落到地面了，怎么办呢？那就重新想象再落下一滴，重复这个过程。

但是，老是这样想一个情景，太枯燥，怎么办呢？我们可以多开发几个，一切动态、杂乱的情景都可以拿来想象、催眠。

比如，想象过年时，一串串鞭炮在树上爆炸，震耳欲聋，忽然一声令下，万籁俱寂，这时一点爆竹的碎屑像水滴一样慢慢落下。

另外，飘落的花朵、摇摆的树木、走动的人群、奔驰的汽车、奔跑的动物、射出的子弹、被击落的飞机、下沉的船只等，都可以拿来想象。

回忆知识。研究显示，通过完成中等难度的心算或者每天回忆知识时，平时一碰枕头就能睡着的人，需要花比往常更久的时间，但是失眠症患者确实能比往常更快入睡。所以，这也是我在工具库中建议朋友们用早晚回忆法在睡前回忆知识的原因，这既有利于记忆，又有利于睡眠。

（二）饮食贵断食

现在，绝大多数工作族都是饮食过多，从而导致没有必要的疲累困倦，降低效率。**我主张日常饮食采纳少量多次 + 轻断食的生活方式，**既有利于防病、健康，又有利于提高工作效率。

1. 亲爱的朋友，断食真的挺普遍

断食是最古老的自然疗法之一。每种动物在生病时都会本能地断食。但现代人却早已丢掉了这种源于自然、发于自然的饮食本源。

“填饱的胃不能思考。”“饱暖思淫欲。”

伟大的希腊哲学家苏格拉底和柏拉图就经常进行断食。希腊哲学家、数学家毕达哥拉斯在前往埃及学习深奥的灵性科学时，必定会先经过 40 天的禁食。

《圣经》也一再提及断食，说：

“断食时，不要愁眉苦脸，要清洁而愉快。”“这样你目光将闪亮如晨曦，你的健康将更加速向前跃进。”

佛教僧侣也时常断食，以追求觉悟。

根据麦克尔·莫斯利和咪咪·史宾赛的《轻断食》，轻断食不但会瘦身减肥，而且会延长寿命、修复基因、抵抗疾病、让身体更年轻。

2. 晚饭轻断食

由于我们上班时中午需要午休，所以不宜断食，因为一旦断食，就会精神亢奋，难以迅速午睡；而中午适当吃午饭，才能激发疲惫感，从而更快入睡，进而提高下午效率。

下班后，大多数人觉得白天忙碌一天，公司饭菜不好吃，终于可以去饭店大吃一顿，或者做点好吃的犒劳自己了，其实这恰恰就是让自己困倦的真正原因。

晚饭吃饱，而且又有夜色，自然容易困倦，这样每天晚上珍贵的几个小时，就无法继续学习了。同样是上班一年，有的人就能写出自己的第一本书，或者继续参加 CPA、CFA 考试，或者兼职挣钱，或者在知乎、荔枝微课上进行知识变现，而有的人日子就过得很紧张，除日常工作外一无成就，其原因主

要就在于晚上下班后时间的不同使用方式。

3. 晚上如何轻断食

《轻断食》主张应该在周一和周四进行轻断食，断食日挑选“优质蛋白质”和“低升糖指数”的食物组合，男性摄入600大卡，女性摄入500大卡。

我们在日常晚上的轻断食也可以参考这种“优质蛋白质”和“低升糖指数”的食物组合，吃到半饱即可，半饱是处于饥饿与保暖状态的分界线，既不因饱食而困倦，又不因饥饿而低效。

“优质蛋白质”包括鸡蛋、鸡胸肉、豆腐、豆浆等。而在主食方面，建议选择“低升糖指数”的食材，比如全麦吐司、荞麦面、红薯等，这一类食物虽然看起来都属于淀粉类，但吃进身体后，消化速度慢，可以避免血糖上升太快，能长时间缓缓释放热量。

在晚饭轻断食的时候，如果你感觉饿了，那么先喝一杯温水。如果这至少能抵抗10分钟的食欲，那么你会发现它不是真正的饥饿感。如果饥饿继续，那么你可以先爬上楼梯，爬上2~3层，此时，你会发现，饥饿几乎消失了。然后，你可以再选择低血糖指数的食物吃。

（三）运动日常化

除了睡眠，体育对我们的精力具有重大影响。那些精力充沛的人，一般都曾经进行过魔鬼般的体育训练。我的很多学霸朋友就在备考时一周数次坚持花几十分钟跑步。学霸廖紫薇在备考注会时，每天早晨都跑步。

1. “一代神作”《体育之研究》

我强烈建议，一切想做点大事的人，都去网上搜索这篇文章阅读一下！

1917年，24岁的毛泽东以“二十八画生”为笔名，在《新青年》杂志第3卷第2号上发表了他的著名体育文章——《体育之研究》，从而正式明确了自己的体育观。

“国力苶弱，武风不振，民族之体质，日趋轻细。此甚可忧之现象也。……，体不坚实，则见兵而畏之，何有于命中，何有于致远？”

2. “体育者，养生之道也”

到底什么是养生之道？

“体育者，养生之道也！”正如《运动改造大脑》中所说：“运动是最好的健脑丸。”

体育锻炼对身体的好处要远远大于各种保健品和养生食物。经常见到，一些饭店推出更少糖分、盐分、脂肪或者对身体某些部位更好的菜品，就会热销。我只是想问一句，有这个吃饭的时间，为什么不去锻炼？

那些聪明人一般都会发展体育爱好。

比如，1998 年出生的伊芙就被父亲史蒂夫·乔布斯描述为“未来不是当总统就是当苹果公司接班人”。因为她非常有主见，而且小时候很调皮，知道如何与乔布斯相处，甚至有时候还会和乔布斯讨价还价。她对马术痴迷。伊芙从高中时期就开始学习骑马，还拿过很多奖项，并且考入了斯坦福大学，还因为马术找到了自己卓越的男朋友。事实上，比尔·盖茨的女儿詹妮弗·盖茨也是体育爱好者，也爱好马术。

3. “体育在吾人应占第一位置”

毛泽东说：

“体者，为知识之载而为道德之寓者也。其载知识也如车，其寓道德也如舍。”

这句话发展到后来，就是“身体是革命的本钱”，本钱不大，事业不大。

“人独患无身，他复何患？求所以善其身者，他事亦随之矣。善其身无过于体育。体育于吾人实占第一之位置。体强壮而后学问道德之进修勇而收效远。”

4. “体育之效”

毛泽东在 100 年前就总结了四大体育效果，解释了为什么体育应该占第一位置的原因了。

（1）强筋骨。“体育之效，则强筋骨也。”有三个错误观点：

一是认为已经到了 30 多岁了，老胳膊老腿了，无法锻炼提高了，其实这是错误的。

“人之身盖日日变易者。……，虽六七十之人犹有改易官骸之效。”

二是认为我天生柔弱，不爱体育，应该以静养或养生为主，不能剧烈运动，其实这是错误的。毛泽东主席认为：

“盖生而强者，滥用其强，不戒于种种嗜欲，……，故至强者或终转为至弱。至于弱者，则恒自悯身之下全，……，深戒嗜欲，……，则勤自锻炼，增益其所不能。久之遂变而为强矣。”

三是认为自己是白领、管理者、官员、教师等，而且自己是在备考，是脑力劳动，脑力好的人一般身体不太好，也不需要太好，其实这是为自己的意志薄弱找借口。

“又尝闻之，精神身体，不能并完。用思想之人，每歉于体；而体魄蛮健者，多缺于思。其说亦谬。”

“勤体育则强筋骨，强筋骨则体质可变，弱可转强，身心可以并完。此盖非天命而全乎人力也。”

（2）增知识。高效地学习需要大量消耗能量，而体育锻炼能够促进对信息的理解、吸收。正如毛主席所说：

“夫知识之事，……，直观则赖乎耳目，思索则赖乎脑筋，耳目脑筋之谓体。”

“无论学校独修，总须力能胜任。力能胜任者，体之强者也。不能胜任者，其弱者也。强弱分，而所任之区域以殊矣。”

经常见到有些朋友只是学习几个小时，就坐不住了，哈欠连连，非常痛苦，这样怎么可能有雄心壮志，最终很可能考不过，沦为平庸之辈！

事实上，在2007年的一项人类研究中，德国研究人员发现，人们在运动后学习词汇的速度比运动前提高了20%，因为运动时大脑分泌了更多的脑源性神经营养因子（Brain - Derived Neurotrophic Factor，BDNF），能建立和保养神经细胞回路，促进学习效率。

（3）调感情。比如，受伤的人往往心情低落好几年；某个器官受损，往往会终生愤怒、偏激。这些感情和偏见，都可以通过体育锻炼来调节。

“感情之于人，其力极大。古人以理性制之。……，然理性出于心，心存乎体。常观罢弱之人，往往为感情所役，而无力以自拔；五官不全及肢体有缺者，多困于一偏之情。……，肢体纤小者举止轻浮，肤理缓弛者心意柔钝。……，故身体健全，感情斯正，可谓不易之理。”

而且，运动还可以迅速调整情绪。

“吾人遇某种不快之事，受其刺激，心神震荡，难于制止，苟加以严急之运动，立可汰去陈旧之观念，而复使脑筋清明，效盖可立而待也。”

约翰·瑞迪和埃里克·哈格曼在《运动改造大脑》中就说，运动可以促进多巴胺分泌，改善情绪和幸福感，并启动注意力系统，让我们很愉悦。

美国约翰·霍普金斯大学博士后神经学家坎迪斯·珀特最近发现，身体会产生内啡肽。内啡肽类似于吗啡，能减轻身体的疼痛，同时在心理上产生愉悦感，而长跑等运动就会分泌这种内啡肽，带来“跑步者的愉悦感”。

（4）强意志。各种有关意志力的要素都能够通过体育锻炼来强化。毛主席认为：

“意志也者，固人生事业之先驱也。”

“夫体育之主旨，武勇也。武勇之目，若猛烈，若不畏，若敢为，若耐久，皆意志之事。”

“夫力拔山气盖世，猛烈而已；不斩楼兰誓不还，不畏而已；化家为国，敢为而已；八年于外，三过其门而不入，耐久而已。要皆可于日常体育之小基之。”

朋友们：

当你需要动用意志力与人争雄时；

当你需要动用意志力做出转型决策时；

当你需要动用意志力在忍辱负重或举步维艰中坚守时；

当你需要动用意志力展现“卒然临之而不惊，无故加之而不怒”的从容时；

当你面对各种打击、嘲讽，需要动用意志力保持“泰山崩于前而色不改，猛虎趋于后而魂不惊”的淡定时；

当你需要动用意志力超脱凡尘，做到“宠辱不惊，闲看庭前花开花落；

去留无意，漫随天外云卷云舒”时；

你是否想到，这份意志力很大部分源自于强大的体育锻炼？

5. 备考者案例研究：如何养成锻炼习惯？

■ 案例一：莫折香是一家企业的女性会计主管，现在 32 岁，兼职考注会，已过 3 门，正在备考另外 3 门。家里有个 4 岁的孩子要照顾。工作比较清闲，工作日的每天可以在公司学习 3 小时。工作日一般是 7 点起床，然后做饭、喂孩子、送孩子去托儿所，9 点到公司上班，下午 7 点左右回家，喂孩子，晚上 9 点半才能开始学两小时。她周末基本是全职带孩子，两天最多能学 6 小时，一周的有效学习时间维持在 33 小时。她身体还算好，睡眠属于中睡中起，精力还行，不爱锻炼。

➢ 点评：对于莫折香而言，在现阶段没有养成锻炼习惯的必要性。一是因为其每周 33 小时的学习量并不算繁重；二是在上班工作和带孩子期间，都可以间断性休息，也不需要锻炼以维持健康；三是莫折香也没有明显的疾病，再加上数十年的不爱锻炼的生活方式早已根深蒂固，所以其根本没有动力、也没有能力在备考中养成锻炼习惯。

但是，要注意，如果周末在家学习烦躁或者拖延，建议一定要抽时间在小区附近快走或慢跑，效果一般会非常之好！

■ 案例二：李沧路是刚毕业的大学生，男性，兼职考证，工作不忙，工作日下班后有近 4 个小时可以学习，一般双休，两天周末一般能学 20 小时，一周有效学习时间能达到近 40 小时。但是沧路同学是宅男，身体较弱，而且患有筋膜炎，肩背部经常疼痛，多处寻医问诊，医学界却无有效方法治疗，所以其在学习时往往能感到身体上的痛苦，这种痛苦又会影响其学习效率和学习时间。他也曾办过健身卡，也曾学过羽毛球，但是都无法坚持下去，最终都不了了之。

➢ 点评：对于李沧路同学而言，在备考期间是养成锻炼习惯的绝佳机会！错过这个机会，估计一辈子都很难改变了！所以在表面的威胁之下，其实可能是来自上苍的厚爱！

机会在于：一是年轻，可塑性大，而且得的不是重病（比如强直性脊柱炎、白血病、癌症），而只是一种可修复性的较为严重的劳损；二是筋膜炎几乎无药可医，锻炼几乎是唯一途径；三是病痛对其非常重视的考证又产生了较大的阻碍，现在他有巨大的动力去锻炼！

他面临的问题在于：**找不到好方法坚持成习惯**。换言之，他其实缺少的是有关运动的理念、知识、技能以及爱运动的朋友。只是某天晚上下决心、写誓言、自我暗示等都是不大管用的。

养成运动习惯的超级好用的实战性步骤是什么呢（见图6－6）？

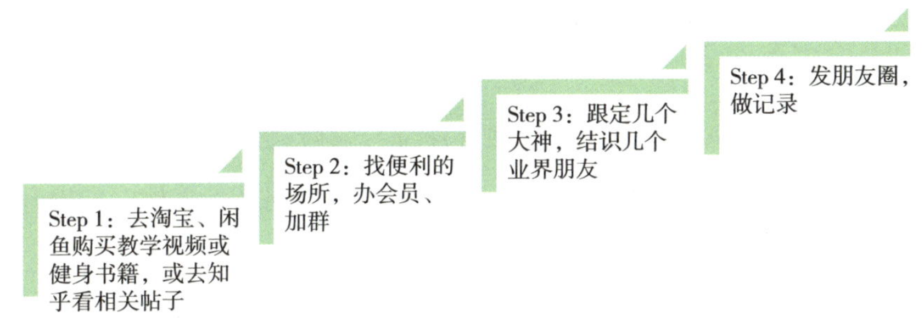

图6－6　养成运动习惯的超级好用的实战性步骤

Step 1：去淘宝、闲鱼购买教学视频或健身书籍，或去知乎看相关帖子。

比如，我当时为了缓解颈肩腰背部疼痛，就想学习健身，首先去闲鱼上花10元钱买了“一介武夫”的健身教学视频，从而真正激发了兴趣。

Step 2：找便利的场所，办会员、加群。

比如，我有个健身达人朋友当时之所以先选择健身作为运动项目，就是因为他所在小区就有乐刻24小时健身房，他办理了一张会员卡，认识了一些健身达人。

Step 3：跟定几个“大神”，结识几个业界朋友。

“榜样的力量是无穷的！”加几个健身房中爱锻炼的人为好友，对养成运动习惯极其有利。总结自我失败教训往往不如学习别人成功经验好用！

Step 4：发朋友圈，做记录。

以前我学习打羽毛球时，因为打得不好，老被虐，有挫败感，每次去时都有点恐惧，不想去，为了坚持下去，就每去一次在朋友圈发一次帖："羽进第X期"，后面附上照片和感悟，这样看朋友点赞、评论、监督，就会坚持下去。

（四）备考中瞬间提升精力的神技

（1）小睡。事实上，我们在备考中困倦疲惫时，最快、最好的方法就是找个地方小睡十几分钟。就是这珍贵的一点时间，就能够让我们脱胎换骨。

（2）健身、冲澡。如果你所在公司为BAT等这样的大好企业，有健身房，工作自由，不打卡，下午工作中间就可以去锻炼一会儿。那么，恭喜你，这种方法一般会起到很好的效果。如果公司没有这个条件，那你就失去了恢复精力的一种好方法。

（3）跑步、快走、跳跃。如果所在企业没有很好的硬件设施，那么就可以花十几分钟去快步爬楼梯或者从公司的一栋楼走到另一栋楼，来提升精力层级。

（4）投入聊天。也可以加入对自己有益的部门聊天，这样既能沟通人际关系，了解信息，也能防止困倦。

（5）抹风油精、抽烟。买点风油精等中药，涂抹在太阳穴上，或者找个地方抽支烟，都能刺激神经，更加清醒。

四、减少精力阻力

精力阻力就像电线阻力一样在白白消耗精力的电能，这种消耗一般来源于病痛、劳累、压力和消极情绪。

（一）治疗病痛

1. 病痛是个恶魔

病痛是"无底洞""吸血鬼""大恶魔"，能将一个彪形大汉、精力充沛之士，剥削、榨取地骨瘦如柴、一贫如洗。如果想要一事无成，几乎没有比患上重大病痛更有效的方式了。

我也亲身体验过病痛对人的巨大摧残，我深信，如果没有2000年前希波克拉底创立的西方医学，我们人类的生命和劳动效率将受到极大影响。

所以，如果患有长期慢性病痛，你必须亲自了解这项疾病的各种知识，而且必须每周花费一定时间对其治疗，这样才能大幅提高效率。

2. 病痛也是导师

商业大佬史玉柱认为：

“逆境能带给人顺境无法带来的好处：一是个人成长最快的时候就是身处逆境时；二是逆境中做事更冷静，顺境中头脑冷静几乎是不可能的，因为成功时总结的经验都是扭曲的，失败时总结的教训才是真实的。”

作为人类常见逆境的疾病也是一个严格导师，能带给我们很多启示。那时你会日夜苦思，日夜惆怅，正如司马迁“肠一日而九回，出则不知其所往，每念斯耻，汗未尝不发背沾衣”一样。在这种全神贯注的状况下，想不转变、想不产生新思想、想不探索新模式都很难。

比如，对于盛大集团创始人、曾经的首富陈天桥，2009年成为他人生的转折点，这是因为那年他生了一场重病。之后，他开始转型成为投资公司，并全力以赴、倾其所有研究人脑，并打算为此只留2%～3%的钱给孩子，其他全部捐赠。

再比如，王石也始终有这样一个“疾病的忧虑”，“从1994年到1997年间，我三年连续体检的结果是，我的心肌功能为0分……我在去西藏登山之前腰椎有个血管瘤，压迫到我的左腿神经，晚上痛得吃止痛片都睡不着觉”。他得慢性病后，才会真正追逐贡献之问和生命之价，最终做出巨大改变，过上了令人敬佩的生活，成为一位时代的传奇企业家。

3. 举目四望，长病共舞

疾病既是世界上最大“恶魔”之一，也是世界上最好的“导师”之一。

如果您患过重病，看来您脱胎换骨一次了。但是，您不能长期停留在重病中，否则无法康复，我们既要疾病带来的启示，又要疾病之后的健康，所以要不惜一切代价治病，尽快恢复身体，以求“东山再起”。

如果您长期患有一些慢性病，比如心脏病、糖尿病、脑血栓，那么疾病管理可能是最影响您效率的方法了，也基本是您最需掌握的技能之一了，绝对不低于人际关系学的重要性。

年过30岁，恐怕大部分人都患有至少一种轻微慢性病。但我20多岁，就发现身边有很多朋友患有慢性病了。

比如，关相思同学，才20多岁，备考时患有慢性胃炎，忌讳很多种食物，而且不能多加班熬夜，不能经常出差，学习量也受限。

比如，白清浅同学，也只20多岁，备考时却患有较严重的鼻炎，做过N次外科手术，试过各种中药、西药，但是从来都是反反复复，睡觉往往会被憋醒，这种睡眠不足经常影响其白天学习效率。

再比如，我的师兄李一远，20多岁就患上了非常严重的腰椎间盘突出，压迫下肢神经。完全无法坐着，只能在粗陋的寝室的下铺挂上一个电脑桌，躺在床上阅读英文文献、做学术研究。他的病如此之严重，以至于无法胜任任何公司、事业单位或政府机构的正常上班生活，只能选择读博士，这样不用每天坐班，可以边恢复身体，边做点科研，防止成为无用之人。

4. 致敬带病考生：中轻型慢性病高概率会让你未来更强大

本部分专门致敬带病考证的朋友们！

首先，病友们一定要明白，身患中轻型慢性病短期只会降低一些备考效率，但是只要能逐渐恢复，未来一般会比健康人成果更丰硕！

为什么呢？

因为自我成长的最大起点，就是真正沉下心来、痛苦深刻地自问：我能对社会有什么贡献？我能出什么奇招？我到底有什么独特之处？

贡献之问是将一个人变成“大神”的最强有力的起点和最强大的杠杆。我们遇到的挫折、启示、困难、劝说，几乎都是激发我们贡献之问的源泉。

换言之，**自我成长的最大起点不是使命，不是宗旨，不是梦想，不是愿景，不是目标，不是职责，不是角色，不是计划，不是时间记录，而是悲惨的现实，是对贡献的追问！以上都是对贡献之问的体现和后续动作。**

追问得深才有可能考虑使命、宗旨、梦想、愿景；追问得细，才有可能考虑目标、职责、角色、计划、时间。

亲爱的朋友，这种对贡献的追问一定不能在几天的培训或者领导的讲话中进行，那太肤浅！对贡献的追问一定是在失落感中进行才深刻。由于我们无法几天就追问得深刻，所以让失落感延长，进而让追问过程延长，才能达到深刻。

而庆幸的是，中等程度或轻微程度的慢性病，就会带来这种失落感，一直逼迫我们进行这种追问，最终能让我们自然地避开无意义事项，集中精力做出很多创新之举。

5. 案例研究：达尔文的高效一生

在承受着**中轻型慢性病的痛苦仍然一生高效**这方面，做得最好的可能就是世界著名的生物学家、《物种起源》的作者查尔斯·达尔文了。

事实上，非常敬佩达尔文的查理·芒格都认为，达尔文的智商成绩如果放到哈佛大学毕业生中顶多算中等，他出版的《物种起源》的思想和原理之简单，连很多生物学家都后悔为什么自己竟然没有发现。

但是，达尔文患上了40年的乳糖不耐症，他间断地发作消化道症状，如胃肠道痉挛、胀气、恶心呕吐和口腔溃疡；还出现了神经系统症状以及皮肤湿疹、红斑、脱皮，关节痛，脊柱僵硬，肌肉抽搐，乏力症状，状况时好时坏。

而受当时医疗水平所限，医生们并不能对达尔文的身体不适做出明确诊断，常规对症治疗对他的症状也并没有效果。

虽然疾病令人懊恼，但这也使达尔文大多数时间只能待在家中过着隐居生活，让他可以专心地思考、实验、著述，从而留下大量著作，为生物学做出了多方面的开拓性贡献；也因为体弱多病，他主要靠书信与外界联系，留下了大约一万五千封信，成为后人研究达尔文生平、思想的宝贵资料。他个人的不幸，却让达尔文无意间符合了集中精力的理念，度过了虽然单调但高效的一生。

很多人虽然健康一生，但是精力特别分散，无法几年甚至十几年如一日执着于一个领域，导致自己临死回望一生以及后人回望其一生时，与各位灿若繁星的“大神”比较，没有一点特别之处。

此人便高度可替代！

换言之，这个人真的只是地球的常见过客，没有人会花一分钟去记住他。

没有独特，为何要被记住?!

（二）消减劳累

劳累感常常大大降低学习效率。那么，最重要的消减方法是什么呢?

其实，就是随时休息。

哪怕是闭上眼睛十几分钟，即使没有睡着，醒来时劳累感也会大减，精力层级也会提升，就能创造性或高效地完成学习任务了。

如果你能在床上、沙发上、公交车上、地铁上、办公桌旁、椅子上、会议中、野外随时休息，那么，你真是掌握了一种“秒杀”别人的利器!

因为能够随时小睡是“大神”的利器!

比如，苏联生物学家柳比歇夫如果累了，就随时睡一觉。爱迪生也是如此，在他的各处房产里面都摆上很多床，累了就随时休息。他们都不在困倦时探索。

朋友们，我们的考证大业是一项充满挑战性和创造性的工作，精力不足就会自动运用效果差的学习方式，而精力充沛就会自动应用效果好的学习方式!重难点往往在积累 N 个低效小时数之后也攻不破，却往往在几个高效小时数前举手投降。

我从来都反对大部分时间以“头悬梁，锥刺股”的方式来备考!我从来都反对在疲累困倦时坚持学习!因为你效率低，浪费时间，还造成厌学、惧学。

（三）调节情绪

消极情绪其实也会大大消耗我们的精力，但这是一个专门的课题，请大家阅读本书的第七章。这里不再赘述。

备考中的消极情绪：不教胡马度阴山

1300 年前，唐代诗人王昌龄在《出塞二首》中深情吟唱：

秦时明月汉时关，
万里长征人未还。
但使龙城飞将在，
不教胡马度阴山。

此诗极为知名，乃为盛唐之音的绝佳写照。明人李攀龙推它是唐代七绝“压卷之作”，实不过分。再回想张艺谋导演的电影《长城》中的景象：将士们在烈风明月下，白旗猎猎，在数声锣鼓，漫天明灯中，吟唱此歌，送别为国捐躯的将军，让人不禁心潮澎湃、浩气纵横！

但是我们认为，此诗其实描述了从一种消极情绪到积极情绪的生猛转变！

设想在此千年的征战之地，回望过去，不知发生多少悲剧，不知多少人家破人亡，那么接下来会不会轮到我们呢？念及此处，恐惧、失望担忧、愤怒、压力等消极情绪应该席卷而来，那么为什么作者却画风突变，从凄风苦雨、愁绪满怀转为豪情壮志、慷慨激昂呢？

看看当下，笼罩在众人头上的大规模国家战争的阴云基本消散，取而代之的，是现代世界里起中流砥柱作用的备考者和都市白领们面临的无处不在的消极情绪。

正如在绵延千年的秦汉明月之下、宋元边关之中一直发生的战争，在遍布全球的众多办公大楼和组织机构之间，有多少人在消极情绪中徘徊不前，深受痛苦。

如何“安得倚天抽宝剑”，找寻到“龙城飞将”，让这些消极情绪永远“度不过阴山”？

一、消极情绪是什么？

（一）消极情绪如何分类？

消极情绪分为两类，一是压力类，二是非压力类，比如抑郁、恐惧、愤怒、焦虑、沮丧、厌烦等。在备考过程中，无论何时，只要你处于负面情绪中，理解力和记忆力都会大大下降。

（二）到底什么是压力？

由于消极情绪往往由压力过大引发，且压力是几乎所有考生面临的重大问题，所以我们单独解释下压力。

到底什么是压力呢？

压力是意欲克服挑战时的综合性心理反应。

这个定义揭示出了压力构成的三要件，缺一不可（见图 7－1）：

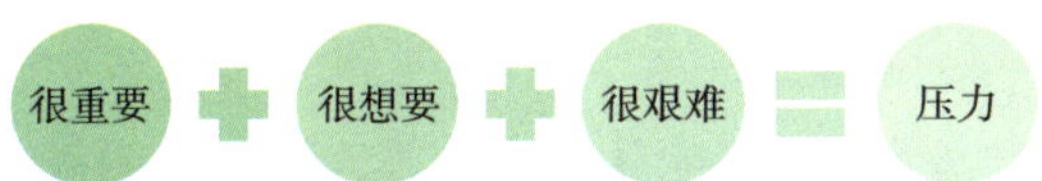

图 7－1　压力构成三要件

一是认为很重要。

比如，通过注会对职业发展的促进帮助很大，而且已经花一万余元报考辅导班，且投入了大量时间，所以，考过注会当然很重要，当然会带来巨大压力。

再比如，你参加公司组织的素质拓展比赛，认为这对自己根本没有什么影响，只是一种娱乐，那么即使面对比赛中设置的高挑战性的任务，也不会产生压力。

二是现在很想要。如果注会虽然对你很重要，但是现在不想必过，想着今年考不过明年再考也没关系，那么今年备考也不会带来多大压力。

三是认为很艰难。自己主观上认为考过的难度比较高，接近甚至超过现在你能力的极限。

（三）消极情绪下有多痛苦？

丹尼尔·布朗尼在《超级精力管理术》中分享过他“压力山大”的三周时光，读来颇有同感：

“现在是晚上11点。我正在构建一个复杂的财务模型，在我的面前一共摆着20个表格。一天下来，我一直在喝咖啡和低卡路里可乐，神经已经紧张到疲惫不堪。

从早上8：30开始，我就在研究这个模型，在一天的工作中只休息40分钟。就算解决了这个模型的问题，我还有别的工作需要花费2个小时左右的时间，可是现在，4个小时已经过去了，问题还没有得到解决。如果我思路清晰，可能花15分钟就能把它搞定，可是此刻我却思维混乱。”

事实上，很多朋友都在备考中遇到过严重的消极情绪，我经常接到并且解决朋友们的这类问题，比如：

“老师，我工作压力很大，事情也多，天天加班，弄得书既看不进去，也没时间看。我讨厌自己的工作，想考证后找个更好的，但是报班了又没时间看，一想起此事便心急如焚，该怎么办啊？”

“老师，我今年备考了初级 + 税务师两门 + 注会四门，但我现在在职，晚上失眠，身体不太好，因为白天上班睡觉，两个月找了两个公司都被辞退了。我心情很不好。到底该怎么办啊？”

“老师，我所有的课都一直与直播同步，没落下一节课，可是我学得好心虚啊。尤其是会计，当会计老师突然问个以前学过的内容，我就蒙了；经济法老师有时对已经学过的知识‘挖个坑’，我居然就跳进去了；税法在课上学的时候都会，被老师一考就不会了。现在对会计压根虚得没话说，会计老师说话我都害怕，搞得我好像没上过课似的，我到底该怎么办啊？”

“老师，我今年30岁，儿子上小学，我在附近做一份文职工作。我经济法、会计连考两年，竟然会计从54分变成27分，经济法从17分变成54分。今年对如何提高考试成绩，一筹莫展！另外，我在工作中，对于同事们日常的鸡毛蒜皮之事自命清高，不屑一顾，认为自己和他们不一样，可是每次又不能全力以赴学习，每次都考不及格，最后结果是我其实和他们都一样。这让我很苦恼，我真很想辞职回家好好学，因为每天上班的文职工作烦琐重复，没有意义，又疲累不已，想要辞职全心考试，但我又不敢，担心又考不过。我到底该怎么办呢？”

二、消极情绪的影响

（一）降低备考效率

当我们备考时，其实最佳状态是处于“心流”之中，即全神贯注，忘记周围的环境，意识不到其他事情。大脑在高度运转，各种知识点在建立新路径，各种母题在不断组合。

而如果消极情绪存在，那么很多注意力就分散了，同时理解力和记忆力也大幅下降。

（二）损害身体健康

心理学家罗伯特·奥恩斯坦和大卫·索贝尔的研究结果显示：经历了丧亲之痛的人的免疫力低于正常水平；压力状态下的老鼠比其他老鼠更容易患恶性肿瘤；偏头痛的主要原因也是消极情绪。

比如，苏小小同学28岁时，职场发展还不如意，决定要先拿下一个高等级财会资格证。于是，她提前10个月辞去工作，同时备考六门。前几个月，每周学六休一，不论寒暑，都早出晚归。后几个月，几乎不休息，全面准备。但是，随着考试日期的临近，她的压力和焦虑与日俱增。

她开始怀疑，顶着家人、同事和朋友的压力和质疑，辞去工作，付出如此之大的代价，这份努力到底能否得到回报？如果落榜，自己的梦想就会变得多么幼稚、可笑！最令她担忧的是，临近考试一个月，多次模拟测试表明会计和财管这两门还常考不及格。

在如此巨大的压力和焦虑下，她身体免疫力也骤降，稍微“一夜北风紧”，她就感冒发烧了，而且持续近一个月，大大影响了考试成绩，最终只过了四门，另外两门都在55～59分。

壮志未酬、功败垂成，可怜可叹！

事实上，我们确实经常看见大学生一临近期末考试，就“关键时候掉链子”；很多考证者，一到考试周，就紧张、焦虑得痛苦不堪；很多高管一临近重大紧急事项，就生病住院。这背后往往是巨大的压力、焦虑等消极情绪导致的身体问题。

（三）降低工作绩效

由于大部分考生往往是兼职考试，所以在备考过程中产生消极情绪，往往会大大降低工作绩效。

因为在消极情绪下，人们要么是像李煜或李白一样孤独落寞，“无言独上西楼，月如钩”，“相看两不厌，只有敬亭山”；

要么是像杜甫一样抑郁低沉，“艰难苦恨繁霜鬓，潦倒新停浊酒杯”“感时花溅泪，恨别鸟惊心”；

要么是像李清照一样愁怨满腹，“凄凄惨惨戚戚”“只恐双溪舴艋舟，载不动许多愁”；

要么是在焦急烦躁中往来踱步，要么是在恐惧担忧中六神无主。

设想一下，人不在状态，大脑不在线上，没有心情写报告，看书不能专注，听讲没有精神，开会跟不上思路，查找资料都常走神儿，端杯水都可能心不在焉，怎么可能工作效率高呢？怎么可能产生高绩效呢？

三、消极情绪为什么较难调节？

虽然消极情绪对备考和工作影响较大，但事实上并不像很多书籍或者理论说得那么好调节。

比如，苏东坡因为不断遭到贬黜，即使是掌握了很多佛教理念，也常常不开心，经常悲叹“世事一场大梦，人生几度秋凉”。

号称“诗仙”的李白很多看似“俱怀逸兴壮思飞，欲上青天揽明月”的诗篇，其实都是自己各种消极情绪的反复吟唱，比如《蜀道难》《将进酒》。

那么，为什么消极情绪较难调节呢？主要有以下两大原因。

（一）指向性较强

消极情绪的指向性是消极情绪难以解决的最主要原因，即绝大多数消极情绪都跟具体的问题有关。

原则上遇到的重大问题只有基本解决、至少部分解决，才有可能调节消极情绪。但是症结也就在此，引发我们消极情绪的很多重大问题，根本就没办法迅速解决！因为这可能涉及自己能力的极限、资源的短缺甚至是时代的悲剧。

（二）气质类型所限

气质是心理学中的专有术语，最著名的是气质四类型理论，该理论是由欧洲古代医学的集大成者盖伦基于希波克拉底的体液学说创建的。

纵观古今中外，黏液质或抑郁质，消极情绪确实更多；多血质或胆汁质，消极情绪确实更少。

人的气质分为以下四种类型：

一是多血质。又称为活泼型，敏捷好动，善于交际，善于适应环境变化。在工作学习上富有精力而效率高超，表现出机敏的工作能力。在集体中精神愉快，朝气蓬勃，愿意从事合乎实际的事业，能对事业心向神往。兴趣广泛。典

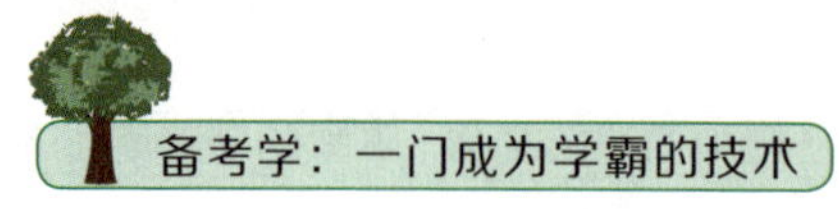

型人物：贾宝玉、郭沫若等。

二是胆汁质。又称为战斗型。具有强烈的兴奋过程和较弱的抑郁过程，情绪易激动，反应迅速，行动敏捷，暴躁而有力；在语言、表情、姿态上都有一种强烈而迅速的情感表现；在克服困难上有不可遏止和坚韧不拔的劲头。但是性急，易爆发而不能自制，不善于考虑是否能做到。当精力耗尽时，易失去信心。典型人物：张飞、李逵、鲁智深、李白等。

三是黏液质。属于安静型，在生活中往往是一个坚持而稳健的辛勤工作者。行动缓慢而沉着，严格恪守既定的生活秩序和工作制度，不为无所谓的动因而分心。态度持重，交际适度，不作清谈，情感上不易表露和激动，能自制，也不常常显露自己的才能。这种人长时间坚持不懈，有条不紊地从事自己的工作。其不足是有些事情不够灵活，不善于转移注意力，有些因循守旧，固定性有余，而灵活性不足。典型人物：陈景润、牛顿、达尔文、爱迪生等。

四是抑郁质。有较强的感受能力，易动感情，情绪体验的方式较少，能观察到别人不容易察觉到的细节，对外部环境变化敏感，内心体验持久、深刻，外表行为非常迟缓、忸怩、怯弱、怀疑、孤僻、优柔寡断、容易恐惧。典型人物：林黛玉。

四、如何调节消极情绪？

大多数人都觉得自己擅长处理压力，事实上不是这样。绝大多数人处理压力的惯用方法有抽烟、酗酒、吸毒、滥情、逃避、拖延、度假或强撑到底等，但是这些方法有两大问题：一是时间长，效果差；二是危害性大。

事实上，我曾有好几年一直处于巨大的压力和焦虑之中，这种痛苦刻骨铭心，令我现在想起来都“欲语泪先流”。

好几年中我不断阅读、总结、请教，终于在借鉴一些研究的基础上建立了解决备考中消极情绪的方法论，这个方法论叫作**情绪调节四阶段模型**。

（一） 情绪调节四阶段模型是什么？

第一阶段是出现了必须要克服的情绪性事件；第二阶段是心理感知，即经过自己的价值观判断，认为其是一种不幸的事件；第三阶段是情绪唤起和生理唤起，即如果认为其是一种不幸的事件，那么人体紧接着产生相应的情绪和生理反应；第四阶段是消极后果，即消极情绪没有得到调节，人体就产生了负面后果：学习效率降低、引发疾病、工作绩效下降。

比如，苏小小已通过注会三门，2019 年报考剩余三门——会计、财管和战略，打算厉兵秣马，一次通过并拿到专业阶段资格证。其中，苏小小在会计科目上耗时最多，基础班连听三遍，模考大赛、课后作业都耐心做完了，虽然感觉有的章节不太懂，但是自认为考到 70 分应该没问题。

可在考前一个月，当其完整地测试了近六年真题后，发现对于似曾相识的题目，竟然大部分时候徘徊在 55 ~ 59 分！如果做模拟测试题，估计不到 50 分！苏小小分析后，发现是由于长股投、合并报表、所得税以及金融工具这四章学得不好，但是当重学这四章时，发现仍然很难听懂，很难记住，很难做对。

这些残酷的事件让苏小小进入了第一阶段——发生情绪性事件。自从经过推算、询问，认为这些事件会导致今年考不过，明年需花苦功再考一次，拿证计划会整体推后一年时，就进入第二阶段——心理感知。如果没有其他干预措施，就会继续进入第三阶段——情绪唤起（压力、担忧、抱怨、沮丧、失望、愤怒等）以及生理唤起（血脂升高，出汗增多，呼吸节奏产生变化，肌肉紧张，分泌的胃酸增多，血液中对抗感染源的淋巴球变少）。如果苏小小一直没有找到解决方案，一直停留在这些消极情绪之下，就进入了第四阶段：备考效率下降、引发疾病、工作绩效变低。

要想解决消极情绪问题，就需要在消极情绪的四大阶段都设置“路障”（见图 7 - 2）。由于这一模型是由几个连续的阶段构成的，每个阶段都取决于上个阶段的完全开展，因此打断这一连续过程中的任意一阶段都会中断整个过程！

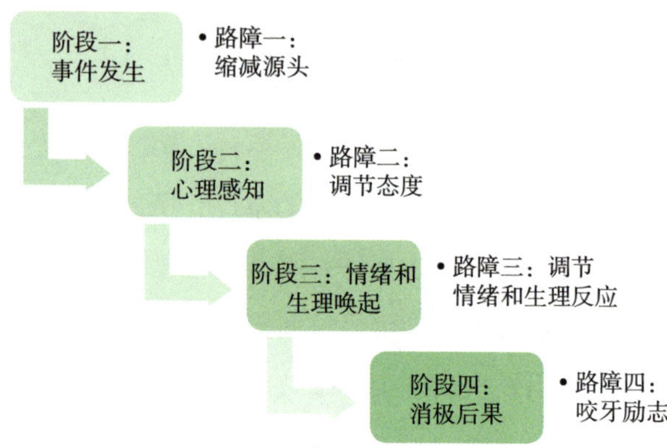

图 7－2　情绪调节四阶段模型

（二）路障一：缩减源头

如果你能在备考中消除越多的消极情绪事件，受到的消极影响就越小。为了完成这个目标，要做到两点：

一是学习上，就得系统地学习备考，特别是本书中详细论述的“五大雷坑”和“十三大备考工具”，否则，到考前冲刺阶段面对计划与实际的巨大差异，一定会产生较大消极情绪，进而让已经低效的复习变得雪上加霜！

二是工作和生活少惹事。当我们全心备考时，不要在工作中与同事们争短论长，也不要参与亲友们的是非恩怨，这些都可能让我们产生消极情绪，影响备考！如果麻烦事找到我们怎么办呢？迅速倾诉后直接回到学习中就可以了。

1000 年前寒山与拾得的对话最能体现这种少惹杂事、聚焦大事的修为：

“昔日寒山问拾得曰：世间谤我、欺我、辱我、笑我、轻我、贱我、恶我、骗我，如何处治乎？

拾得云：只是忍他、让他、由他、避他、耐他、敬他、不要理他，再待几年你且看他。”

——《古尊宿语录》

为了少惹事，最重要的是规划紧张的日程表。所以，看下各位学霸，打开他们的作息表，发现安排的几乎全是学习任务，根本就无心旁顾。

比如，我们看下基础比较差、在职备考、身为宝妈，但2019年一次过初级+中级+注会五门的王唤唤的备考日程表：

2018年8月开始学初级；2018年10月正式开始学注会（会税经）；2018年12月开始六科同步学。一般早上5点起床，6点开始学习，晚上11点洗漱睡觉；能用的时间都用上，除了完成工作任务之外，每天大概能学10小时。

（三）路障二：调节态度

对消极情绪的积极态度并不是一种天赋，而是一种才能。

无论面对消极情绪时激发起必胜的信念，放手一搏，或者进行战略性撤退，为东山再起积累资源，其实都需要积极的心理感知。

面对压力的积极心态是极其难以修炼的，能做到一半积极、一半消极，就算不错了。

比如，中国最大的民营企业华为的创始人、企业家任正非就说，在20世纪90年代末面对企业转型时，“我无力控制，有半年时间都做噩梦，半夜常常哭醒”。他每天工作十几个小时，依旧深感无力，他向员工坦诚自己“也曾是一个严重的忧郁症、焦虑症的患者”。

任正非面对重大情绪性事件时，虽然有一半是消极的，但也有一半是积极的。任正非即便偷偷地在无人的黑暗里哭泣，但表面上呈现给员工的依旧是充满斗志的状态；虽然在不断纠结，但最终能提出以奋斗者为本的口号。

其实大部分人面对重大情绪性事件时，产生的主要是消极情绪。

我们的考生在备考中也是如此，估计99%的考生在考前一个月发现按照现有情况再怎么努力都几乎考不到60分时，心中充满的一定是悲观、失望、愤怒、焦虑，而不是愈挫愈勇、昂扬奋发！

所以，进行心理感知调节，即面对压力，修炼出一个积极而又冷静的心态，是非常困难的，大多数人都做不到。所以我们只能在第三阶段时，运用多种解压方法进行调节（设立路障三）。

（四）路障三：调节情绪和生理反应

1. 运用美国心理学家协会的研究成果

美国心理学家协会研究发现，调节消极情绪的高效方法和低效方法分别如图 7－3 所示。

高效方法	低效方法
• 锻炼或参加体育活动 • 阅读 • 与家人朋友相处 • 按摩 • 散步 • 听音乐 • 培养有创意的爱好 • 自我谅解 • 降低要求	• 赌博 • 购物 • 抽烟 • 喝酒 • 暴饮暴食 • 玩游戏 • 上网 • 看电视或电影

图 7－3　美国心理学家协会研究的调节消极情绪的高效和低效方法

高效方法和低效方法的最主要区别是什么？

此机构认为高效方法可以增加大脑中改善情绪的化学物质，如血清素、γ－氨基丁酸和催产素。这些物质减少身体里的压力荷尔蒙，让多巴胺神经元继续释放多巴胺，而低效方法做不到这一点。

其实，美国心理学会还漏掉一种最为重要、效果最好的调节情绪，甚至是消除消极情绪的方法，那就是思考解决方案！

2. 在转圈、慢走或静坐时思考解决方案

由于消极情绪与心境不同，其之所以被引发，一定有明确的问题，只需解决问题，便能立竿见影。而引发消极情绪的有两类问题：一是重大问题，二是一般问题。

涉及重大问题，那么调节消极情绪的最大理念就是思考解决方案，然后再辅助以美国心理学家协会提出的“花里胡哨”的调节方法，两者必须并用；而如果是一般问题，往往容易解决，思考解决方案和美国心理学家协会提出的

“花里胡哨”的调节措施都有很大作用，往往选用其一即可。

思考解决方案时，建议通过转圈、慢走或静坐来进行。事实上，大多数伟人、名人都擅长使用这种方法来思考可能引发重大消极情绪的问题。现在有很多书籍、文章、帖子鼓励通过写出烦恼、画思维导图、水平思考法等来思考问题，但都不太好用。

其实，转圈、慢走或静坐仍然是人类这个物种至今为止最为好用的思考方式。

为什么呢？

因为转圈、散步或静坐会使大脑从繁杂、低效的脑力劳动中解脱出来，真正聚焦于那些重大的问题，让我们倾听进化5亿年、由1000亿个神经元组成的、世界上最为复杂精妙的器官——大脑的吟唱！人类大脑本身便是这个世界上最为强大的方案提供商和点子创意库。

那些伟人都不是只在乎收集外界的信息，而是更喜欢让自己静下来，与大脑直接对话。这种方法对智慧的提升、对问题的解决，是看电影、电视剧、读书、画图、讨论等手段无法比拟的。

（1）为什么要转圈而不是随意到处走呢？

原因在于，转圈是在熟悉的地方走路，如果是随意到处走，大脑需要花费精力查看路线，或者可能会遇到其他干扰事件，使自己无法专注于思考。

（2）为什么是慢走而不是快走呢？

“乱极时站得定乃是真学问”“每逢大事有静气”，这都需要镇静下来才能做到。

如果是快走，这种迅速的步调，在大多数时候会搅乱大脑的思维程序，一般只有六神无主、急得像热锅上的蚂蚁或者激情作诗时才会快走，严肃的思考方案一般要求慢走。当然已经进入了忘我的思考状态时，可能会激情澎湃，使步子自动加快，但那只是短暂现象，不能作为常态。

比如，人类中的顶级物理学家阿尔伯特·爱因斯坦，每天都会雷打不动地边散步边思考，当他在新泽西州的普林斯顿大学工作时，会每天来回走上2400多米。实际上有大量确凿证据显示，散步可以提高记忆力、创造力和解决问题的能力。

（3）为什么主张静坐而不是静站、静躺或吵闹呢？

原因是站立会消耗更多的能量，减少思考的专注度；而躺卧又会激发困倦，导致无法思考；对于大多数人的大多数时候，其实吵吵闹闹不利于自己的思考，只会让自己更加浅薄，就像商界奇人史玉柱所说，他所见的很有才的人一般都是少言寡语。

静坐思考法就是安静地坐在那里，放开一切手中的资料，盯着问题，让大脑旋转。

3. 想象 + 放松呼吸 + 做熟悉任务

有的消极情绪是由不太重要的问题引发的，比如你今天备考时被老师无礼地指责了几句，或者受到管家的无理对待，这只需迅速投诉、对骂回去即可，不需要长时间地通过转圈、慢走或静坐来思考。

如果自己虽然也知道沉溺于这种愤怒、悲伤、抑郁等消极情绪中，对备考有很大不利影响，但是大脑就是一时半会儿走不出泥潭，那该怎么办呢？就可以采用本方法。

一是想象。即运用一些意象将身体的放松转变为精神的放松。比如想象在天气晴朗时，坐在安静湖面的一条船上，或者想象鸟儿轻轻地飞过天空，海浪拍打着岸边，或者想象着自己置身于一个舒适的、铺着地毯的、炉光暖照的房间中。

注意，应该有生动的情景，调动多种感官，你应该能够闻到气味，听到声音，看到颜色，尝到味道。

二是放松呼吸。在想象的同时放松呼吸，让身体充满氧气，充满能量，进而暂时缓解消极情绪的负面影响。

三是做熟悉任务。以上两种临时性的缓解，就足可让朋友们有精力去做熟悉性的任务了，比如抄写一下讲义关键词、对一下题目的答案、打印一下讲义，或者调整 PPT 格式、精简文档、预订会议室、搜索资料、整理办公室、汇总数据等，这些熟悉的工作正如向导一样，能将我们带离消极情绪的泥潭，然后我们就可以正式进入高效的学习了！

4. 倾诉

有时消极情绪比较严重，想象 + 呼吸放松 + 做熟悉任务的方法无法见效，而又没有心情或者时间通过转圈、慢走或静坐思考法找出解决方案，这时就可以采用倾诉的方法。倾诉虽然不一定能帮我们解决问题，但是却能迅速减少消极情绪，进而使采用其他解决方法成为可能。

倾诉的关键在于找到合适的对象，这样不但能够保证倾诉的效果，还能够让我们在倾诉中促进解决方案的构建。

那么，到底如何倾诉呢？

一是寻找老师、管家。面对他们，我们既能说出真话，又能保护隐私，而且还会得到对方的情感支持和方案指导。

二是要吐真言。“酒后吐真言”的情况其实并不多，既然是在酒场中，很多时候也不适合吐真言。但是倾诉时一定要说出那个实际干扰我们的难言之隐，这样会大大提高倾诉效果，迅速减少消极情绪；如果面对信任的师友也是欲言又止，那么哪怕倾诉了 1 个小时，也是在隔靴搔痒，效果不佳。

5. 做个仪式

仪式是人类这个物种的强大发明，不但可以用以调节情绪、鼓舞信心，达到对外宣告、树立志向等多重目的，而且往往效果很好。

我强烈建议每位考生都要创造一个属于自己的独特仪式，只要让自己印象深刻即可。

6. 跑步 + 听音乐

运动本身会激活我们的身体，产生一系列的激素，包括 γ-氨基丁酸、血清素、去甲肾上腺素、多巴胺、BDNF、内啡肽等，更新自我概念，让我们的情绪迅速变好。

这也是毛泽东主席在《体育之研究》中所说的：

“苟加以严急之运动，立可汰去陈旧之观念，而复使脑筋清明，效益可立而待也。”

那么，采用什么运动方式呢？

其实，什么运动都可以！

我们推荐跑步＋听音乐的方式。原因在于，我们无法预测什么时候遇到问题产生消极情绪，可能是突然的某个下午，或者突然的某个晚上，总不能为了消除负面情绪，立刻组队去踢足球吧。

跑步对场地要求不严格，可以随时进行，并且可以自己控制强度和速度。事实上，我就经常在晚上绕着公司所在的锋创科技园边听音乐边跑步，跑完之后，感觉自己像换了一个人似的，原来的悲观消极情绪好像神奇地消失了，立刻庆幸自己“实迷途其未远，觉今是而昨非”。

7. 小睡片刻

在严重的消极情绪中，有的朋友不但全身负能量，而且越想越悲观，甚至于都懒得解决、懒得运动，这时如果小睡片刻，一睁眼会发现原来的消极情绪竟然神奇地减弱了，自己乐观向上的一面又神奇般地回来了！

8. 自我谅解

我们在备考中的各种消极情绪，比如焦虑、罪恶感、无力感、愤怒等，大多是出于现状与计划的差距，而这实际上是对于自身无能的憎恶！这种憎恶只有靠自我谅解才能解脱，只有在自我谅解之后才能继续学习。

我们只有宽恕自己，才可以轻装上路；只有宽恕自己，才能思考改进。毕竟我们高效学习时，是陷入“心流”状态的，心情整体是“表里俱澄澈”“肝胆皆冰雪”的，是全心贯注、无喜无怒的，而巨大的消极情绪却搅扰了这种学习状态。

你已经很消极了，再自责会更消极，还不如暂时先原谅自己这一次，然后思考改进，why not？我亲爱的朋友和同学！如果下次再消极，怎么办呢？朋友，你还是要暂时先原谅自己一次，然后思考改进！直到你找到真正的解决方案，现状基本跟上计划为止！

以上路障总结如图 7－4 所示。

（五）路障四：咬牙励志

如果影响考试的重大问题几乎解决不了，那么消极情绪就无法短期消除，也就意味着，我们几乎每天都会受到消极情绪的侵扰。

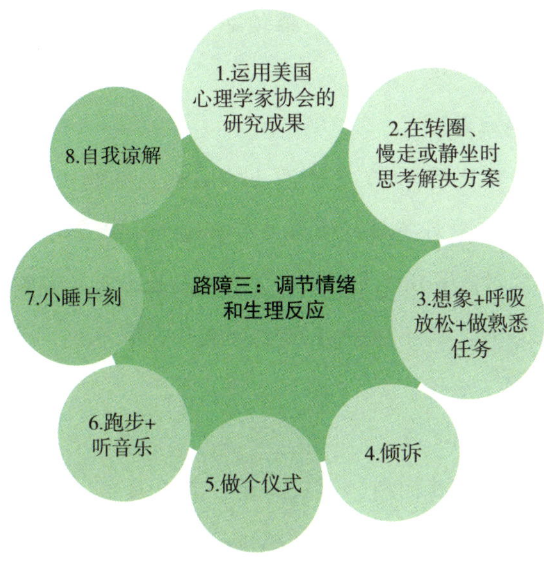

图 7－4　路障三总结

这时就要学习与消极情绪并存的艺术了。掌握了下面的方法，这项艺术就不像“与狼共舞”或“在三个鸡蛋上跳舞”那么难了。

1. 寻找魔法词句

任何人都能找到自己读来荡气回肠的魔法词句，此又称为座右铭，正是这种座右铭激励我们在消极情绪中不断坚守。

比如，学霸李莲娣在与朋友闲聊时，立志要考注会。而那时她已经 53 岁了！于是她提前复习，复习时间长达 15 个月，积累的学习小时数高达 4500 个小时，最终考六门过四门。

她在此期间非常辛苦，而且多次感觉很崩溃，很多知识点她根本无法理解，而且年纪大了，记忆力又很不好。但是她坚持下去了，坚持下去的方式之一就是牢记自己的魔法词句，那就是：

“自己选的路跪着也要走完！”

又比如，学校很一般的“95 后”学霸廖紫薇，也有自己的魔法词句，“乾坤未定，你我皆为黑马！”

再比如，我曾经在病痛中坚守时，也经常默念自己的魔法词句，我每次读完之后，都勇气倍增，收拾旧情绪，继续奋斗。我的魔法词句大多来自曾国藩家书，具体如下：

“好汉打脱牙和血吞。”

“从前种种譬如昨日死，从后种种譬如今日生，另起炉灶，重开世界，安知此两番之大败，非天之磨炼英雄，使弟大有长进乎？谚云吃一堑长一智，吾生平长进全在受挫受辱之时。务须咬牙励志，蓄其气而长其智，切不可苶然自馁也。”

“信每怪运气不好，便不似好汉声口，惟有一字不说，咬定牙根，徐图自强而已。”

“男儿自立须有倔强之气。”

“困知勉行。困时切莫间断，再进再困，再熬再奋，自有亨通精进之日。”

“天下古今之庸人，皆以一惰字致败；天下古今之人才，皆以一傲字致败。”

“余庚戌辛亥间，为京师权贵所唾骂；癸丑甲寅，为长沙所唾骂；乙卯丙辰为江西所唾骂；以及岳州之败，靖港之败，湖口之败，盖打脱牙之时多矣，无一次不和血吞之。”

2. 养成锻炼的习惯

在长期消极情绪中，能够挽救我们的往往是一个良好的锻炼习惯，如果你有每周去锻炼三次的好习惯。那么，恭喜你，这就是防止承受因长期消极情绪而对备考产生重大不利影响的最好“保护伞”。

为什么呢？

因为在每次运动后，身体就会产生一系列的激素，相当于服下了速效丸，让我们的情绪迅速变好。毛泽东在《体育之研究》中就认为，体育具备强筋骨、增知识、调感情、强意志四大效果。

3. 不断总结

如果我们能在处于长期消极情绪的逆境中进行不断总结，这就能不断改善心态，减轻消极影响。

况且，面临着挫败，我们虽然心境低沉，但是在内心深处也会产生强烈的寻根究底、总结教训的愿望。所以，我们只需顺应这种愿望去总结即可。

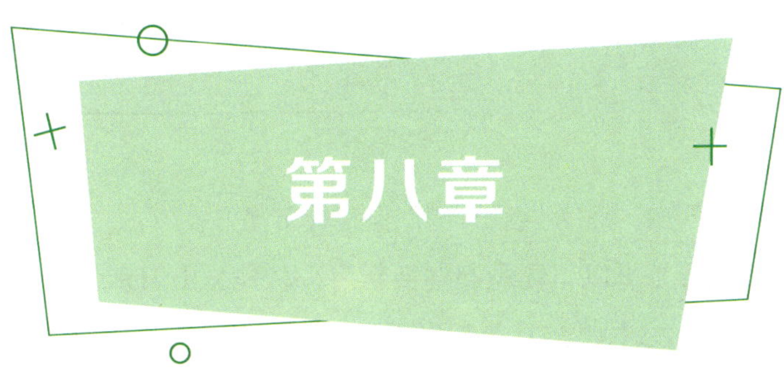

第八章

备考中的单调之苦：万紫千红总是春

800 年前，宋朝大学问家朱熹在《春日》中深情高歌：

胜日寻芳泗水滨，
无边光景一时新。
等闲识得东风面，
万紫千红总是春。

有一天他在孔子的弦歌讲学之地游览春光，在这种眼花缭乱、千姿百态的万紫千红之中，他感受到了暗暗支配万物的春之规律。

备考也一样，备考时的生活虽然有时可以丰富多彩、万紫千红，但是背后一定要紧密相关，否则就会陷入无春支配、无主线牵引的尴尬境地。

正如古典在《跃迁：成为高手的技术》中所说，分心、同时进入不同领域的高手会被不同领域的专业新手打败。

一定要明白，备考虽然单调，但是非常高效。

我们最好是可以“琵琶起舞换新声，总是关山旧别情”，不同的曲调演奏相同的主题，万紫千红受同一个规律支配。如果有一天烦了，感觉“撩乱边愁听不尽”，虽然你可以出去散散心，欣赏一下“高高秋月照长城”，但是略显单调的复习还是要继续做的。

在半年到一年半的长期备考过程中，很多朋友恐惧的其实不是繁杂艰难的知识点，而是单调枯燥的生活方式。

创业是一种奋斗，但过程丰富多彩、惊险刺激；备考也是一种奋斗，但过程枯燥乏味、单调无奇。

任何人都知道，即使是零基础，只要没有重大策略失误，本科生在注会上积累约2500个有效小时，六科就能通过；大专生在注会上积累约3000个有效小时，六科就能通过。

那么，既然如此，考生们为什么还对备考过程充满恐惧呢？

一个主要原因是：朋友们往往害怕备考这个非常单调的人生历程！

其实任何伟人、名人、成功人士都曾经单调过！单调其实是一种回报率超高的投资！对集中精力的备考理念的最佳实践！

一、单调时就是高效时

（一）一段单调岁月成就众多学霸

几乎任何学霸都会对单调的备考生活有较高的忍耐力，他们能够告诉自己要先苦后乐，甚至能够以苦为乐！我们举以下两个例子。

1. 海风单调半年，稳过注会六门

海风1989年出生，曾经短暂地做过注会老师，一本学历，高考时大学专业被调剂成了丝毫不感兴趣的海事管理，这跟注会没有任何关系。他非常讨厌大学期间老师们的敷衍教学，于是肆无忌惮地逃课！

最离谱的一个学期，他只上了八堂课。电工老师威胁他，不去上课就取消考试资格；编程课的老师恐吓他，再不来上课绝对通不过考试；辅导员威胁让他父母过来签协议。可是，他还是不怎么上课。

大一下学期，学院开放了转专业的机会，他的平均成绩低于80分，没有资格转；大三发现有申请新加坡国立大学的机会，但是自己的成绩太低，还是没资格申请。他为大肆逃课付出了巨大代价。

此时此刻，按照他的想法，自己成长于一般的家庭，有个一般的长相，拥有一般的智商，读个一般的学校，然后做一份一般的工作，很可能就这样一辈子平庸下去。

但是，他的转机到了，这个转机其实也是打击！

在大三下学期（2011 年），他得知母亲得了肺癌晚期。面对昂贵的医疗费，他那时起就下定决心无论背负多少外债，都要为母亲治疗下去。不过在此过程中，他也发现了自己未来薪酬可能很低，为此深为苦恼。他当时偶然看到网上说“考过注会、努力工作三年可以月薪过万”。于是他就下定决心要报考注会，为母亲治病。

从 2012 年 3 月中旬（大四下学期）起，海风老师开始备考注会。2012 年 5 月，他又花 20 多天时间完成了质量一般的毕业论文，其他时间全部转入注会的备考。

在这不到六个月的复习时间内，他的生活非常单调！他注重对知识点原理以及理论框架的强力掌控，同时一遍遍听视频、一遍遍看讲义、一遍遍做习题。

最后，凭借不到半年的努力，他一举通过了注会六科。

凭借注会，他来到上海发展，进入了国内八大会计师事务所，从事审计工作，之后又进入国际四大会计师事务所，事业前途一片光明！

2. 天博单调半年，稳过注会五门

刘天博 1989 年出生，参加了 2019 年的注会考试，备五科过五科。

他在备考的半年期间，其实过得很单调。学习时手机放在手边，他从来也没拿出来玩过。各种电影、电视剧、演唱会轮番轰炸，他也从来没有去看过，就是在不断地听课、做题。

他每天 6 点起床，24 点睡觉，每天午休、午饭、晚饭、杂事一共只花费 3 ~4 小时，平均每天有效学习 12 ~ 14 小时，不过任何节假日、周末！日常作息十分单调。

（二）三段单调岁月成就企业家

重要的话说三遍：

人的成就大小与单调区间的长短成正相关！

人的成就大小与单调区间的长短成正相关！

人的成就大小与单调区间的长短成正相关！

我们看看俞敏洪的三段单调时光，发现这简直就是真理！其实，也就是这几段单调时光，让俞敏洪从原来的平凡之辈变成了之后的成功人士！

1. 单调苦闷的三年高考

1952 年，俞敏洪出生于江苏省江阴市夏港街道葫桥村普通的农村家庭里，但是，当时俞敏洪的家境并不好，他的学习成绩也很一般。这个从小就瘦弱多病的孩子，看起来不会有什么大出息。

刻苦而又单调地复习 10 个月以后，俞敏洪得以参加了 1978 年的高考。当时，他的目标是家乡的江阴师范学院，因为这样他的户口就能农转非，从此就可以摆脱繁重的农务劳动了。可是，这一年高考，俞敏洪的英语只考了 33 分，距离当年的及格线还差 5 分，失败了。

第一次高考失利之后，俞敏洪又回到家里务农，开手扶拖拉机、插秧、割稻，就这样一直干了两三个月，之后年仅 16 岁的俞敏洪成为一名大队中学的英语代课老师。正是在代课期间，俞敏洪的理想之火又一次被点燃了。他把全部业余时间都用在了自学上，过上了单调刻苦的生活，准备再次参加高考。

8 个月之后，1979 年的高考又开始了。这一年，俞敏洪的高考总分已经过了录取分数线，但英语却只考了 55 分，而这一年常熟师专的英语录取分数线已经变成了 60 分。再度失败。

1980 年，在母亲的不懈努力下，俞敏洪终于进了县政府举办的高考英语补习班学习，这个补习班的主讲老师曾经培养出一名考取了北大外语系的女学生，补习班也因此盛名在外。

有一次，英语老师让同学们抄写 300 个句子，并说，谁要能把这 300 个句子牢牢记住，还能一字不差地进行汉英互译，就可以保证在高考中获得好成绩。全班同学没有人相信，也没有人背下来，只有俞敏洪做到了。他也凭着这300个句子的功力，在第三次高考中发挥出色，英语得了99分。从33分到99分，他也从乡村迈进了北京大学西语系的大门。这一年，俞敏洪18岁。

这种数年单调地坚持奋斗的岁月，给了俞敏洪第一个根本性的理念：**虽然自己很笨，但是只要单调、执着地努力奋斗，一定能成就大业**！

在以后遇到挑战时，这种信念往往激励他不断前行。

俞敏洪经常自嘲地说：

“我这个人天性比较笨，所以一般来说，一件事我都会努力好多次，比如说我在学校背课文，我的同班同学全是当天都背完了，背完以后，老师就给他在课本上写一个‘背’字，这样就算过关了，但是我从来都没有当天就能过关的时候，一篇课文我一般都要背一个礼拜才能背出来，连老师都觉得我笨。不过我后来发现这样倒有一个好处，好处是什么呢？就是别的同学当天把课文背完了，但是过几天就全忘了，我虽然用了一个礼拜才背完，却通常一个学期都忘不了，背的时间越长忘的速度越慢，我觉得挺好。”

2. 单调励志的数月疯狂听背

经过单调的三年复习，俞敏洪终于在18岁考进了北京大学的西语系。但是，在英语系很多课程都是全英文授课，俞敏洪在讲台底下听老师讲课如同听外星人说话一样，看着老师的嘴巴一张一合，发出来的却是自己听不懂的声音，明明似曾相识，却又不知道是什么意思。受到老师和朋友们嘲笑的俞敏洪，戴着耳机，在北大语音实验室废寝忘食地练习英语听力，但是两个多月以后，不会说、听不懂的现状依然没有多少改观。

这时，他想到了自己百试不爽的老办法，果断地摆脱了北大当时的教学模式的束缚，另辟蹊径。他从小书店里买了一套《新概念英语》，抱着大录音机，钻到了北大的小树林里，开始了他的疯狂英语之旅。他也不去上课了，一天十几个小时地狂听狂背，用他自己的话说，“眼睛都听绿了”。昏天黑地、不分日夜，连学校用来提醒学生睡觉的熄灯行为都被他直接跳过。一到熄灯时间，俞敏洪就跑到走廊尽头，继续沉浸在英语的世界里。

很多年后，俞敏洪回忆起那段苦难的岁月，感慨地说：“班里的其他同学都说我当时听外语听得两眼发直，蓝汪汪的，像饿狼一样。”就这样经过了几个月的努力，他终于基本能听懂英语课堂了。

3. 单调沮丧的一年读书岁月

当他终于努力赶上同学们的进度，有了自己的招牌时——知道英语单词最多的“活字典”，大三第一学期时的俞敏洪被诊断为患了肺结核，必须休学一年，卧床养病。

医院在北京远郊区，村里的广播站整天播放“我们的家乡，在希望的田野上……”他苦笑，他怅惘，希望在哪儿？他概括上大学三件事：知识、友谊、爱情，可是他一样都没有。伴随着他的永远是绝望，如坠深渊的绝望。学识不如别人，聪慧不如别人，身体不如别人，交女朋友，不用说，更不如别人……原以为考上北大，一切都会发生变化，可是现在，不仅没有发生变化，反而加剧了自卑心结，心情越发糟糕了。

北京西郊山区的结核病疗养院虽然有着很高的围墙，但在楼上的房间里却能够看到周围的山。在医院的一年，他看遍了山的颜色，在医院的门口，有一座小山，山顶上刻着冯玉祥“精神不死”四个大字，俞敏洪几乎每天都要去爬这座小山，对着这四个字发呆。后来身体好点后，医生允许他走出大门，他就爬遍了每天从医院的窗户里可以看到的那些山峰。

同时他又以平均一天两本书的速度，在一年内读了600多本书，将中国历史和文学典籍看了十之六七。《论语》《曾国藩家书》《资治通鉴》《孙子兵法》《三国演义》……他对《三国演义》异常痴迷，将这本书奉为圭臬。宋代开国宰相赵普说自己是“以半本《论语》治天下”，后来的俞敏洪则是“一把广告刷打江山，一部《三国演义》治天下”。

（三）亲爱的朋友，你必须曾经单调过

实际上，很多大人物都曾经有过刻骨铭心的单调岁月，单调岁月对人生就是一个加速器。

比如拳王迈克尔·泰森，在拳击岁月开始的时候，他经常每天先跑几英里，然后练习长达十小时的拳击，甚至有时戴着拳击手套睡觉。

再比如创办两家世界五百强企业的稻盛和夫，其实有病在身，身体孱弱，大学时是一个差等生，第一份工作也是在一个濒临倒闭的小企业的差等部门。在哥哥的打击下，他开始决定在这个无法离开的小公司，勇于过单调的奋斗生活！当时他把锅碗瓢盆都搬进了实验室，睡在那里，昼夜不分。他连一日三餐也顾不上吃，全身心地投入了研究工作，经常抱着研发的产品睡觉，终于产生了巨大成果，开启了人生“开挂”之门。

所以，朋友们，我们要勇于单调。

亲爱的朋友，那些影响我们未来发展的重大事情，往往都需要单调来调色，因为我们只有在一个领域花费数千甚至上万个有效小时才能成为专家，而这个都离不开单调这把利器。

比如，你要参加影响命运抉择的高考，那就得单调而又刻苦地攻读好几年；你想参加影响人生重大抉择的研究生考试，那你最少需要单调、刻苦地复习五六个月；如果你想在金融圈增加专业实力，拿下注册会计师、CFA、FRM或法律职业资格证，那你至少需要单调、刻苦地复习一年；如果你是边上班、边备考，那么你在下班后估计就只能单调地坐在桌子旁演练、背诵那些恼人的知识点和题目，绝对不能再过那些优哉游哉、丰富多彩的夜生活了。

如果你今天突然想要看100本好书，明天认为应该多去旅游开阔视野，过几天突然想要多听演唱会、戏剧，再过几天又决定看经典英剧、美剧……亲爱的朋友，这么丰富的事情无法形成竞争力，无法让我们认知跃迁，也无法成就自我，因为这些事情，任何人都能干！

亲爱的朋友，你必须曾经单调过，而且最好以后也时常勇于单调。

二、丰富时就是低效时

（一）丰富是魔鬼，诱人误入歧途

曾经的拳王迈克尔·泰森在职业生涯的早期，过着单调的训练生活，不训练时，一天也至少要看十个小时的老拳击比赛录像，这使他在20岁时只是用了两局就成为了有史以来最年轻的世界重量级拳王。

但是，当他的教练库斯去世而且他成为拳王之后，他开始到处寻花问柳、喝酒赌博，放弃了原来的单调、艰难的训练。接着，个人事业就因私生活混乱、缺乏训练、两次收押而中断。在监狱中的他曾试图恢复职业生涯，但在与知名对手的比赛中却惨遭败北。

从此，一个世界级拳王因为耐不住单调带来的寂寞而跌落神坛，并且未再爬起。

丰富是魔鬼，诱人误入歧途。

丰富时常勾引着那些卓有成效的人，让他们误入歧途，抛弃让自己独具一格、扬名天下的伟大事业，去享受丰富多彩的现实世界。

所以《道德经》说：

“重为轻根，静为躁君。是以君子终日行不离辎重，虽有荣观，燕处超然。”

辎重就是我们的考试，即使是身处丰富多彩的工作、生活场景之中，我们也要保持冷静，一直要守护我们的考试，不能因为耐不住单调、忍不住寂寞而多次去追求那些虚无缥缈的短期娱乐。

王安石因改革晚年被罢免后，也仍然诗情画意地说：

“一陂春水绕花身，花影妖娆各占春。纵被春风吹作雪，绝胜南陌碾成尘。”

他仍在坚守自己认为正确的改革理念，不愿在晚年失去节操去阿谀奉承，纵然这样孤寂地死去，也不能丧失坚守的人格，去为不以为然的政策效力。

要谨记历史的教训：丰富时往往就是低效时，单调时往往就是高效时。

（二）丰富是魔鬼，降低备考效率

在备考中，有很多貌似丰富的生活其实很容易降低备考效率。

■ 案例一：苏诗华同学是个宝妈、白领，而且很热爱生活。她想要在现有公司的职场上晋升，所以她白天会好好工作，晚上还经常加班。她还想做个好妈妈，认为要亲自长期陪伴孩子，所以她周六周日会花大量时间照顾孩子。

她还想要做个贴心好友，所以还经常主动花时间帮助朋友。她还想要同时享受下美妙的生活，所以她还较为频繁地追剧、购物、喝咖啡、聚会。当然，她还想要考过注会，打破职业瓶颈，所以她还会努力抽时间来备考。

但是，她其实考得并不好，复习三科，花了半年，只过了一科。

➢ 点评：原因很简单，她的生活太丰富了！也就是说，她花在注会上的时间是达不到阈值的。

她完全应该将带孩子的任务由婆婆、母亲或丈夫分担一部分，完全可以将工作任务稍微放一下，完全可以减少与亲友间的人际交流，完全可以减少花在电影、电视剧、购物、喝咖啡、聚会的时间浪费上！但是，她几乎都没做到！所以这种不如意的考试结果，几乎无法避免！一声叹息！

■ 案例二：方清圆是1985年出生的，2020年6月会拿到专业毕业证。她就在一个网校报班、备考注会。她在2016年以前是家庭主妇，没做过公务员，也没去过大公司。从2016年开始，她在西藏一个县城开了个小店，年收入20万元，一个人养两个孩子，养家糊口不成问题。而且她有较强的学习能力，在生意上在学习消防工程，同时还在备考注会。她自己都总结，到了35岁的年龄段了，不管在哪里工作，做什么工作，一定得学习，不然很快就会被社会淘汰。

但是在2020年3月，她体制内的朋友和亲戚通知她，地方正在改革，可以招专科生做公务员，待遇是每月8000多元。另外有很好的医疗条件，况且还可以体验另一种人生，生意还可以基本照做。如果今年公务员考试考不过，还可以进三峡集团在西藏的分公司，待遇不错，前途也很美好。

所以，那两天她突然得知这个消息，脑袋都蒙了，都不知道方向在哪了，不知道考注会的必要性在哪里。

➢ 点评：从备考的角度来说，她无疑踏进了丰富的生活甚至相反的方向，这当然极其不利于备考。

但是，本着为方同学的最大利益考虑，她应该暂时放弃注会，去备考三峡集团西藏分公司或公务员的考试。

方同学其实是一个很有能力的人，在开小店、自己养两个孩子，在大专学历没拿到手的时候，竟然敢直接考注会，所以她其实很勇敢、很有自制力！而且她深信学习能力的重要性，是一个自我驱动力很强的人。

但是，鉴于她实操能力较强，应试能力并不强，在注会上其实并无优势。现在有一个做公务员或者进三峡集团西藏分公司的极好机遇，而且她内心很想进，成功的可能性很大。况且，一旦进去，以她的能力应该表现不错，所以她应该暂时放弃注会，去备考这两者。在考过之后，上班的同时，兼职考过几门注会即可。

三、半丰富法则

（一）什么是半丰富法则？

整体而言，我们虽然要坚守单调高效的生活法则，但是不能过于单调。过于单调：一是会让自己心情低落，降低备考效率；二是会增加投资成本，丧失其他领域的机遇。

那么，应该坚守什么备考法则呢？

答案就是我们独创的“半丰富”法则。

什么叫半丰富法则？

半丰富法则，就是一周学六休一，或者一周挑半天休息玩乐，其他时间必须规避干扰事项、坚决执行计划！

（二）一个平凡考生的半丰富备考

我在这里马上要介绍一个平凡考生的方便易行的案例。我认为这才是大多数朋友能够真正学习的榜样！

大多数人不太可能像李莲娣一样在53岁时还能苦学15个月去考注会，而且能够连续几个月几乎一天不休息，还能每天学12个有效小时；

大多数人也不太可能像溪阳老师一样，勇于断舍离，回到老家，饭菜不做，电话不回，没有任何影视剧和运动爱好，连续猛攻近10个月，每天学近

13 个有效小时；

大多数人也不太可能像海风老师一样，自认不聪明但是学习效率超高，为给母亲治病奋而考证，仅半年学了不到 2000 小时就考过注会六门！

大多数考生其实想要各处搞平衡，既要工作，又要生活，也要备考。只不过，我在此告诉大家，鉴于大部分朋友对备考的了解，很难把控三者之间的平衡，所以我建议首先优先保证备考，其次花点时间完成工作任务，最后再花点精力保证生活的基本品质。

我推荐的最具可操作性的案例如下：

一个极具可操作性的案例：席非然同学是一个大专生，1995 年出生，专业为财务管理，但是学得很差，期末考试大多是临时背的。她自己也比较懒，自制力也不强，胆子也不大。2017 年 5 月毕业后做了个普通的出纳，工作业绩也没有出色之处，就是打算凭借工龄晋升。学习能力也很一般，高考只考了 300 多分，也没有读过几本好书。

2018 年考过初级之后，感觉要想提高自己，必须考注会。所以，她从 2019 年 2 月中旬开始备考，一直到 10 月中旬，备考了 8 个月。

她是周一到周五上班，这五天要兼顾工作，所以在工作中只能学习 1～2 小时，晚上 6 点下班又能学近 3 个小时，所以每天能保证学习 4.5 个小时。有时这种强度她都受不了，干脆抽一天看看电影、综艺、逛街、购物。

她周六周日学习一天半，大约 12 个小时，另外花半天玩耍。但是，她又紧跟直播，经常参加模考大赛督促自己，又将每科真题都仔细做了近五遍，同时每一科目都另外买了两本辅导书，也不断收集各位老师更好的知识总结，用以提高备考效率。

这样，她每周学习约 35 个小时，8 个月积累了近 1200 个小时。在 2019 年的注会考试中，她就以平均分 65 分的成绩一次性通过会计、税法和经济法科目。

➢ 点评：我们分析席非然同学的备考过程就会发现：

（1）她其实学习能力很弱，基础不好，高考只考了 300 多分，她上大专表面上学的是财务管理，其实几乎没怎么学到东西。

（2）她其实自身素质较弱。即自制力弱，志向不高，工作能力不强，知识不广博，也不能吃太多苦，承担不了一天 10 小时的学习量，周六最多也只能学八九个小时。

但是，按照她的这种进度，两年之内就应该能拿下注会专业阶段，这已经远超大部分朋友平均水平了！如果我们备考都能两年拿下注会，那绝对是质的飞跃！

她之所以能这么做，是由于她做对了一件事。那就是她知道自己没那么强，根本不能像学霸一样做到自律而高强度的备考，但是也绝对不愿意松松垮垮地备考，所以她选择了次优而又极具可操作性的目标——半丰富备考法！

她知道自己不是自制力达人。她深刻地了解自己根本克服不了玩乐的欲望，无论被“打了多少鸡血”，听了多少学霸访谈，看了多少励志语录，她都做不到，所以她每周给自己一个定向释放窗口，让自己至少每周半天或一天玩乐，如果心情不好还可以再临时玩乐。

她知道自己不是学习高手，很多知识点自己根本不会总结，所以她就“好风凭借力，送我上青云”，不断翻阅、收集各个辅导书的好总结，化为己用。

她也知道自己不是勤奋者。积累的学习时间根本不算多，根本做不了很多题，所以就只能抓最重要的题目——真题，她将每科的真题认真做了近五遍，真正做到了然于胸。

其实，我强烈建议，大部分考生像席非然同学一样遵循半丰富法则。等你这样一次过了三门，再考下三门时，你的学习能力就大大提高了，就有可能像学霸一样要求自己了。

考证界一半失败考生是由于太急太迫，而半丰富法则则是解决这种矛盾的极佳路径！

第九章

备考中的拖延重症：山重水复疑无路

800 年前，文学家陆游在《游山西村》中感慨道：

莫笑农家腊酒浑，
丰年留客足鸡豚。
山重水复疑无路，
柳暗花明又一村。

“山重水复疑无路”其实是对身患拖延重症的朋友们心境的真实写照，他们一边拖延着，一边担忧着，最关键的是，时光在点点流逝，他们不知如何是好！

时光何等易逝！

而且时间的流逝不只意味着寿命减少，更意味着机会窗口的关闭。突然间过了少年易学的最佳季节，在中晚年即使要发奋图强，效果也大打折扣。

2100年前，在著名的汉乐府《长歌行》中，诗人就深刻地观察到：

青青园中葵，朝露待日晞。
阳春布德泽，万物生光辉。
常恐秋节至，焜黄华叶衰。
百川东到海，何时复西归？
少壮不努力，老大徒伤悲。

一片郁郁葱葱的园中葵菜，挂满朝露，急切地等待着红日喷薄，以吸收阳光，茁壮成长，因为它们知道，时间不等人，一旦秋季来临，便会枝枯叶落，化作粪土。时间像河水东流，一旦错过，什么时候才能有机会补回失去的机遇和时光呢？最终只能一声叹息："少壮不努力，老大徒伤悲！"

拖延重症是对备考时间的最大浪费，是对珍贵光阴的公然废弃。但是这些至理名言，似乎对拖延重症患者无法发挥任何作用。

对他们而言：

"劝君莫惜金缕衣，劝君惜取少年时"？算了吧；

"莫等闲，白了少年头，空悲切"？谁在乎呢；

"我生待明日，万事成蹉跎"？随它去吧。

我们细细发掘拖延重症的隐秘，发现这些重症患者有不得已的苦衷。他们自己也经常苦苦挣扎，陷入了"山重水复疑无路"的悲哀境地，却难以等到"柳暗花明又一村"的光明时刻。

一、人“这玩意儿”有点儿矛盾

（一）大师们对人性的争论

伟大的哲学家、科学家、教育家兼思想家亚里士多德说，人是理性的动物。

但是，他立刻受到很多大师的“攻击”：

哲学家、文学家伯特兰·罗素就幽默地反击道：有人说，人是理性的动物。我这一辈子都在寻找能证明此言非虚的证据。

作家、艺术家奥斯卡·王尔德也深刻地质疑道：人是理性的动物，但在需要听从理性的命令时，却常常大发脾气。

美国科幻小说家罗伯特·海因里希则直接矢口否认：人不是理性的动物，而是会理性地给自己找借口的动物。

美国民谣歌手鲍勃·迪伦则像在演奏一首哀乐一样说道：人们很少做他们相信是对的事，他们做比较方便的事，然后后悔。

（二）拖延是人性矛盾的集中体现

但是显然，我们是理性与感性的矛盾体：

天使在肩膀呢喃；魔鬼在床头低语。

上进刻苦的我希望早早起床；放纵懒惰的我渴望多睡懒觉。

一部分的我想要健康强壮，肌肉劲爆；另一部分的我想要暴饮暴食，随性而为。

理性的我希望按照计划表一件一件做完所有待办事项；可感性的我却只想做有趣而无意的烦琐事项。

坚韧不拔的我想要“衣带渐宽终不悔，为伊消得人憔悴”；软弱自私的我却想要“人生得意须尽欢，莫使金樽空对月”。

晚上的我畅想各种美好的可能性，坚信明天会更好；早晨的我面对惨淡的

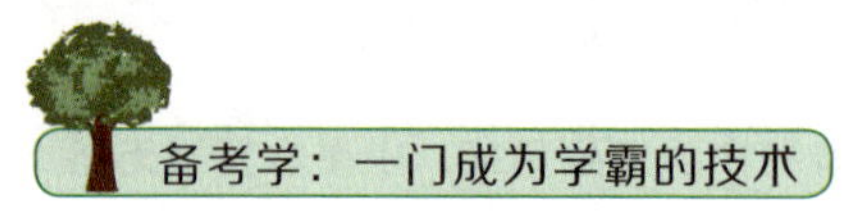

现实，还是维持原状算了。

理性是绝好的天赋，但对于我们绝大多数人来说，它充其量只是内心各种欲望的外包装。所以，如此矛盾的个性让我们经常在工作、生活、备考中出现各种 BUG，最严重的表现就是对很多重大要事和备考任务的拖延。

二、老师，救救我吧！

我多次接收到同学们在考试时的拖延，那种无助和痛苦，我每次看到心情沉重，甚至潸然泪下：

■ 案例一：

“老师，救救我吧！我有严重的惧学情绪！我去年报考两科会计和税法，结果一科没过。我今年比去年学得更加努力了。但是会计还是很多章节听不懂，税法的增值税和企业所得税的部分要点还是搞不懂。我现在已经害怕学习了，每次下班回家，我内心深深知道是时候该看书了，再不看今天任务又完不成了。但是，我还是在那里玩手机，一边玩手机，一边催促自己去学习，但是手就是无法放下手机！内心一边自责、一边恐惧，同时充满罪恶感。这种拖延的痛苦感，令我难以忍受，但是又不知如何是好?!”

■ 案例二：

“老师，我受不了了！我对财管完全不知道该怎么学，课上根本听不懂，感觉像天书一样，看着时间一分一秒流逝，自己却毫无进展，内心之焦虑简直让我崩溃了！我针对财管测题、刷题、看教材、看讲义、复习和预习，但是很多章节根本看不懂。现在，我在学习上已经多次拖延了。课时严重滞后，每次打开书就不想学了，要么刷微博，要么刷新闻，要么浏览朋友圈，就是不去学习。老师，我该怎么办啊?!”

这两位同学其实都是由于因难点和消极情绪引发的拖延重症，要想解决拖延，必须从难点和消极情绪入手，下面我们会详细分析。

三、究竟是什么导致了拖延？

首先，到底什么是拖延？

所谓**拖延就是出于对挑战性任务恐惧，而不当推迟任务**。换言之，拖延的本质是恐惧！要想解决拖延，必须先解决恐惧！重要的事情说三遍：

拖延的本质是恐惧！

拖延的本质是恐惧！

拖延的本质是恐惧！

其次，到底是什么导致恐惧？

在备考中，具体有四种恐惧源：一是严重的生活问题，二是知识难点，三是完美主义情结，四是严重的消极情绪。

（一）严重的生活问题

要解决拖延，有人讲树立目标、坚定信念、提高意志力、做事时不要有太多情绪、不要想太多、专注当下、建立自律、提高执行力等。其实，这都不是解决方案！这是对问题的同义反复！

亲爱的朋友，你真相信，告诉你不要想太多，你就不想太多吗？开什么玩笑！

亲爱的朋友，你真相信，告诉你彻底放下，你就能彻底放下吗？讲什么笑话！

亲爱的朋友，你真相信，告诉你专注当下，你就能专注当下吗？简直太难了！

解决拖延重症，亲爱的朋友，第一步不是靠自制力等品质，而是靠解决方案，长期坚持永远与有效策略形影相随。

换言之，正如孟子所说的“吾善养吾浩然之气”一样，能够坚持下去的人是善于找到坚持下去的有效策略，而不是靠的什么自制力！

其实，引发我们备考拖延的重大生活问题虽然有很多，可能是不常见的病痛、常见的疲累感、家庭矛盾、孩子的干扰等，但是我们在这里主要分析两点。

1. 病痛这个“无底洞”“吸血鬼”“大恶魔”！

病痛不但是导致疲累困倦的重要杀手（参见第六章“备考中的疲累困倦”），也是引发消极情绪的重要源头。

我在研究生阶段备考司考时，就亲身体验过病痛对人的巨大摧残。虽然我大概半年零基础就过了司考（A），但那半年中所经历的身体痛苦和拖延重症，令我至今都不寒而栗，我一辈子再不想体验一天。我至今都认为，那段日子是我一生中最为痛苦的一段时间。那段时间，那个状况，我本应卧床休息，但是我竟然去备考了，真是“无知人胆大”，真是“初生牛犊不怕虎”！

■ 案例：筋膜炎症与司考拖延

我在读学术型研究生时，已经患上了非常严重的颈椎病、肩背部肌肉劳损以及腰椎小关节紊乱，症状就是不能坐。坐几十分钟甚至十几分钟就会颈椎酸痛、肩背腰部疼痛，这是我在考研时，晚上趴在床上看书到凌晨三点多才睡觉、不锻炼、周末又整天泡在电子阅览室琢磨软件导致的。

那几年，我尝试了所有可能的方法：西药、中药、理疗、手术、激素、锻炼、禅坐、休息，都没有治好。现在国内所有的理疗措施我都尝试过，什么按摩、针灸、电针、走罐、拔罐、艾灸、刮痧、小针刀、牵引、离子导入、熏蒸、注射臭氧等，都不太管用。

我之后几乎走遍了能找到的所有好医院，通过好大夫网站咨询了 N 个好大夫，看了好多篇讲腰肌劳损、腰椎小环节紊乱的文章，翻完了“腰肌劳损吧”60 多页的几百篇帖子，一一尝试，但是病痛仍然比较严重。那种坐在椅子上学习的痛苦依然令我不寒而栗！

我坐着看书学习，就好像武侠中的人物一边在颈肩背腰遭受万虫之爬挠，一边在拼命理解难懂的《易筋经》一样艰难困苦。

所以，我每天去图书馆都会遭遇严重的拖延，原因在于对病痛的恐惧。而且，我每天在学习过程中，还要忍受孤独冷落，因为我所在的研究生学院在大力鼓励做学术，我这种考证的人很受导师的打击和学院的排挤，所以院里没有一个人跟我一起学。

我的拖延体现在：

➢ 中午我会花两小时午休，因为下午疼痛会加剧，哪怕我不困，也要睡觉，为的是拖延去学习。

➢ 我吃过晚饭是19：00，但是一般直到20：00才开始学习。为什么？因为晚上要学习，身体更是疼痛。我内心恐惧疼痛，只能通过拖延来修复精力，来增加一点开始的勇气。

➢ 我每学习1.5小时就会跑到图书馆的顶楼去做20分钟的俯卧撑，或者跑到操场听着凤凰传奇、刀郎的歌曲迅猛地跑步20分钟，然后再拖延十几分钟，开始下一阶段学习。换言之，我中间以这种形式拖延了40分钟！

➢ 由于白天各种拖延，一般全心投入也只能学习五六个有效小时，但是这样无法拿到司法A证，所以我晚上10点从图书馆出来，然后又拖延了近两小时到晚上12：00，再开始学习到凌晨1：30。

➢ 由于拖延导致有效时间不多，所以我只能选择学六休一，然后周六晚上疯狂地熬夜到两三点看电影、电视剧，周日晚上往往再次沉迷于电影、电视剧，看得如痴如醉，把自己一整天关到寝室，连吃饭、接热水都懒得下楼，往往吃几口方便面、喝点公共卫生间的凉水就打发了。我想要以这种方式，延长周末的享受时间，希望周一到周六的痛苦生活永不再来。现在想起来也是被痛苦逼得丧失理智。不过，在当时确实能够让我坚持下去。

➢ 由于一坐就痛苦，我几乎无法使用抄写、测题的学习方式，只能读书、看讲义、背诵、看题，在学习方式上“少条腿”，降低了学习效率，否则在同样的备考时间内，我的分值肯定还会更高！

我为了能够减少病痛带来的拖延，采取了以下措施，但是效果都不太好，整体还是很痛苦：

➢ 打激素。处方是：得宝松+甲钴胺+生理盐水，得宝松可以用曲安奈德代替，甲钴胺可以用白鼠牛痘免疫提取液代替。这个激素前十几次可以大大缓解疼痛，由于公立医院的大夫给我打了五次后就担心副作用不再给我用了，我就经常跑到甘肃省人民医院的急诊科开好几支处方药——得宝松，从淘宝上买甲钴胺，然后写保证书，跑到私立医院求着大夫给我打。后来，那家私立医院的副主任医师听说我已经打了至少 15 支了，也坚决不同意给我打了。最后看到激素药的效用也确实呈边际递减，所以我也不再用了。但是这个激素药确实在前几次帮我大大减轻了病痛，身体恢复了一点，也减少了一点拖延。

➢ 多次跑步、做俯卧撑，有时打羽毛球。

➢ 运用时间统计法。这是柳比歇夫发明的一种记录纯时间的事件日志。我已经运用五六年了，由于我病痛的影响，它只能让我平均一周学五天半休一天半，不能让我做到更多；只能让我做到平均一周学习 35 ~ 40 个有效小时，但做不到身体健康时的六七十个小时。换言之，我至少还是因为病痛而每周拖延了 25 个小时。

➢ 公布目标，让学院和导师知道，以坚定自己破釜沉舟、不做纯学术过司法的决心！

➢ 我最终在国家司法考试报名人数暴增的 2016 年花了大约 1000 小时，过了司法 A 证，但是代价就是与导师和学院关系比较差，不久后与女朋友分手，同时也丧失了创业、挣钱和多次实习的重大机遇。

总结这段经历，这种在拖延中奋斗、奋斗中又拖延的生活方式实在是不得已而为之，不足效仿。由于病痛，我付出了重大代价。如果我身体健康，半年学 1000 小时过司考的同时，肯定还能做好科研，谈好恋爱。

2. 疲累感这个常见的捣蛋鬼！

疲累其实是精力不足的表现，具体怎么解决，请参看第六章“备考中的疲累困倦”。

另外，疲累其实也是导致拖延的重大原因。很多朋友在疲累中往往拖延学习，或拖延对重要章节的学习，就像学霸王唤唤在分享时所说的“假装努力”！自己明明知道今天该主攻会计的长股投或者税法的企业所得税了，但是现在很累、恐惧，就去看那些已经学过的固定资产或消费税。

真是浪费时间！

关于疲累，在这里，我只想讲一点：

当你疲累，这已经是事实；如果已降低了效率，那更是事实。当此之时，你要做的不是死扛，不是“头悬梁、锥刺股”，而是迅速战略性撤退（休息一二十分钟），然后再战略性进攻（投入学习）。

也就是说，你应该采取措施迅速缓解下疲累，然后再学习！而不是死扛，死扛当然可以成功，但是学习效率很低，换言之，你的努力死扛没有别人的聪明应对效果好。

（二）知识难点

任何人学习时都会遇到难点，难点就是一时无法攻克的考点。

任何人遇到难点就想立刻弄懂，但实际上，绝大部分人在第一轮和第二轮对很多点根本就搞不明白。如果冲击两三次还搞不明白，往往就会对这科产生恐惧情绪，进而产生拖延重症。

关于知识难点的权变处理策略，请见第二章“备考的五大雷坑”中的“雷坑三：太多疑——不敢放弃一城一地”。

（三）完美主义情结

1. 什么是完美主义？

正如斯坦福大学哲学教授约翰·拉里在《拖拉一点也无妨》中说得那样，有些情况是完美主义导致了拖延。

那么，什么是完美主义呢？

完美主义就是幻想在一个完美环境中，发挥出完美状态，超常完成任务。

许多爱拖延的备考者都没有意识到自己有完美主义情结，原因很简单：我们从来也没干过什么完美的事，就连接近完美的事也没干过。但这是对“完美主义”基本概念的误解。所说的完美主义，完全是停留在脑海里的幻想层面的东西，而非真实状况。

比如，一家出版社请我们评审一部书稿，看看它值不值得出版，如果值得出版，在哪些方面还能做些改进。我们接下了这个活儿。于是，我们马上切换到了幻想模式。我们想象自己全面而深入地阅读了手稿，给出的意见鞭辟入里；我们想象自己正在写着一份精彩绝伦的审读报告；我们想象出版社编辑接到报告后拍案叫好、赞叹不已；我们想象自己的审读报告洞见深刻，以至于成了不断传诵的经典之作。

为何我们会生出这些幻想？不知道。

关键在于，如果你是一名拖延者，类似的幻想很可能也会出现在你的脑海里。这就是我所说的**“完美主义”，它不在于你真的做了什么完美的事，而是要借用备考中的任务幻想自己把事做得完美无缺。**

那么，完美主义者主要包括哪些类型呢？如表 9 – 1 所示。

表 9 – 1　三种完美主义者

类型	表现
要求自我型	他们竭尽全力达到自己设定的高标准，当无法达到这些标准时，往往会认为自己很失败，生命丧失了意义，换言之，他们把高成就与生命意义联系在一起
要求他人型	他们总希望别人把事情做得尽善尽美，常把人际关系搞得很糟。换言之，他们把个人的高成就与他人的高成就联系在一起
被人要求型	他们之所以不顾一切追求完美，是因为深信他人对他们寄予厚望，如果达不到这种期望，就失去了被人接纳的资格，即他们内心深处极度恐慌被遗弃。换言之，他们把高成就与归属感联系在一起

2. 你是完美主义者吗？

很多朋友还是怀疑，自己根本不是完美主义者。现在，我们针对备考中的朋友状态，做一个完美主义测试：

➢ 当买到一本喜欢的书后，告诉自己要在有大量空闲时、在一个安静的环境中，在心情良好、精力充沛时，再一页一页地好好读一读。

➢ 认为复习考证时，环境必须安静、整齐，自己能腾出来整块时间，心情愉悦，精力充沛，否则不满足学习条件，不需要好好学习。

➢ 在乘坐公交或地铁的一个小时中，觉得不应该拿起辅导书来看书备考，因为车上环境嘈杂，无法做笔记、做题，无法仔细思考。

➢ 觉得既然复习备考，就应该拿出纸质书籍，边听边做笔记，心无旁骛，不能有任何走神儿，不能听任何音乐或杂音。

怎么样，如果以上题目，你有两个或两个以上这种情况，就有较强的完美主义情结，这种情结很可能会随时导致拖延。

3. 完美主义是如何导致拖延的？

那么，完美主义是如何导致拖延的呢？

原因在于这带来了巨大挑战，而要完成这项挑战，现有条件和现有状态根本无法满足，所以就只能拖延完成。

比如，上例中出版社请我们评审书稿的问题。为了审读这份书稿，我们至少需要花费两天将书稿细读一遍；我们至少还需要再花费两天阅读作者援引的参考资料，还需要花费数天形成自己独创性的观点。在此过程中，我们可能遇到思路中断、如蚕吐丝般的难产；可能遇到抓耳挠腮、艰涩难解的痛苦；可能遇到踌躇徘徊、平衡各种冲突的疑难。而这绝对不如不做感觉好受。

而且，我们要完成以上任务，还需要推掉其他任务，改变工作、生活的现有状态。而状态的改变，就会造成压力。改变越大，压力也越大。而完美主义者无疑会幻想极高的目标；极高的目标必然要求耗费极多的时间、精力；要为此事投入极多的时间、精力必然会要求大幅改变现有工作、生活状态；大幅改变现有工作、生活状态必然会带来巨大压力。

但是，当到了截止日期，编辑多次花费时间、在担忧焦虑中几番催促时，我们就只能匆匆放下完美主义幻想，在桌上堆着的文件、杂志、未拆的信件里翻找，赶紧花了几小时读完它，写了一篇很是过得去的报告，然后把它寄了出去。

在这种心理下，我们估计肯定会像很多人的做法一样，因为重要，所以拖延审稿！

再看我们的完美主义测试题：

➢ 认为复习考证时，环境必须安静、整齐，自己能腾出来整块时间，心情愉悦，精力充沛，否则不满足学习条件，不需要好好学习。

解析：其实，这对复习环境的要求太苛刻了，估计有1/3的情况不满足。那么不满足的时候，本应要完成的学习任务就会推到下一次。

➢ 在乘坐公交或地铁的一个小时中，觉得不应该拿起辅导书来看书备考，因为车上环境嘈杂，无法做笔记、做题，无法仔细思考。

解析：这也是典型的完美主义，说明有的朋友对备考的场景还停留在初高中时窗明几净、静坐学习的阶段。这就丧失了移动中学习的时间，将移动中本来可以看些或听些简单的内容拖延到了下次完成。

实际上，学霸郑勤的很多题目就是在上下班途中刷完的，一年过六门的学霸廖紫薇也强调，碎片化学习太重要了！

➢ 觉得既然复习备考，就应该拿出纸质书籍，边听边做笔记，心无旁骛，不能有任何走神儿，不能听任何音乐或杂音。

解析：这也是典型的完美主义。这种做法会导致学习太过单调，也太过严苛，而且也会拖延。因为，绝大多数朋友很可能有 10% 左右的时间在浅走神儿。而且，很多朋友其实学累时，边听轻音乐或边泡脚时，反而使得学习耳目一新，舒适且高效，甚至爱上学习。

完美主义小结如图 9－1 所示。

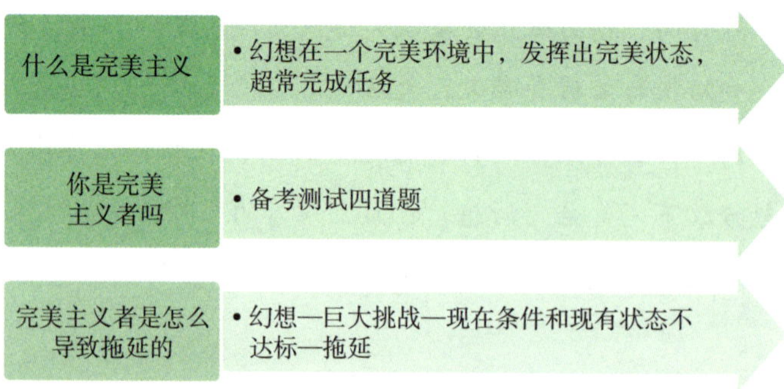

图 9－1　完美主义小结

（四）严重的消极情绪

消极情绪让我们更加软弱，在消极情绪下，没有人能够继续进行高效的学习任务，这时任何学习都会变得面目可憎，任何学习任务都想拖延。

关于此方面的论述请参考第七章“备考中的消极情绪”。

四、朋友们，到底该如何克服拖延?

（一）解决生活问题

每个人面对的引发拖延的生活问题可能不太一样，所以就需要查出自己的问题，并加以解决。如果是病痛引起的拖延，最好的方案，就是治病。

可能有人会给出解决方案，说你因为病痛的恐惧而拖延，应该是克服恐惧！这根本就不是解决方案。

➢ 如果你不敢去追女朋友，有人告诉你要勇敢地去追女朋友，这不是解决方案；

➢ 如果你减肥坚持不下去，有人告诉你一定要坚持减肥，这也不是解决方案；

➢ 如果你因不会理财而缺钱，有人告诉你要学习理财而富有，这还不是解决方案；

➢ 如果你对学习总是有一种痛苦情结，有人告诉你要喜欢上学习，这就是在搞笑！

因为这些所谓的“高大上”方案，从逻辑上，是对问题的同义反复！亲爱的朋友，你明白了吗?

（二）结构化拖延法

1. 什么是结构化拖延法?

这是由斯坦福大学哲学教授约翰·拉里提出来的，主要应对的是由完美主义引起的拖延。他说：

“早在好几个月前，我就想写这个章节了。为何我终于动了笔？是因为我终于有空了吗？非也。我有很多事要做。我之所以写这篇文章，正是为了不去干那些事！这就是我称之为‘结构化拖延法’的精髓之所在。

我发现，这项了不起的策略能令拖延者们化身高效能人士，使他们因高产

和善用时间而备受众人的尊敬与崇拜。因为只要某件工作不是某人当时本该做的事，不管工作量多大，他都能够完成。”

每位拖延人士，都会把必须要做的事情往后拖。结构化拖延法则正是一门关于如何利用这一消极特征、让它为你服务的艺术。

在这个概念里，最关键的一点就是：**拖延不等于什么都不做。**

爱拖延的朋友们极少什么都不做，他们的确会做些略微有用的事，比如做做园艺、削削铅笔、收拾房间等。

为何拖延者们愿意做这些呢？

因为做了这些，就可以不去做那些更重要的事。而如果他们的待办事项里只剩了“削铅笔”这一件事，那么天底下就没有任何力量能够促使他们拿起削笔刀了。

2. 怎么具体操作呢？

方法就是：**把自己想要完成的事按重要性列个清单，把看起来最紧急、最重要但实际上并不是这样的事排在最前头，于是，完成后面这些真正重要的任务，就变成避免去做清单最上方的任务的一种手段。**

借助于这种排列得当的任务结构，拖延人士就变成了高效的人！

看到这里你或许会问：“清单最开头的那一件最重要任务怎么办？永远也不做了？”不得不承认，这的确是个问题。

诀窍就在于，要为优先级最高的位置选对任务。最理想的备选任务有两个特点：

第一，它看似有明确的截止期限（但实际上并没有）；第二，它看似重要的不得了（但实际上并不是）。幸运的是，这种事在生活中比比皆是。

比如，我要为某个微信公众号写一篇长文，实际截止日期是5月31日，我强迫自己认为应该是5月21日，就把其放在清单上的第一位，这样可以提前交稿，而且还有足够的时间与编辑交流。这样，利用结构化拖延法，我就可以去做其他事情。

所以，实践结构化拖延法是需要一定程度的自我欺骗的。一点没错，你要为那些夸大重要性、虚设截止日期的任务投入自己的精力，同时还得让自己相信，这些任务的确既重要又紧迫。这都不是问题，因为说到底，所有拖延人士都拥有一流的自欺本领。

何况，还有什么能比利用一种性格缺陷去抵消另一种性格缺陷的负面影响更高效的呢？

我们对结构化拖延法进行总小结，如图9-2所示。

操作方法	• 把自己想要完成的事按重要性列个清单，把看起来最紧急、最重要但实际上并不是这样的事排在最前头，于是，完成后边这些真正重要的任务，就变成了避免去做清单最上方的任务的一种手段
底层逻辑	• 利用一种性格缺陷去抵消另一种性格缺陷

图9-2　结构化拖延法小结

（三）“一步引一步”

1. 什么是“一步引一步”？

备考，是一件艰难繁重的任务。因此，我们就划分为多个步骤即可，这样在每天做每一点时，不那么困难，就不会产生恐惧和压力，不会产生拖延。

而且，最关键的是，每次只要今天这一步、这一小时的这一步，等到第一步完成了，第二步自然就会被激发出来。

正如《道德经》所言：

“大小多少。图难于其易，为大于其细。天下难事必作于易，天下大事必作于细。”

“大”由很多“小”一个个构成，“多”由很多“少”一个个组成，难事是由很多易事一步步发展而来，大事由很多小事一步步发展而成，所以我们要想完成备考注会、一次过六科的惊天壮举，就必须每次都从当时可以操作、有利于完成大事、难事的小事、易事做起，持续坚持下去，必能成大功，立大业。

而且请放心，每次完成一件小事、易事，哪怕经过一段犹豫徘徊，肯定能找到下一步可行的小事、易事。

2. 我那聪明而强大的博士生导师的方法！

这种“一步引一步”的“战拖策略”是我的研究生导师传授的，他是博士生导师、教授、研究所所长，一个典型的学霸，一个超常的“学术大牛”。他的每个学生都能发表一篇管理学核心期刊。这些核心期刊文章都是极为枯燥、乏味的，而一篇核心期刊要经历极其复杂、冗长的流程：

从确定研究领域和主题、阅读英文核心期刊、做学术笔记、汇报研究框架、翻译量表、确定问卷、收集处理数据、完成初稿、在研究所汇报、修改完善、投稿、返修到最终的录稿通知，由于现在管理学界的纯学术化的倾向，每一个过程都充满了枯燥无味！

怎么让每个学生都能写出一篇高质量的核心期刊文章呢？其实，通过“动之以情、晓之以理、诱之以利、威之以弊、绳之以法”，效果都不太好。

那么，他到底是怎么做的呢？

答案是**让我们先完成第一步，完成之后，再激发我们做第二步**（见图 9－3）。反正前面都已经做了，在第一步基础上完成第二步也没那么难，做就做吧。于是这样的情况反复上演，不知不觉我们都在向学术高峰进发，等到发现到达了山顶，发现大多数“985 工程”院校的学术型研究生都已经被甩在身后了。

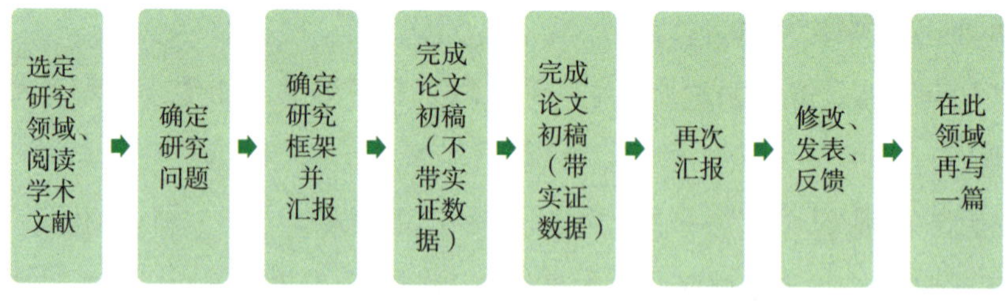

图 9－3　博士生导师用“一步引一步”战拖的流程

具体操作方法是：当我们在研究生开学时，敬爱的导师让我们先选定研究领域、阅读学术文献，并要求一定要提供文献笔记。

当我们做完笔记后，任务该完成了吧？没有，他就再进一步，鼓励我们思考，是不是从这些文献中可以发现什么研究问题呢？

确定研究问题后，任务该完成了吧？没有，他就再进一步，是不是可以通过已经完成的众多文献笔记和研究问题，确定研究框架，在研讨会上汇报呢？

汇报并修改完善之后，任务该完成了吧？还没有，他就再进一步，是不是可以完成一篇不带实证数据的论文初稿呢？

我们终于绞尽脑汁，引用30篇英文文献完成初稿后，任务总该完成了吧？还没有，他就又进一步，是不是需要去寻找量表、设计问卷、收集数据，用实证或实验方法来论证论文的理论模型呢？

好吧，反正已经到这一步了。我们就只好再进行调研、处理数据，放入论文初稿，任务真的该完成了吧？真没有，他就又进一步，是不是将完整的论文初稿当作自己的成果在研究所再汇报一下呢？

好吧，只能再做PPT，提炼观点，接受质询，集思广益，修改完善后任务真的该完成了吧？还没有，既然都到了这种程度，为什么不去发表？

好吧，等我们终于搜寻、对比各种学术期刊，并投稿、修改、录取后，真的可以完成了吧？还没有，既然你在这个细分领域都有核心期刊文章发表，为什么不如法炮制，研究此领域的相关问题再写一篇？

于是，我的很多师兄师姐，在研究生毕业一两年内还在修改他在读研期间投稿的学术文章。

3. 备考中如何应用呢？

运用此法解决备考中的拖延时，跟整个考试的详细计划是否制订都没有关系，最大的关键在于每次拖延时，就问自己现在自己有能力完成哪一步，能完成哪一步，就去做哪一步。

只要完成，学习就是在不断推进，不要担心方向可能走偏，走偏后，再次自问现在自己有能力完成哪一步，就去完成就可以了。

比如，曲万清同学在备考注会时，要求自己每天下班后一定要去听课、看书、做题，但是每次下班回来就想躺床上睡一觉，玩玩手机，看看电脑，读读新闻，刷会儿微信，时间就这样白白浪费了。

但是如果强迫曲同学现在站起来，穿上战袍，去做非常有挑战性的学习，依据前面章节中对压力的定义，这就会给她巨大的压力。在巨大压力下，她往往会表现得更差。她会继续躺床上，玩手机、看电脑，心想既然一会儿要痛苦地学习，现在再看一会儿、再玩一会儿、再睡一会儿吧。但是等真的过一会儿，发现已经晚上十点甚至十一点了，这时候再去学习就会影响睡眠，就算不影响也完不成任务，所以，大脑就心安理得地指令她逃避了学习计划。

所以，必须避免这种情况发生，该怎么办呢？就是应用一步引一步法则。

曲万清每次下班走进家里，换好衣服，就告诉自己，我去下面走一走，思考、回忆一下今天的收获；但是，当她走下去的时候，自然而然就告诉自己，既然都已经下来了，干嘛不跑个步；跑完步之后，精神状态明显良好，自然就告诉自己，既然精神那么好，要不顺便学习会儿；但是当她真正学习时，发现学习根本一点都不可怕，虽然某个步骤有些痛苦，但是大多数时间是感觉快乐、充实的。

于是，我们就通过“一步引一步”法则成功诱骗了我们那懒惰、卑弱的大脑，就像半个小时以前，它还在疯狂地向我尖叫，欺骗我们说躺床上玩手机、看电脑最爽，去学习最痛苦，但是，现在，我们就又成功“诱骗”了它，把我们的大脑变得勤奋、强大。

但是，请放心，等我们第二天拖着疲惫的身体下班回家时，我们那懒惰、卑弱的大脑再次如前一样疯狂尖叫，一如昨天的策略，所以，我们仍然需要选择这个强有力的“一步引一步”法则（见图9－4），一如昨天的效果。

大脑就是这么诡异！这跟你是谁无关，跟你是人有关！

（四）只做七十分

1. 告诉自己完成70％的任务即可

我们考注册会计师、国家司法、注册税务师、资产评估师、CFA、ACCA、证券从业、基金从业、会计从业、银行从业、保险从业等，其实只需要达到总

什么是“一步引一步”	• 将挑战性任务划分多个步骤，聚焦于最易行的第一步； • 等到第一步完成了，第二步自然就会被激发出来； • 如此不断推进
案例研究	• 一个聪明而强大的博士生导师的实战应用
备考中如何应用	• 每次拖延时，就问自己现在自己能完成哪一步，能完成哪一步，就去做哪一步

图 9－4　“一步引一步”小结

分的 60% 就可以，平常熟练掌握 70 分重点，然后把剩余的精力用在实践、阅读、思考上。这样，我们在同样的时间内，更有可能深刻理解专业知识。

想要控制住自己那些关于完美的幻想，你需要做的就是自问自答。你必须养成习惯，打算完成一项重要任务（比如今天打算攻克长股投、所得税，或者今天打算完成增值税近六年真题中的综合题）时，就逼着自己分析一下，看看“不那么完美”的代价有多大，好处又有多少。

事实上，对于备考中的学习任务，正如《杠杆时间术》的作者本田直之所说，只需要做到 70 分就行了。70 分就能将挑战性减低到可接受性，这样，就不会因为完美主义导致的过难而拖延。

比如，凌一远同学今天下班回家后，决定要攻克长股投，但是她因完美主义而拖延。她先在厨房做饭，她虽然知道其实没必要做饭，但是她就在那里做了一道又一道菜。因为，她潜意识中深深知道，自己定的这个目标今天根本不可能完成。她在长股投方面已经努力学习好几周了，已经大大落后于进度了，但现在还有很多没有搞懂。今天就算努力学习，结果还是像上次一样带来挫败感，影响睡眠，她因此恐惧，不敢行动。

这时，一个解决方法就是改变目标，告诉自己今天长股投能掌握多少是多少，掌握 60% ~70% 是可以的。

朋友，你已经四面楚歌了，只能接受现实，只有两种方案可选：一是降低目标这种较差方案，二是坚持原有目标并拖延下去这种更差方案。

“‘实事’就是客观存在着的一切事物，‘是’就是客观事物的内部联系，即规律性，‘求’就是我们去研究。我们要从国内外、省内外、县内外、区内外的实际情况出发，从其中引出其固有的而不是臆造的规律性，即找出周围事变的内部联系，作为我们行动的向导。”

——毛泽东

这些都告诉我们，现在必须认清现实，在当下降低目标。朋友们，一旦降低目标，告诉自己今天完成 60% ~70% 的目标即可，那么你就像立刻打了鸡血一样，能够从拖延中走出来、实际行动了！而一旦行动，恐惧就会丧失，再完成一个小任务，你的能量就会猛增，这样，你还是有机会实现原先的第一目标——今天攻克长股投的！

但是，如果一定要在拖延时一根筋地告诉自己一定要完成 100% 的任务，估计你都不怎么行动！

现实很复杂，人心很微妙。“宁在直中取，不再曲中求”在拖延中往往不可信，“直捣黄龙”“直线攻击”在拖延中也往往不可行。

2. 备考如人生，放弃处处在

由于我们从上幼儿园一直到高中，就受到为了更高的分数而努力的教育，为了提高 10 分不惜熬夜看书到眼睛近视、腰肌劳损，为了一道 6 分的数学题演算数百道练习题，为了多掌握一些单词背诵十几个早晨，为了多记住几个历史事件不断枯燥重复十几遍。所以，对某些备考任务只做 70 分，很多朋友一开始往往很难做到。

在初高中上学时代，那时候我们只有一个目标，为了所谓的改变自己的命运而努力，我们有太多充足的时间来准备标准化的考试。

等到我们毕业进入了复杂多变的工作场合和现实生活中，我们有太多事情要做了。按照每件都精益求精的标准，我们根本就完不成要事，最终沦为职场中公认的低能者。

正如我们初高中能够狠下心来精益求精地做好一件事情一样，我们到了工作—生活—备考的复杂情境中，就必须狠下心来把绝大多数事情不精益求精，只做成 70 分。

那些聪明人往往懂得狠下心来，将大部分事情只是做到 70 分甚至舍弃不做，然后集中精力将少数要事做到极致。

因为，舍弃大多数事情，才叫作集中精力，才能集中精力做到极致，成为享誉业界的专家甚至伟人。

事实上，我们常人花绝大多数时间关注的生活小事，这些高效人士们往往不讲究，这样他们就能集中精力于要事。如果，让高效人士像大多数人在众多生活小事上花很多时间，相信他们每年的工作成果也会大降！

（五）设置快乐标志

作家绿妖说：

“每日最快乐时候：傍晚快七点钟，写完当天的份额，收起电脑，去水房打半杯水，在渐渐无人的图书馆刷十几分钟的手机，放松、惬意，远非开工前刷手机的愧疚、自我憎恶可比。还是应该负重生活，无边无际的轻松娱乐更容易通向虚无。”

绿妖就将每天的十几分钟刷手机的美好时刻设置成引发快乐的标志性事件，来打破工作时可能的拖延。

还有些朋友将倾听完成任务后划去待办事项清单时的沙沙声作为快乐标志。

当日待办事项清单的主要功能是，让爱拖沓的家伙们每做完一件事就可以把它划掉。在某一条事项旁打个钩，或是潇洒地大笔一挥把它删掉，这个动作让我们觉得自己是行动派，很能干，不是“懒骨头”。这让我们有了心理上的动力。当你把一件任务勾掉之后，它就悄然无声地消失了。如果能在任务底下重重地画一道红线，还伴随着胜利完成的“唰唰”声，那就更满足了。

比如，一次过注会六门的学霸陈旷怡就会在完成一件学习任务时，在上面画“×”；一次过六门的学霸溪阳老师则会在完成一件学习任务时，在上面画“√”。

再比如，我在备考或者备课时，经常将去吃饭或小跑设置成我的快乐标志。当快到午饭或晚饭时，自己会由于疲累而陷入拖延，这时我就告诉自己，如果赶紧完成某项学习任务时，就可以去楼下把外卖拿上来吃，否则，即使外卖到了，也不许吃！或者告诉自己，如果完成任务了，就可以去戴上耳机去楼下的健身房跑会儿步，因为我热爱跑步，跑步让我快乐。

事实上，很多高效者都善于在生活、工作中寻找让自己尽早行动的快乐标志。

所以，我们要善于寻找、创设自己的快乐标志。

备考中，可能的快乐标志总结如图 9－5 所示。

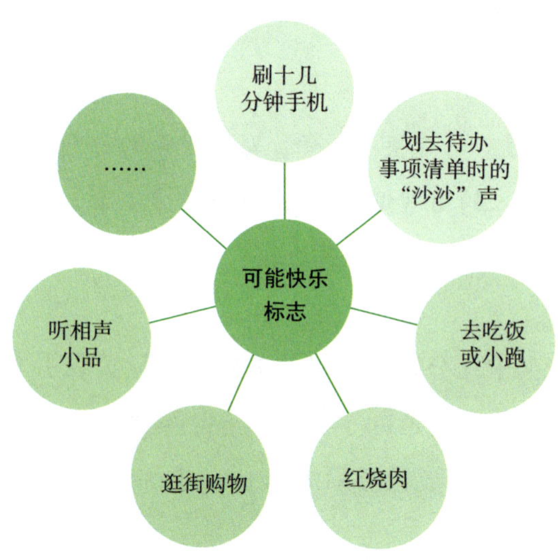

图 9－5　备考中可能的快乐标志

（六）立志仪式

既然拖延了，一般的订立目标和制订计划的方法不会管用，所以需要给自己做一个立志仪式才可以真正下定决心改变。可以有人在场，也可以自我对话。

总之，凡事有助于让自己印象深刻的仪式都可以拿来立志。

比如，可以某天去种一棵树立志，可以在雷雨天去寺庙拜佛立志，可以烧掉某些旧物品、旧书籍立志……

但是，在微博、微信、QQ 等上面发文立志是不行的，因为参与度不强烈、体验感不强烈！隔着屏幕观看再美丽的火堆，也没有自己用书纸烧起来的火堆感受深刻。

最后，我们对拖延重症的解决方案，做个小结（见图 9－6）：

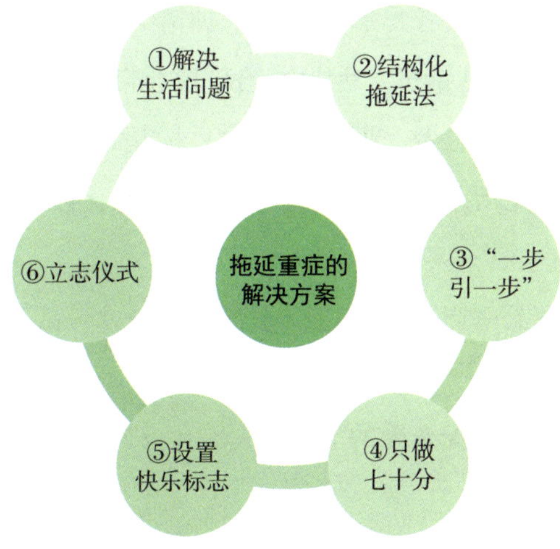

图 9－6　拖延重症的解决方案

五、这才是我们想要的生活！

汪国真曾经在《热爱生命》中深情咏叹：

我不去想是否能够成功

既然选择了远方

便只顾风雨兼程

我不去想能否赢得爱情

既然钟情于玫瑰

就勇敢地吐露真诚

我不去想身后会不会袭来寒风冷雨

既然目标是地平线

留给世界的只能是背影

这都是励志性的话语，但前提是能消除或者减少拖延。

但如果你是个拖延重症患者，那你即使“选择了远方”，也不会“只顾风雨兼程”，很可能徘徊在起点，因为害怕远方会带来痛苦。

如果你是个拖延重症患者，那你即使“钟情于玫瑰”，也不会“勇敢地吐露真诚”，很可能任凭爱情错过，因为害怕玫瑰会带来自卑。

如果你是个拖延重症患者，那你即使“目标是地平线”，也不会给世界留下前行的背影，很可能留下的只是踌躇犹豫的表情，因为害怕地平线带来罪恶感。

拖延重症可能毁了一切。去除它，才有可能通过考试；消减它，才有可能拿证。

拖延重症，得治呀，我亲爱的朋友！

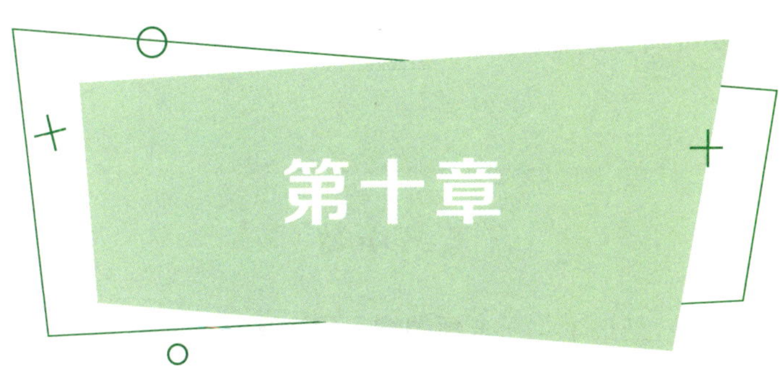

第十章

致敬备考者：唯有牡丹真国色

1200 年前，大诗人刘禹锡看到一片辉煌灿烂的牡丹后，大加感慨道：

庭前芍药妖无格，
池上芙蕖净少情。
唯有牡丹真国色，
花开时节动京城。

芍药虽美，不如牡丹；莲花虽美，不如牡丹。唯有牡丹，才能震动京城！

我在这里也想告诉朋友们，你们大多数人不像“官二代”“富二代”“红二代”“拆二代”“才二代”“星二代”那样有很多道路可选，对你们而言，考证，尤其是高质量资格证，才能作为你们应该追求的“真国色”的“牡丹”，你们几乎没有退路。

我在这里要讲几个影响我一生的童话，以致敬备考者，因为你们也是这个时代的逆行者！

《三只小猪》

《三只小猪》是一个关于**未雨绸缪、投资未来**的故事。

有三只小猪，第一只小猪修了幢草房子，大灰狼一怒之下把房子吹倒了，然后就把小猪吃掉了。第二只小猪用木条修了幢木房子，虽比草房子更坚固，但大灰狼还是把木房子吹倒了，然后又把小猪吃掉了。第三只小猪比它的兄弟们更有先见之明、更加勤奋刻苦，它修了一幢砖房子。大灰狼吹不倒砖房，小猪得以生存、成长。

这个故事告诉我们，**你必须为未来准备一条强大的护城河，否则职业危机必然到来！而这个护城河很可能就是高质量资格证。**

《小红母鸡》

《小红母鸡》是一个关于**超越偏见、独自耕种**的故事。

农场里有一只勤劳的小红母鸡。有一天她找到一些小麦粒，想要将其耕种、收获，烤成面包。这是一个耗时而又艰难的工作，但是在她耕种、除草、施肥、收割、磨粉、做面包的过程中，她的好朋友们—— 一只大懒狗、一只爱睡觉的大肥猫、一只粉红色的猪、一只吵闹的黄鸭都不来帮忙。她只能每次都对自己说“那我就自己来吧”，最终她收获了香喷喷的面包，让她的朋友羡慕不已。

这个故事告诉我们，当你打算报名考证时，身边的亲友们很可能阻止你出发，认为考证没用！而且当你在备考的漫长过程中，历经坎坷、手足无措时，他们可能在悠然玩乐、舒适自在，对你是袖手旁观、不闻不问！

你唯一依靠的就是自己，你只能孤身一人主动突破朋友圈的偏见和固执，“自己动手，丰衣足食”。但是当你获取成就时，他们也只能“坐观垂钓者，徒有羡鱼情”！

《丑小鸭》

《丑小鸭》是一个关于**坚守如初、华丽蜕变**的故事。

农场里的丑小鸭一直以为自己也是一只鸭子，但它无法融入鸭群，觉得自己一无是处，最终离开了农场。虽然丑小鸭在漂泊中历经苦难，但是它仍在奋勇挣扎、不断求生。在艰难地熬过严冬之后，丑小鸭遇到了一群天鹅，它们的美丽让人羡慕。虽然农场里的鸭子们对丑小鸭很不友好，但天鹅们还是以温暖、爱和尊重对待丑小鸭。有一天丑小鸭看到自己在水里的倒影，才发现原来它已经变成了一只美丽的天鹅。

这个故事告诉我们，你虽然外表平淡无奇，但是其实你内在是被褐怀玉。你只要在备考的漫漫长夜中坚守挣扎、苛求效率，就一定能“耐得住寂寥，飞得上云霄”，最终实现人生的华丽蜕变！

我们虽然听过很多童话，但是这几则童话却是那么意味深长！

我每每想起朋友们在时间长河中“历经苦难，痴心不改”的坚守，就常常感动得潸然泪下！

以上三个童话的含义总结如图 10－1 所示。

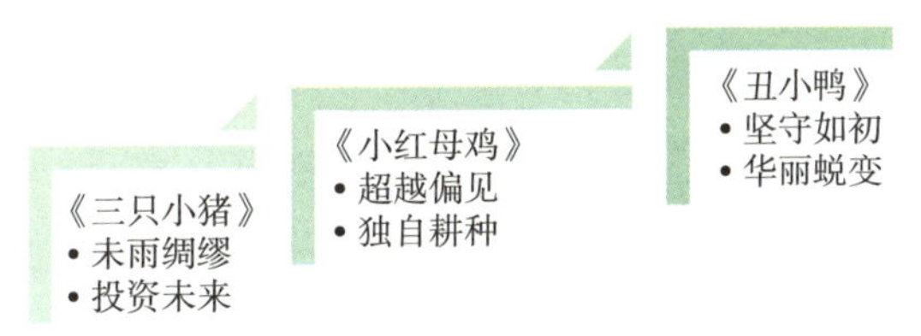

图 10－1 备考界三大童话

[1]［瑞典］Staffan Nöteberg：《番茄工作法图解：简单易行的时间管理方法》，大胖译，人民邮电出版社，2011 年版。

[2]［日］本山胜宽：《我这样考上东大和哈佛——16 倍速学习法》，欧凯宁译，中国传媒大学出版社，2010 年版。

[3]［日］本田直之：《杠杆阅读术：商业知识的最佳实践法》，叶冰婷译，天津教育出版社，2009 年版。

[4]［日］本田直之：《杠杆思考术：成功人士的思维与导航》，叶冰婷译，天津教育出版社，2009 年版。

[5]［日］本田直之：《杠杆时间术》，赵韵毅译，天津教育出版社，2010 年版。

[6]［美］彼得·德鲁克：《卓有成效的管理者》，许是祥译，机械工业出版社，2005 年版。

[7]［美］戴维·艾伦：《搞定：无压工作的艺术》，张静译，中信出版社，2010 年版。

[8]［美］丹尼尔·布朗尼：《超级精力管理术：你的精力管理决定你的人生层次》，陈艳译，人民邮电出版社，2016 年版。

[9]［美］丹尼尔·科伊尔：《一万小时天才理论》，张科丽译，中国人民大学出版社，2010 年版。

[10]［俄］格拉宁：《奇特的一生：柳比歇夫坚持 56 年的“时间统计

法”》，侯焕闳、唐其慈译，北京联合出版公司，2013 年版。

［11］古典：《跃迁：成为高手的技术》，中信出版集团，2017 年版。

［12］郭亮、黄晓：《俞敏洪传奇：从草根到精英的完美奋斗历程》，机械工业出版社，2018 年版。

［13］蘅塘退士编、陈婉俊补注：《唐诗三百首》，中华书局，1998 年版。

［14］［美］基思·法拉奇、塔尔·雷兹：《别独自用餐》，前十网译，文汇出版社，2017 年版。

［15］［美］杰拉尔德·S. 格林伯格：《化解压力的艺术》，张璇译，机械工业出版社，2014 年版。

［16］［日］近藤麻理惠：《怦然心动的人生整理魔法》，徐明中译，译林出版社，2012 年版。

［17］［美］凯利·麦格尼格尔：《自控力：斯坦福大学最受欢迎心理学课程》，王岑卉译，文化发展出版社（原印刷工业出版社），2012 年版。

［18］李参：《印象笔记留给你的空间：Evernote 伴你成长》，电子工业出版社，2016 年版。

［19］［美］罗斯·特里尔：《毛泽东传》，何宇光、刘加英译，中国人民大学出版社，2010 年版。

［20］［英］迈克尔·A. J. 豪：《解读天才——伟人们的成长历程》，荆卉译，中国青年出版社，2001 年版。

［21］［英］麦克尔·莫斯利、咪咪·史宾赛：《轻断食：正在横扫全球的瘦身革命》，谢佳真译，文汇出版社，2019 年版。

［22］毛泽东：《体育之研究》，《新青年》，1917 年第 3 卷第 2 号。

［23］［美］梅丽莎·阿布拉莫维茨：《脑科学》，胡志安译，上海科学技术出版社，2017 年版。

［24］［美］乔希·维茨金：《学习之道》，苏鸿雁、谢京秀译，中国青年出版社，2017 年版。

［25］［日］胜间和代：《白骨精学习法》，何鹏译，中信出版社，2009 年版。

［26］［日］胜间和代：《时间投资法：让你的年收入增加10倍》，聂星超译，中信出版社，2009年版。

［27］盛建武、张建华编著：《清华北大状元告诉你的73个优秀学习习惯》，北京理工大学出版社，2015年版。

［28］［美］史蒂芬·柯维：《高效能人士的七个习惯》，高新勇、王亦兵译，中国青年出版社，2015年版。

［29］［英］史蒂夫·泰勒：《时间心理学：时间的快与慢，你说了算!》，张露译，江苏人民出版社，2012年版。

［30］唐浩明：《唐浩明评点曾国藩家书》，华夏出版社，2009年版。

［31］［英］托尼·巴赞：《思维导图：放射性思维》，李斯译，作家出版社，1998年版。

［32］［英］托尼·巴赞：《掌握记忆》，周蕾、倪男奇、王亚川译，世界图书出版公司，2004年版。

［33］［日］小西利行：《高效人士用超级笔记术》，易哲译，湖南文艺出版社，2016年版。

［34］袁文魁：《记忆魔法师》，化学工业出版社，2012年版。

［35］［美］约翰·拉里：《拖拉一点也无妨：跟斯坦福萌教授学高效拖延术》，苏西译，浙江大学出版社，2017年版。

［36］［美］约翰·瑞迪、埃里克·哈格曼：《运动改造大脑》，浦溶译，浙江人民出版社，2013年版。

［37］朱非主编：《圆梦北大——83位北大学子的成长感悟》，新世界出版社，2002年版。

［38］朱非主编：《凭什么上北大——我心中的殿堂》，中国经济出版社，2005年版。

［39］邹鑫：《小强升职记》，北京出版社，2009年版。

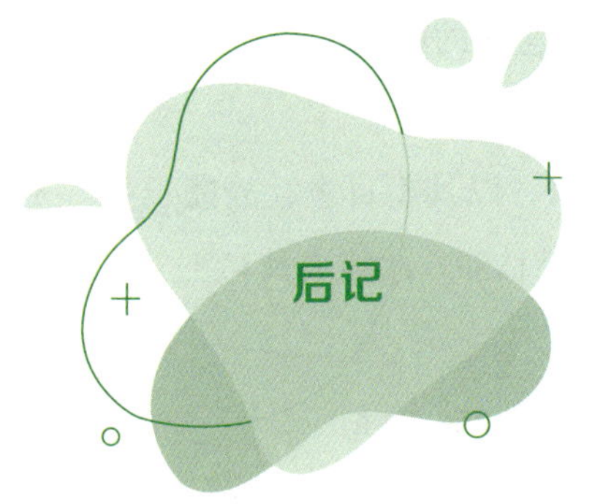

后记

我想任何作者都同意，自己珍爱的一本著作想要出版，其过程都是漫长而痛苦的。

路遥为了创作百万字的现实主义小说《平凡的世界》，阅读了 1975 ~ 1985 年的《人民日报》《光明日报》《参考消息》的全部合订本，学习了农业、商业、工业、科技等众多知识，创作时往往一天狂奔十几个小时。

村上春树说，写作是将注意力像激光一般集中于一点，从无到有，用想象力编织出一个完整的故事，精心挑选故事中的每一个词，掌控故事走向，让它不偏离正确的方向。这些工作都是一个长期的过程，要消耗比你想象得更多的能量。他将写作形容为“在硬石上开凿泉水”一样艰难，为了应对这种创造性的艰苦工作，他每天跑步 10 千米。

我们虽然无法比肩这些大师，但是也确实体验到了创作的艰辛。

本书书稿完成时，不知不觉凛冬已过，春暖花开！

衷心感谢我所在公司的各位才华横溢的老师们的鼓励。“贤是黑暗中的一盏灯”，人才相聚，超过阈值浓度，才能相互刺激成长。反之，“臭棋篓子与臭棋篓子下棋，越下越臭”。虽然“一个篱笆应该三个桩”，但是“三个臭皮匠永远顶不过一个诸葛亮”，因为很可能他们会冲动地相互攻击，导致“三个臭皮匠顶不过一个臭皮匠”，换言之，“三个和尚没水喝”。

最应该感谢的是对啊网一位卓越的经理——张云鹏老师。没有他的认可，我不会动笔写作，虽然“空白的画布却怕真正热情的画家”，但是真正热情的画家很多时候也会害怕空白的画布。没有大鹏老师的鼓励，我恐怕坚持不下去。没有大鹏老师的帮助，恐怕本书的出版会费尽周折。

老子说，“天长地久。天地所以能长且久者，以其不自生，故能长生。是以圣人后其身而身先，外其身而身存。非以其无私邪？故能成其私”。

孔子说，“己欲立而立人，己欲达而达人”。

稻盛和夫说，“所谓商道，就是让你兴隆，也让我兴隆”。

安迪·格鲁夫更详细地解释道，“（领导者、管理者）的所有问题都是因为想获取个人的成功，想证明自己是对的，想亲自赢得辩论。当你和其他许多人一起置身在一艘小船上时，船内非常拥挤并且十分紧张，压力很大。你要让大家知道，如果你仅仅和其他人一样坐在船尾，你是不会更快地到达目的地的；只有通过迅速地划船，让船前进，你才会更快地到达目的地。如果你能够让这一点深入创始人的大脑和心灵深处，你自然就赢得了即将到来的绝大多数竞争。唯一重要的就是企业。如果企业不成功，你也不会成功。重要的是‘什么是正确的’，而不是‘谁是正确的’”。

致敬众多优秀的领导者和管理者！

叶飞飞

2020 年 3 月 3 日写于北京